家庭福祉·环境·服务系列丛书

居家养老AIP技术

吴茵 贾玲利 王吉彤 著

西南交通大学出版社

视频更精彩

图书在版编目（CIP）数据

居家养老 AIP 技术 / 吴茵，贾玲利，王吉彤著. — 成都：西南交通大学出版社，2016.6（2016.11 重印）
ISBN 978-7-5643-4689-8

Ⅰ. ①居… Ⅱ. ①吴… ②贾… ③王… Ⅲ. ①养老 – 社会服务 – 研究 – 中国 Ⅳ. ①D669.6

中国版本图书馆 CIP 数据核字（2016）第 103772 号

居家养老 AIP 技术

Jujia Yanglao AIP Jishu

吴 茵　贾玲利　王吉彤　著

责 任 编 辑	罗爱林
封 面 设 计	严春艳
插 图 绘 制	万 江　罗若熙　杨艳梅
出 版 发 行	西南交通大学出版社 （四川省成都市二环路北一段 111 号 西南交通大学创新大厦 21 楼）
发 行 部 电 话	028-87600564　028-87600533
邮 政 编 码	610031
网　　　　址	http://www.xnjdcbs.com
印　　　　刷	四川玖艺呈现印刷有限公司
成 品 尺 寸	210 mm × 235 mm
印　　　　张	10.5
字　　　　数	234 千
版　　　　次	2016 年 6 月第 1 版
印　　　　次	2016 年 11 月第 2 次
书　　　　号	ISBN 978-7-5643-4689-8
定　　　　价	49.90 元

图书如有印装质量问题　本社负责退换
版权所有　盗版必究　举报电话：028-87600562

家庭福祉·环境·服务系列丛书编委会

主　任：吴　旭　杨一帆

副主任：张雪永　吴　茵

专家委员（排名不分先后）：

　　　　胡秀琴　张露薇　黄　凌

　　　　李　昇　赵　炜　舒　波

　　　　李芳宇　［日］毛利志保

幸福老龄·最美家庭（代序）

国际老龄科学研究院 杨一帆

人口老龄化的现状及其发展趋势是我国全面建设小康社会和推进社会主义现代化建设必须牢牢把握的一个基本国情。党的十八大报告提出，要积极应对人口老龄化，大力发展老龄服务事业和产业，为全面贯彻落实党的十八大提出的这一战略方针和目标任务，我们必须准确地把握我国老龄事业面对的新情况、新挑战和新机遇。比如：如何筹集足够的资金，以确保老年人的基本经济保障；如何设计合理的社会保障体系，实现社会财富在代际之间的合理分配；如何为老年人，特别是高龄老人、失能及半失能的老人提供老年生活服务；如何建立适宜的健康服务系统，以应付疾病负担加剧和疾病模式变革带来的挑战；如何在人口老龄化背景下，继续保持经济增长活力以及如何实现家庭关系、社会关系的和谐等。

对此，党中央国务院已经明确指示，在新的形势下积极应对老龄化的挑战，既要学习和总结国际经验，也要充分立足我国国情，发挥我国特有的文化和体制优势，动员全社会力量，完善制度和政策。基本的原则是，坚持党委领导、政府主导、社会参与、全民行动相结合，坚持应对人口老龄化和促进经济社会发展相结合，坚持满足老年人需求和解决人口老龄化问题相结合，努力挖掘人口老龄化给国家发展带来的活力和机遇，努力满足老年人日益增长的物质文化需求，推动老龄事业全面协调可持续发展。

中共中央总书记、国家主席、中央军委主席习近平在2015年春节团拜会上发表重要讲话指出：家庭是社会的基本细胞，是人生的第一所学校。不论时代发生多大变化，不论生活格局发生多大变化，我们都要重视家庭建设，注重家庭、注重家教、注重家风，将中华民族传统家庭美德发扬光大，促进家庭和睦，促进亲人相亲相爱，促进下一代健康成长，促进老年人老有所养，使千千万万个家庭成为国家发展、民族进步、社会和谐的重要基点。

百善孝为先，这是一句古语，充分体现了中国尊老、敬老、爱老的优良传统，有必要深入挖掘这些深厚的历史底蕴和积淀，创造性转化、创新性发展。在人口老龄化背景下,如何传承、扶持和发展家庭的养老功能,是摆在国家、社会、家庭和个人面前的一个重大课题,也是影响中国家庭幸福与否的重要因素之一。有必要加强家庭建设,教育引导人们自觉承担家庭责任、树立良好家风,巩固家庭养老的基础地位。要把弘扬孝亲敬老纳入社会主义核心价值观宣传教育,建设具有民族特色、时代特征的孝亲敬老文化。要在全社会开展人口老龄化国情教育、老龄政策法规教育,引导全社会增强接纳、尊重、帮助老年人的关爱意识和老年人自尊、自立、自强的自爱意识。

西南交通大学国际老龄科学研究院是全国老龄工作委员会办公室批准的"国家老龄科学研究基地"。作为学校二级实体教育科研机构,研究院旨在发挥西南交通大学在交叉研究领域的优势,建设具有国际影响力的一流师资团队,培养拥有国际视野的一流人才,开辟学科改革与发展的实验田。发展目标是"国内一流,国际知名",发展原则是"高起点、跨学科、国际化"。研究院成立一年以来,在社会保障与经济金融、医疗保健与健康管理、建筑交通与城市发展、人因工程与适老设计以及信息化与大数据等五大领域,承担了国家老龄事业、养老和大健康产业重大课题研究任务,同时联合民政部、卫计委、住建部、全国老龄办、国家开发银行等单位,会同联合国开发计划署、国际劳工组织、联合国人口基金等国际组织和国内外高校的专家学者、产业链标杆企业组成专家组,研究、编撰《老年人生活状况白皮书》、《中国城市退休生活质量蓝皮书》、国家相关内参/提案,建立和发布了行业指标评价体系,开展了广泛的国际产学研交流与合作。并同四川省老龄办、省妇联等机构,以及四川省攀枝花市、乐山市,湖北省宜昌市等地方政府积极合作,就最美家庭建设、康养型城市发展、全民健康行动计划等议题开展了学术研究和政策咨询。

基于上述背景以及我们对人口老龄化、家庭建设与发展的理解,国际老龄科学研究院推出了这套"家庭福祉·环境·服务"系列丛书。丛书将围绕养老照护、家庭保健、环境设施、科学育儿、家庭文化与心理等人口老龄化和家庭发展的重点领域,编辑出版一系列专著和译著，通过广泛地社会传播，弘扬尊老爱幼、男女平等等家庭美德，使家庭关系更和睦、社区环境更优化，切实提高家庭发展能力，促进家庭与社会的和谐幸福，进而探索提出新型老龄科学和家庭科学等系统性知识体系的实施策略和政策建议。

最后，衷心感谢四川省妇联、省妇儿工委办、省老龄办，以及省民政厅、省卫计委、省住建厅等单位对丛书的指导关心，特别是西南交通大学出版社对图书策划出版给予的大力支持。愿我们携手每个家庭，智造属于中国亿万百姓的具有东方风格的幸福老龄·最美家庭！

自 序

随着世界范围内人口老化问题的相继出现,步入老龄化社会的国家也随之增多。截至2011年,全世界人口平均年龄最高的国家还在西欧,而人口老化速度最快的国家却在亚洲。1999年,我国以7%(65岁以上)的老龄化比例正式步入老龄社会,2010年,该比例升至9%,至此我国成为地球上第一个老年人口过亿的国家。

"家有一老,如有一宝。"曾几何时,老人是智慧、财富和尊严的象征,他们用自己丰富的人生经验告诉我们要如何认知世界。然而,高科技与信息技术的飞速发达,破坏了自然经验和人情练达的独有价值,让老人的地位动摇,崇老文化也随之瓦解。但是今天,长寿时代的到来又赋予了"老后生活"新的含义:AIP(ageing in place,在地安养)作为一种全新的养老模式,在"成功老化""积极老化"等国际化背景之下,正以自由、独立、自主、互助的生活方式代替着在传统"崇老文化"背景下人们对社会价值的被动期许。

当然,这种模式也存在一个问题:生老病死犹如日出日落一般无可避免,有一天,当老化的巨变扑面而来,当自由的独立生活一去不返,作为父母、作为子女、作为终将老去的每一个个体,我们要怎么办?

本书将与您共同来寻找答案。另外,为了让不同需求的读者能够更加便捷地查阅与翻读,本书分为六个部分:第一章,详解了老化的真相,其实从出生的那一刻开始,老化就与我们形影相随了;第二章,AIP模式闪亮登场,我们的目标是"在原来长期居住的地方,自主、互助、安心、快乐地老去";第三章,健康管理AIP告诉我们,如何通过科学的观察与测量预知自己身体与心智的变化,同时培养良好的生活习惯,以求最大限度地延迟疾病与衰亡的时间;第四章,以图文并茂的形式,让您轻松掌握为失能老人提供人性化护理的各种技巧,利己利他;第五章,详解失智症的产生、症状、预防及其应对方法,该部分内容国内认知相对薄弱,但如果处理不当,将会影响整个家庭的生活质量;第六章,从通用设计的视点出发,阐述了支持在地安养的环境建设方法。具体的编写分工为:第一、六章由贾玲利执笔;第二、三、四章由吴茵执笔;第五章由王吉彤执笔;插图由万江、罗若熙、杨艳梅设计绘制。

正如哈佛大学医学院外科教授阿图·葛文德在他的著作《最好的告别》中所说：医学改变了死亡的体验却无法改变死亡的牌局，老化是每个人都必须经历的成长历程，一味地回避非但无法改变其客观存在的现实，反而会加深我们对"老"本身的担忧与恐惧。

如果我们用积极的心态面对"老"的课题，主动地去了解"老化"的生理心理特征，弄清这一阶段可能出现的问题，并提前为必将面临的"老化"做好准备，那么"老"就并不可怕。而且，我们还会从悉心规划的"老"后生活中找到新的价值与乐趣，继续在"成长"的欣喜与期待中优雅地老去。到那一天，生的愉悦与死的坦然都将毫无疑问地成就我们生命最后的圆满。

吴 茵

2016年6月

目录

第1章　老化的真相 ... 1
1.1　中国的老化现状 ... 1
1.2　老化的特点 ... 3
1.3　老年期的特点 ... 6
1.4　长寿时代与成功老化 ... 9

第2章　在地安养AIP ... 12
2.1　家庭养老与AIP ... 13
2.2　近邻资产与地域资源 ... 19
2.3　AIP社区营造技术 ... 22

第3章　健康管理AIP ... 30
3.1　日常观察与测量 ... 30
3.2　健康评价体系 ... 44
3.3　老年人常见病及其应对方法 ... 51

第4章　失能老人的AIP护理 ... 73
4.1　久病卧床与失能 ... 73
4.2　失能护理的基础 ... 79
4.3　失能护理的技术 ... 84
4.4　临终关怀技术 ... 108

第5章　失智老人的AIP护理 ... 114
5.1　了解失智症 ... 114
5.2　失智症的症状与发展阶段 ... 122
5.3　失智症的AIP护理方法 ... 126

第6章　AIP适老宜居环境设计 ... 137
6.1　通用设计 ... 137
6.2　住区环境设计要点 ... 142
6.3　居室设计新观念 ... 146

参考文献 ... 155

第1章 老化的真相

1.1 中国的老化现状

1. 中国老龄化的现状及特征

中国统计局2013年1月发布的相关数据显示，2012年年年底中国全国人口达13.54亿人。60岁以上的老年人占人口总数的14.3%，约1.94亿人，其中男性占49%，女性占51%；65岁以上的老人达1.27亿人，占总人口数的9.4%，其中69岁以下的老人占56.2%，70～79岁的占32%，80岁以上的占11.8%。

而目前我国老年人口正以每年860万人的规模逐年递增，预计2050年，老年人口总数将达到4.5亿人，占到全国总人口的1/3。而且预计，80岁以上老人及部分需要护理的失能老人的数量，会以每年100万人的规模递增，到2050年，80岁以上的老年人口将突破1亿人。2050年，中国老龄化将升至顶峰，随后老年人口开始减少，该趋势才会出现回落。

目前，我国人口老龄化的特征主要表现在以下四个方面：

1）"未富先老"

我国已经进入老龄化社会，但和其他的老龄化国家相比有一个很大的不同，用一句话来概括就是"国外是先富后老，我国是未富先老"。根据美国人口咨询局的资料，世界上已经有70个国家进入老龄化社会，而我国进入老龄化时的人均国民产值还不足1 000美元。虽然在2011年，我国人均GDP突破了4 000美元，但是排名仍在90多位，"未富先老"的基本情况没有得到根本的转变。

2）发展不均衡，城乡差异较大

城镇和农村居民是构成我国社会的两大基本群体。改革开放以来，城乡居民收入差距趋于扩大。过大的城乡收入差距已成为社会发展的障碍。老年消费群体可以简单地分为农村消费群体和城镇消费群体，两者之间收入水平的差距也直接决定了其支付能力水平之间的差距。

3）家庭结构向小型化发展

我国家庭人口平均数，从1955年第一次人口普查时的4.33人，到第二次人口普查时的4.2人，下降了0.1人。由于"文化大革命"期间出现生育高峰，1982年第三次人口普查时，该数据升至4.4人。2005年，计划生育人口控制成效明显，家庭人口平均数下降到3.13人。更有资料显示，目前我国家庭人口平均数为3.07人，到2015年不足3人。人口控制的成效虽然显著，但是"421"家庭结构在提醒我们，传统"大家族"的格局正在发生彻底的改变，小型化的趋势非常明显，家庭养老的功能在不断地被弱化，传统家庭养老模式已经难以为继。

4）高龄化与失能化的趋势明显

2006年，我国80岁以上的高龄老人超过了1 620万，占老年人口的10.7%，到2010年高龄人口达到1 900万，2011年年底又达到了2 100万，超过了老年总人口的11%。

这些80岁以上、身体机能老化、自理能力衰退、身心健康都相对脆弱的高龄老人，大多需要护理、照顾，有的甚至需要保健康复等专业程度较高的护理服务。如果老人出现意外不能及时得到治疗和精心护理，并进行专业有效的康复训练，老人的身体机能不但难以恢复，而且还将迅速恶化，并最终导致卧床不起，使其以后的生活质量严重下降。

2. "老化"的内涵

"小时盼老"，对于儿童来讲，年龄的增长无疑是一件快乐而值得期待的事情，伴随着"成长"而感到满足和欣慰。但是，有一天，当你的身体出现了皱纹；当你发现肌肉纤维的流失使自己负重时不再像年轻时一样轻松自如；当骨骼组织的改变使你原本健壮的身体变得脆弱而易损……这一天，当这些伴随着人体"老化"的现实产生的剧变扑面而来时，作为父母、作为子女，作为终将老去的每一个个体，您都准备好了吗？

老化，是每个人都必须经历的成长历程，一味地回避非但无法改变它客观存在的现实，反而会加深我们对"老"本身的担忧与恐惧。反之，如果我们以积极的心态面对"老"的课题，主动地去了解"老化"的生理心理特征，弄清这一阶段可能出现的问题，并提前为必将面临的"老化"做好准备，那么"老"就并不可怕。而且，我们还会从悉心规划的"老"后生活中找到新的价值与快乐，继续在"成长"的欣喜与期待中优雅地老去。

目前，国际上多以60岁、65岁并用的方式来界定老年期的界限。发展中国家通常以60岁为标准，而在日本、欧美等发达国家则是以65岁作为界限。另外，在医学界又把60～74岁称作"前老年期"，75岁以后均称作"后老年期"（其中，85岁以上的，被称为"超高龄期"）（见图1-1）。

总体上，前老年期（74岁及以下）老人的身体一般比较健康，基本不需要护理和看护；后老年期老人的身体老化现象较为明显，日常生活中多需要专业护理人员的援助。然而，年龄仅仅是界定老年阶段的一个标准，其实只有老人的身体健康，居住环境安全舒适和便捷，那么退休之后的生活才是真正属于自己个性化丰富人生的开始。

前老年期　　　　后老年期　　　　超高龄期

图1-1 老年期

1.2 老化的特点

老化，是指随着年龄的增加，身体各项机能相应退化的过程。这个过程，从婴儿出生的那一天便开始悄悄地进行，并且从不间断。在老化的过程中，一旦生命体的各项指标无法维持正常，就会最终导致生命体的死亡。所以，我们不应该将老化狭义地理解为成年后人们逐渐迈向死亡终点的过程，它应该是存在于每一个生命体中，从出生那一刻开始直到死亡的整个生命历程。

老化又被分为"生理性老化"和"病理性老化"两种。"生理性老化"指在未患其他疾病的情况下，大多数老年人所表现出的、具有共性但不可逆转的老化现象；"病理性老化"是指由于特殊老年疾病所引起的身体机能的退化，只针对患病的部分老年群体。因此，"病理性老化"是能够进行有效的预防，并有可能被治愈的临时性老化现象。详细情况在第3章中有具体的描述，本章中，着重介绍"生理性老化"的内容及其特点。

1. 身体机能的老化

人的生理机能会随着年龄的增长而直线下降，但其下降的速度又因各器官的不同而各有差异，其中，肾功能和肺功能下降的速度最为显著。老年人身体机能的老化主要出现在以下几个系统中：

（1）肾脏、泌尿系统。随着老人年龄的增加，体内肾小球数量会日渐减少，这时，肾脏器官的过滤值也会逐渐降低，肾小管功能和尿浓缩功能会明显减退。肾脏及泌尿系统的各项功能开始慢慢衰退，抵抗力与免疫力也逐步下降，严重的还会出现肾功能不全等症状。

（2）呼吸系统。老年人的肺部（肺泡、肺泡管、肺泡壁）组织会随着年龄的增长逐渐失去弹性。老人在肺功能检查时，常常会出现肺活量降低、肺功能残气量增加、最大通气量增强等情况，老年人的肺通气功能明显减弱。与此同时，由于老化使肺泡壁变薄，肺泡膈中毛细血管数量及管内血流量日益减少，其肺部排除进入气管异物的功能会随之降低，极易引发呼吸器官感染炎症，严重时甚至容易导致肺炎，难以治愈。

（3）脑神经系统。该部分由中枢神经系统（大脑、脊髓）和周围神经系统（脑神经、脊神经、植物神经或内脏神经）构成。其中，大脑负责思维，包括语言逻辑（左脑）、艺术思维（右脑）等高智力和高层次的大脑功能；脑神经负责支配头和面部器官的感觉与运动；脊神经负责身体与四肢的感觉与运动；分布于内脏的自律神经主要负责调节人们的心跳、呼吸和消化运动。

随着老年人年龄的增长，脑神经系统的各部分功能会随之受到影响。由于管理睡眠与觉醒的中枢神经紊乱，老人常常容易出现睡眠时间减少、睡眠变浅、入睡时间变长、睡眠过程中容易被惊醒等情况。

同时，受脑神经控制的运动功能也会随之下降，主要表现为肌肉能力降低、反应迟钝、动作缓慢、各类动作操作性能力显著下降等。在知觉功能方面，视觉、听觉、味觉的功能减退，特别是在高音域和盐味觉上的障碍比较严重。

另外，人的神经系统中非意识可控的自律神经功能老化，主要表现在唾液分泌功能、胃肠蠕动功能和膀胱收缩功能上。老人年龄增长或压力过大时，常常会出现拉肚子、胃痉挛、口干、失眠、火气大等情况。

（4）免疫系统。免疫系统分为固有免疫系统（白血球功能）和适应免疫系统（淋巴网内系统功能）。随着年龄的增长，后者的功能会逐渐下降，尤其是T淋巴球（细胞性免疫）表现得更为显著。此外，由于老年人体内对抗感染的白血球反应较为迟钝，所以有时即使患上感染症，也难以发现白血球数量的增加。随着免疫机能的下降，人体对细菌和病毒的抵抗能力也会变弱，所以老年人容易患上肺炎等疾病，年轻时所患过的结核、疱疹等疾病有时甚至还会再次复发。

如果是健康身体，普通感冒所引发的发热和咳嗽数日即可治愈，身体也会恢复到原来的状态。但是，随着年龄的增长，体内平衡的维持能力逐渐下降，因此导致疾病的恢复过程变得迟缓，容易出现长期化倾向。此外，由于老化会影响人体器官的各项功能，因此当这些原本脆弱的器官又出现新的问题时，身体情况会进一步恶化，有时甚至无法恢复到正常水平，成为难以治愈的慢性疾病，还可能需要终身接受治疗。

2. 精神机能的变化

随着年龄的增长，除了前面提到的诸如动作、反应、体力或疾病等身体机能上的变化外，老人在精神机能上也会出现很多不同变化。俗话说"家有一老，如有一宝"，原本丰富的人生经验和智慧应该使老人拥有很强的"人生成就感",但是,在老化的过程中,失落感常常是造成老人压力的主要原因,特别是当身体机能逐渐退化、四周的亲友渐渐凋零时,这种感觉尤为强烈。

除了自主经营的私营企业人员以外,退休将会使老年人的生活面临很大的改变,譬如其工作时间的骤减和自由时间的大幅增加等。同时,这些转变又会使其生活模式也发生较大的变化:如睡眠、用餐等生理性活动时间以及用于闲暇娱乐的休闲活动时间延长;义务性较强的工作学习等强制性活动时间减少等。这些转变常常会助长老年人的废用性变化①,严重时甚至导致老人出现性格封闭、长期闭门不出等情况。

人体内的生物钟会与昼夜(地球自转)同期,形成睡眠—清醒的自然节奏。清醒时的活动在反复进行的过程之中,逐渐形成一定的行动模式,这就是我们所说的生活习惯。它主要包括:起床、就寝、用餐、运动、活动(工作、兴趣)和嗜好等。上述各种生活习惯会因家庭和工作环境、个人嗜好和价值观,以及与此相伴的生活时间分配差异等发生多种多样的变化。老年人群中这些习惯比较容易固化,形成定式。

老年人的生理机能和生活机能与老后的生活习惯密切相关,因此老年人良好健康的生活习惯能在很大程度上增强机体活力,并有效延缓衰老。

一个人自尊心的强弱往往与其年龄有着较为密切的关系,特别是当老人的诸如动作、反应、体力或抵御疾病等身体机能逐渐退化时,他们会逐渐感觉失去过去生活中的控制感与独立感,容易产生意志消沉、缺乏活力、自信心减弱、遇事容易退缩等情况。护理人员应该特别注意,当面对老人可以独立完成的事务时,哪怕是出于好意的协助,对老人而言却可能是对其自信心甚至自尊心无情的伤害,所以在日常生活中,我们应该多为老人提供能够维持自主能力的具有独立性的简单事务的操作机会,不宜安排有难度的、操作复杂的或新奇的、需要重新认识与学习的新事务。

3. 社会机能的变化

随着年龄的增长,老年人自身体力的极限,使他们不得不把曾经肩负的责任与权力逐渐向年轻一代转让,这些社会惯例的退休、隐退等,也会导致他们失去原来的社会价值,形成巨大的心理落差。此时,老年人所体验到的社会地位和经济基础的丧失、人际关系(亲子关系)和生活模式的变化等,会形成巨大的心理危机。

人生的每个阶段都会因为各种因素,形成不同阶段的朋友圈。伴随着退休的角色转换,可能还有配偶的离世、子女不在身边、亲朋好友分散各地等情况的发生,当老人不再为生活忙碌而闲暇下来的时候,对友谊的需求将会更加强烈。

---

① 废用性变化也叫废用综合症,是指由于机体不能活动的状态而产生的继发障碍。发病原因:1. 由各种原因造成的长期卧床,病人基本不活动或运动不足。2. 外伤或原发疾病导致运动障碍。3. 因严重的感觉障碍引起刺激减少而导致活动减少。4. 各种骨关节疾病使肢体活动范围减少。(引自http://baike.baidu.com。)

所谓老年人的"五要"，指要有"老伴""老友""老本（资本、本钱）""老健（健康）""老兴（兴趣）"。其中，老友是非常重要的一项内容，老年人有几个年龄相仿、情投意合的老朋友，生活经历和人生观基本相同，有共同语言，相互间常常聚会聊天，进行思想交流等，对其身心健康非常有益。

所以，老年人如果能够根据自身的健康、经济基础、生活兴趣爱好等，提前规划好老后生活，使自己在退休之后仍然拥有选择的自由，并能利用丰富多样的社会活动和余暇活动来充实自己生活的话，便可以将原来在职场和家庭中的作用和价值扩展到地域社会之中，进而提高其老后生活的品质和意义。

1.3 老年期的特点

1. 精神性

老年人的人格特性主要受到其不同人生经历与所处环境变化的影响。一般情况下，老年人的性格特征容易倾向为保守、孤独、急躁、没有安全感、以自我为中心等。其中，也有一部分老年人是由老年期的失智症[①]或老年抑郁症等疾病所引发的，所以要格外小心，特别注意。

老年人无论是从身体、精神还是社会经济层面来说，都是相对弱势的群体，其人格与尊严容易受到侵犯。尤其是那些罹患失智症的老人，这方面更容易受到忽略。所以我们的医疗与护理人员一定要谨慎对待入院接受治疗的老人，避免使用可能会伤害其自尊心的言辞，或者使用可能会导致其身体受到拘束的各种具有强制性的限制行为。

退休之后，人们就会离开原来的工作场所，其日常活动的范围也会随之逐渐缩小，社交环境的变化容易形成老年人所谓"孤立化"的生活状态。作为一个社会人，或者作为父母，当其应尽的社会义务和家庭责任结束之后，随之而来的便是伴随着"长寿化"时代所产生的每一漫长的闲暇时光。但是，令人遗憾的是在这段看似轻松的"休闲时光"中，常常会经历一些让人伤感的事情：与配偶和亲友的死别；经济基础的丧失；健康状况的日益恶化等。这些，在一定程度上都会加速形成老年人"孤立化"的生活状态。

不管老人们是否愿意，都会被迫经历这些不愉快的事件，而每一次体验都将加深其对于生存意义的质疑。虽然老化的过程无时不在，但是老化的感觉还是相对主观的，当人们清晰地意识到老化发生之时，都会有一种倾向：仅从衰退这一视点来审视它，并将其赋予极度消极的印象，于是老

---

① 失智症俗称"老年痴呆症"或"阿尔茨海默症"，本书将其统称为"失智症"，具体见第5章的内容。

化就变得让人恐惧，而且难以接受。

确实，生老病死是作为生物不可避免的终极宿命，对于人类来说也是十分痛苦的事情。但是，我们又必须要跨越这一心理障碍，努力地去接受它。在老年期，人的精神层面会发生一些改变，其世界观、价值观也会开始转变，并渐渐开始看透领悟周遭的一切。

一方面，如果我们能在明显地感知到身体与精神的日益"老化"之前，为老年期做好准备，不从衰退这一视点出发，而以成熟的观点积极地看待"老化"的话，我们会更加珍惜当下，肯定过去，并积极地接受和展望未来。另一方面，在对待身边的老人时，我们也能充分地了解他们昔日的珍贵经历、荣誉与辉煌，给予他们多方面的理解和包容，并努力帮助他们早日适应晚年的生活。

2. 多样性

从生物学的视点来看，人的一生从出生到死亡大致可以分为四个时期：少年期、青年期、壮年期、老年期。少年期、青年期被认为是自我觉醒、摸索人生目标的重要时期；壮年期，是为了家人和社会而努力工作，并作为社会人开始活跃与创造的时期，可以说正是人生的成熟期；老年期，则是脱离了社会和家庭的羁绊，真正开始为自己而生活的一个重要时期，又被认为是光彩绚丽的"第二人生"的开始。

然而，由于老人自身的身体状况、人生经历及生活环境的差异，这一时期的老人又具有多样性的特征。

首先，是健康状况上的多样性。

随着医疗卫生水平的不断提高，在现代化高龄社会，多数的老年人都能精力充沛、健康而充实地生活。但是，也有部分老年人存在不同程度的健康问题，需要长期忍受一系列慢性病的折磨。

2007年日本国民生活基础调查显示，65岁以上的老年人中，大约有半数人自述有健康方面的问题，其中23%的人反映这些健康问题对其日常生活造成了一定程度的影响。2005年的患者调查报告中关于医疗机关的接受治疗率部分显示，65岁以上的老年人有11.9%接受过门诊治疗，3.6%正在接受入院治疗。其中接受治疗率较高的疾病，在入院治疗中，主要是脑血管疾病和恶性肿瘤；在门诊治疗中，主要是高血压和脊柱障碍。另外，导致老年人死亡的主要原因是恶性肿瘤、心脏疾病和脑血管疾病，这三种疾病约占老年人死因的60%。

在中国[1]，2002年全国统计数字显示，老年人群的患病情况较新中国成立后有非常大的改变。其发病情况依次为：高血压（22.4%～42.2%）；冠心病（5.1%～33.8%）；慢性支气管炎（12.3%～30.4%）；糖尿病（1.4%～12.9%）；肺心病（0.7%～6.1%）；恶性肿瘤（0.3%～4.5%）；脑血管病（2.5%～4.2%）；老年性痴呆（1.3%～3.9%）；白内障（17.5%～86.8%）；前列腺肥大

---

[1] 刘国树：《中国老年人健康状况概要》，http://www.365heart.com/show/32565.shtml。

（3.9%～68.8%）。

环境的改变，会直接影响疾病发生率的改变，到2006年，由于中国高血压患病率骤增（达18.8%），约计2亿人罹患高血压，老年高血压患病比例也大幅度增加，因此，中国老年人所患之前五位疾病排序又发生了变化：高血压、冠心病、脑血管病、恶性肿瘤、糖尿病。由此说明，心血管疾病特别是高血压已成为老年人发病率最高的疾病，脑血管疾病上升为第三位，列在恶性肿瘤之上。

其次，是生活经历上的多样性。

老年期，由于老人们无可避免地要经历亲友的离世，加上自身社会地位与作用的丧失等不愉快的人生经历，都会给他们带来精神上的恐惧、压力和孤独感。对于这一时期的老人来说，寻找一些积极愉快的新事物来转移注意力、充实新生活和弥补心灵上的巨大落差，是一件非常重要的事情。

有些老人性格开朗积极，经济条件优越，健康方面也没有什么问题，他们能够把退休后的生活安排得井井有条、丰富多彩。但是，由于老人们在其家庭构成、经济实力、健康状况、居住环境、就业境遇、社会活动和参与、自身的兴趣爱好等方面各有差异，所以老年期在各自的生活经历上又具有多样性的特点。

另外，老年人长期以来有各自不同的生活习惯和生活方式，且这些行为在不断地重复中会被逐渐固定化，形成自己独特的生活模式。这些习惯是在长期的生活过程之中培养出来的，想要强行改变十分困难，有时过度的强制行为甚至会导致老年人生活质量（QOL）[①] 整体下降。

上述这些多样性的人生经历和生活习惯，还会直接影响老年人的价值观与人生观，使老年期的人生观、价值观也呈现出多样性的特征。

老年期，是人们在身体与精神上经历巨大转变的时期，同时也被认为是一个容易陷入失落与彷徨，并难以捕捉生存意义的困难时期。在人们脱离了社会和家庭的羁绊之后，过去就是现在的根据地。

所以，护理人员在与这一时期的老人接触时，应该充分理解每位老人的人生经历，尽量提供与其价值观和要求相符的生活环境和护理援助。即使会耗时费力，护理人员也应耐心积极地与老人们一起，回顾他们曾经辉煌的人生经历。这样不仅可以与老年人建立良好的互信关系，从中获取更多有益于护理的信息，而且还可以帮助老人从珍贵的记忆中发掘出更多新的价值和生活的意义，使他们能够更加积极而愉快地面对老后生活。

[①] 生活质量（quality of life，QOL），又被称为"生存质量"或"生命质量"。它一般包括人类生活内容的品质与社会生活的品质，是一个全面评价生活优劣程度的概念。它不同于基于个人收入与财产来衡量的"生活水准"的概念。"生活质量"是用来评价作为一个社会人，究竟多大程度上能够真正受到尊重并感受到幸福的一个衡量尺度的概念。（相对抽象的"幸福"又可以通过身心健康、良好的人际关系、有意义的工作、舒适的环境、良好的教育、娱乐休闲活动等指标进行量化分析。）

1.4 长寿时代与成功老化

1. 迎接长寿时代

"健康长寿""长生不老"是人类古往今来执着追求的生存目标。纵观人类寿命发展的历史，在公元初期人们的平均预期寿命①仅有20岁，18世纪延长到30岁，但是在20世纪40年代以前，由于人类一直未能掌握有效手段治疗细菌性感染，因此当时如果有人不幸患上了肺结核，就意味着此人不久将离开人世。为了改变这一局面，科研人员进行了大量的研究和长期的探索，直到1928年英国伦敦大学教授亚历山大·弗莱明由于一次幸运的过失而发现了青霉素，"长寿"这个人类共同的夙愿，才终于看到了希望的曙光。第二次世界大战促使了青霉素的大量生产，它不但及时抢救了许多伤病人员，还拯救了千百万肺炎、脑膜炎、败血症等患者的生命，更有效地在20世纪60年代末将世界人均预期寿命延长至60多岁。在人类发现抗生素前，每100年人均寿命才增加1岁，发现抗生素后每10年增加1.1岁（是过去的10倍），其中，发达国家的人均寿命每5年可增加约1岁。《2007世界经济和社会发展概况》中指出，1950年到2005年世界人均寿命增长了近18岁。

世界银行的官方统计数据显示，1960年中国人均预期寿命仅为43.46岁。历经半个世纪到2010年，人均预期寿命已悄然增长至73.5岁。"人均预期寿命反映的是当前的死亡水平，它是衡量一个国家或者地区现阶段经济社会发展水平及医疗卫生服务水平的综合指标。"2012年，时任卫生部部长陈竺就曾经表示，到2020年，中国人的平均期望寿命将有望达到77岁，可以达到中等发达国家的水平。当然，中国人均预期寿命的提高也存在区域发展不均衡的情况，相比沿海的发达地区，西部边远山区的情况却不容乐观。2011年，北京市人均预期寿命首次超过了81岁，南京市人均预期寿命达到79.31岁，但西部边远山区人均预期寿命仍然相对较低。

但是，随着社会与经济水平的发展，医疗科技的进步以及人民生活水平的日益提高，人类的寿命必定会越来越长。1999年在国际老年启动年会上，安南曾说："我们目前所生活的时代，人们给它赋予了各种各样的名称：冷战后时代、工业化后时代、国际互联网时代和全球化时代……今天，请允许我为它再增加一个新的名称：长寿时代。"

那么，人类所共同期盼的长寿的"天命"究竟有多长呢？目前国际上对人的寿命有三种推算方法：

 人口平均预期寿命是指假如当前的死亡率不变，同一时期出生的人预期能继续生存的平均年数。平均预期寿命是一个假定的指标，它表明新出生人口平均预期可存活的年数，是度量人口健康状况的一个重要指标。（引自http://baike.haosou.com/doc/6538289-6752028.html。）

第一种是由荷兰解剖学家巴丰提出的，采用生长期测算的方法。研究证明，哺乳动物的寿命相当于生长期的5～7倍。由于人的生长期需要15～20年，由此推算人的自然寿命在100～175岁。

第二种是哈尔列尔等科学家采用的性成熟期测算法，证明了哺乳动物的寿命一般应为性成熟期的8～10倍。由于人的性成熟期在13～15岁，由此推算出人的自然寿命应为100～150岁。

第三种是美国科学家赫尔弗·利克采用的细胞分裂次数与分裂周期的乘积计算法。由于人体细胞分裂为50次，分裂周期为三年，由此测定人的自然寿命应该在110～150岁。

综上所述，三种方法共同推测出人类自然寿命应该在120～150岁。而且，从古今中外的实例来看，能够健康自立活过百岁的也大有人在，并且这个群体的人数必然会越来越多。

面对让人欣喜的"长寿时代"的降临，我们已经能够经历亲眼见证70、80乃至90岁高龄的父母依然健在的生活，而且从寿命上，我们当然也会自信"自己肯定也能活到这样的年纪"。

但是与此同时，我们又难免有所顾虑：当我们毫无头绪、没有目标、没有计划地走到这一天时，我们的生活还能够充实快乐、自由随意、幸福而从容吗？我们还能够满怀激情、自立自主地掌握自己的人生吗？我们为迎接优雅而快乐的老后生活做好准备了吗？

2. 准备成功老化

长久以来，人类一直活在所谓"人生60年"的时代。在这个时代，我们的生活被学习教育、工作职场、结婚生子等事件填得满满当当，而退休之后被称为"余生"的日子却非常短暂。

今天，科学的进步带来了人均寿命的延长，在不久的将来，人类将步入"人生90年"时代的新纪元。在充满期待与欣喜的时代背景之下，人的一生将会出现"两次挑战的生涯"，随之而来，我们也就会有两次不同的人生规划：60岁以前按照惯例开启的是职场挑战生涯；60岁之后我们仍然有充沛的精力，开始另一场真正契合自身爱好追求的兴趣挑战生涯。这时，传统概念中"读书、就业、退休、余生"的观念将不复存在。

今天，已经是值得庆幸的"人生90年"的时代，它把我们的一生分成了"上半场"和"下半场"。"上半场"，我们兢兢业业打下良好的健康、经济与生活的基础；"下半场"在短暂的休息和充电之后，我们才能全身心地投入自己所喜爱的生活之中，开始一段真正属于自己的人生。相信这有备而来的人生"下半场"，一定会更加精彩并值得期待！拥有两次"生涯"的人生的确充满诱惑，但是要充分享受"人生90年"带给我们的激情与快乐，"预防老化"和"维持健康"这两件事情就会变得非常重要。

早在20世纪80年代末期，Rowe和Kahn就提出了"成功老化"的模式，该模式涵盖了三个面向的条件（见图1-2）：生理健康、心理健康和社会参与。只有三者俱全，并能保持均衡和谐的状态，老年人才能够享受到高品质的老后生活。

"成功老化"的具体表现是：首先，生理健康，指身体上没有疾病或者身体残障，即老年人要维持良好的健康状况，避免疾病的产生，并尽量降低由于疾病等原因所造成的失能风险；其次，心理健康，主要指老人对自身体能和智能应维持高度的认知水平，即在心理上要有良好的适应性，保持积极正向的生活态度，预防失智

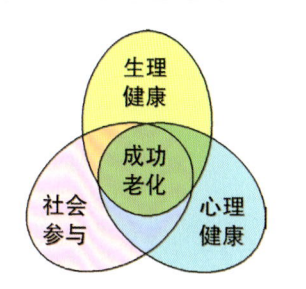

图1-2 "成功老化"的条件

症的发生；最后，在社会参与方面，要主动参加各项社会活动，建立良好的家庭和社会关系，并从中得到精神上的积极支持与持续的关怀等。

值得一提的是，"成功老化"虽然也受遗传因素的影响，但是它的实现与否主要取决于老人是否拥有正确的生活方式和良好的生活习惯。譬如，是否能够重视健康均衡的饮食、保持适度的运动、进行定期健康检查、注重预防保健和各种慢性病（如高血压、糖尿病、肥胖、高血脂等）的防治、时常接受各种知识的刺激，培养终身学习的良好习惯等。我们虽然改变不了我们的体质，但是完全可以通过养成健康的生活习惯，改变或推迟疾病发生的时间，让身心的健康同步地"成功老化"。

随着年龄的增长，老化导致其生理和认知能力逐渐退化的表现越明显，老年人需要依赖他人照顾的机会也就越多。良好的照护品质、虔诚的信仰和坦然面对生老病死的态度，也是另一种成功老化的目标。其实不仅是老年人，我们每一个人都时刻处于老化的过程之中，都应该为实现自己"成功老化"的目标积极做好准备。

另外，"成功老化"还可以减轻社会养老成本的沉重负担，降低随之产生的社会医疗成本的支出，对于国家和社会资源的合理运用也有着不容忽视的重要作用。当然，只有让全社会都能正确认识"成功老化"的本质与意义，医疗机构制定积极有效的健康照护决策；市政及福利部门规划更多更好的无障碍设施和进行适老化的空间设计；科研工作者研发出更多老年医疗及康复的高科技产品；服务行业培养出更多训练有素的专业型护理人才……当这些内容都能具体落到实处，"成功老化"的目标才能够真正实现。

第2章 在地安养AIP

自新中国成立以来,中国曾经历了三次婴儿潮。①

第一次出现在1949—1959年,当时国家实行鼓励生育的政策,一个家庭生育四五个孩子的情况十分正常,人口增长率将近300%。但由于当时中国总人口基数尚小,此次婴儿潮人口的绝对数量相对不大。

第二次婴儿潮是从1962年开始,1965年达到高峰,并持续至1973年,是我国历史上出生人口最多的主力婴儿潮。这段时期,人口出生率在30%~40%,10年间全国共出生近2.6亿人,占当前全国总人口数的20%。

1986—1990年为第三次婴儿潮,又被称作"回声婴儿潮",是上一次婴儿潮新增人口进入生育年龄后产生的必然反映。但由于计划生育政策的实施,此次婴儿潮出生的人口总量不及主力婴儿潮,仅1.24亿,接近当前全国人口的10%。

婴儿潮出生人口的年龄与重要经历见表2-1。

表2-1 婴儿潮出生人口的年龄与重要经历 单位:岁

事件年份	事件内容	出生年份				
		1949	1959	1962	1965	1973
1966	"文革"开始	17	7	4	1	—
1976	"四人帮"倒台	27	17	14	11	3
1979	改革开放/计划生育	30	20	17	14	6
1984	改革深化/特区成立	35	25	22	19	11
2000	中国进入老龄化	51	41	38	35	27
2015	劳动人口峰值	66	56	53	50	42
2025	老龄产业井喷期	76	66	63	60	52
2030	老龄化高峰时期	81	71	68	65	57
		第一次婴儿潮(1950—1959年)		第二次婴儿潮(1962—1973年)		

注:图示黄色表示 前老龄期;红色表示 后老龄期和超高龄期。

---

① 杨可瞻:《中国将迎来第四次婴儿潮》,中国经济网(http://business.sohu.com/20120825/n351497979.shtml)。

如表2-1所示，这些在婴儿潮出生的人们如今已经陆续步入退休年龄，开始了回归家庭的老后生活，并将在"老龄产业井喷期"（2025年）和"老龄化高峰期"（2023年），逐渐步入身心机能都严重退化并需要特别护理的"后老年期"和"超高龄期"的生活。随着这一波异常迅猛的"银发浪潮"席卷中国大地，我国人口老龄化的发展也必将日益严峻。而与之密不可分的关于"如何养老"的问题也随之而来。美国社会学、政治学家莫汉尼曾说："一个民族的文明质量可以从这个民族照顾老人的态度和方法中得到反映。"那么，在当今中国这个老龄化"惊涛拍岸"的非常时代，我们应该如何迎接它的挑战呢？

2.1 家庭养老与AIP

1860年一个从英国来到中国的传教士曾经以这样的笔触深情地描述他眼中的中国家庭："中国人十分专注于家庭生活，并且对他们怀有深厚的感情。事实上，这种感情似乎已经占据了他们的全部内心……从童年到老年，他总愿意居住在同一个地方，那里有他熟悉的人和环境。如果他被逼无奈而远走他乡，他的心也会依恋着故乡。"①

这种中国人骨子里对家的眷念、落叶归根的思乡情怀和"尊老爱幼、养老扶小"的传统思想，正是中国特有的"孝文化"和"家庭养老"这种"家本位"传统养老模式产生的文化根源。

所谓"家庭养老"②，指的是人进入老年期后，居住在家并由子女或其他亲属负责照顾其老后的生活，是将老人的养老问题全部交由家庭来自行解决，实际上是一种通过家庭成员之间的互助与自助行为获得老后生活保障的机制。其实质是由子女或亲属来提供，在经济上、照料上和精神慰藉上的所有养老资源。③它是以血缘为纽带的传统的供养方式，其供养内容包括为老人提供衣、食、住、行、医、护，直至死亡丧葬等一系列服务行为。

中国传统家庭深受儒家文化的影响，自古就有深厚的崇老、尊老、敬老的文化底蕴和悠久的家庭养老传统，家庭在社会结构中也处于中心地位。从2000多年前孔子提出的"父母在，不远游"，直到今日尊老爱幼的现代文明，家庭养老的形式一直被延续下来。几千年的文化积淀使这种家庭养老的观念深深扎根在社会中，无论是老人还是子女，都愿为对方毫无保留地奉献。老人希望家庭和睦、儿孙满堂，子女希望父母身体健康、延年益寿。家庭养老既是中华民族传统美德的体现，同时也是一种符合中国人传统文化习惯的养老模式。

---

① 麦高温：《中国人生活的明与暗》，时事出版社1998年版，第271页。
② 张建华：《现阶段中国传统养老模式存在的问题分析》，载《山东青年》2010年第9期（总第440期）。
③ 穆光宗：《中国传统养老方式的变革和展望》，载《中国人民大学学报》2000年第5期第39页。

在农耕社会的传统背景下，家庭中的老人不仅拥有对土地和生产工具的支配权，而且他们长期以来积累的农业生产生活经验也是一笔无形的财富，可以传授给子孙后代，所以在家庭单位中拥有权威并且普遍受到尊重。

但是今天，随着我国经济发展的转型，市场经济和城市化带来的冲击从各个方面挑战着中国的传统文化，其中"孝文化"的思想当然也不例外。

1. 传统文化与家庭结构变化带来的冲击

今天，老人们引以自豪的传统农耕经验很难在当前竞争激烈的市场经济环境中起到直接的作用，年轻一代又在日益激烈的竞争压力下忙得不可开交，身心俱疲。同时，随着市场经济发展速度的加快和城市化规模的扩大，人口流动性也越来越明显，常年在外打工求学的子女数量增加，父母与子女"两地分居"的情况日趋严重，空巢老人的数量也明显增多。另外，在社会文化多元化的发展背景之下，年轻人对传统观念多持轻视和抵触的情绪，在养老问题上也常常表现出疏离和冷漠的态度，有的甚至把老人看成是家庭的负担和包袱，不赡养老人、打骂老人、遗弃老人等现象时有发生。现代家庭再也不是传统家庭的"旧模样"，"家庭"的作用开始变得既关键又脆弱。

另外，在中国的传统家庭中，妇女常常担任着照顾家庭、子女和老人的重任。独生子女政策的施行，改变了传统农耕社会"大家庭"式的基本格局，使家庭结构向"核家庭"①式发展。这一转变显然减轻了妇女抚养子女的生活负担，同时在"男女平等"思想的促进下，妇女就业的机会也开始逐渐增加，妇女的地位得到了根本的改变。但是，这一改变也大大降低了她们作为老年家庭成员照顾者的传统作用。

2. 失能老人的增加与家庭护理力低下的冲突

失能老人②，是指年龄在65岁以上，由于罹患慢性疾病，进食、沐浴、穿衣、如厕、室内移动等基本日常活动必须由他人协助或者完全依赖他人的协助才能完成的老人。

调查显示③，2010年年末全国城乡部分失能和完全失能④的老人约3 300万，占总体老年人口

---

① "核家庭"（nuclear-family）是由美国人类学家G.P.默多克首先提出的概念，指由一对夫妻及其未婚子女组成，并且共同居住在同一屋檐下的家庭。与之相对的就是extended-family（大家庭）。

② 彭展琼：《失能老人照顾者的社会支持研究——以广州经济为例》（硕士学位论文），天津师范大学2010年。

③ 中国老龄科学研究中心课题组：《全国城乡失能老年人状况研究》，载《残疾人研究》2011年总第2期，第11页。

④ 按照国际通行的日常生活活动能力量表（ADLS）"吃饭、穿衣、上下床、上厕所、室内移动和洗澡"六项指标中，1～2项"做不了"的定义为"轻度失能"（部分失能）；3～4项"做不了"的定义为"中度失能"（部分失能）；5～6项"做不了"的定义为"重度失能"（完全失能）。

的19.0%，其中，完全失能老人1 084.3万，占总体老年人口的6.25%。到2015年年末，我国部分失能老人和完全失能老人总数达到4 000万，比2010年增加了700万人，占总体老年人口的19.5%，其中，完全失能老人的数量达到1 240万，比2010年增加了近160万人。

这些失能老人尤其是完全失能老人群体的日常生活，必须有人照看护理。然而，随着我国市场化、城市化的发展，劳动力人口的迁移，家庭规模的小型化，建立在多子女大家庭条件下的传统家庭护理能力日趋低下，已经完全无法适应当前经济社会发展下养老护理的迫切需求。

另外，随着老龄化的日趋严峻，人口结构也正在发生改变，劳动力成为稀缺资源，劳动市场的人力成本逐渐增加，而目前中国劳动服务市场的护理水平还参差不齐，"421"的家庭结构很难让独生子女家庭独立完成照顾双方父母的家庭重负，传统的家庭养老模式正面临着巨大的挑战，如果缺乏积极有效的应对良策，后果将难以估量。

3. 机体老化与居住环境现状的冲突

今天我们的居住环境与过去相比，无论从居住面积还是设施设备来看都有了很大的改善。但是，那些在家用车普及时代背景之下展开的，位于城市近郊及远郊的住区开发，对无法自驾购物的老人来说，则是举步维艰，甚至难以维系其普通的日常生活；哪怕是建在市区内的住宅，也会因为在老人的步行圈域范围内没有配备亲和适宜的公园和便捷熟悉的店铺，以致老人不愿出门，长期封闭在家，造成其生理、心理机能的加速退化；加之均质雷同的住区风格设计，使罹患失智症的老人因难以辨识、容易迷路而无法出门；未设电梯的住宅和未进行无障碍设计的住区环境，也会给坐轮椅的老人造成出行障碍，并增加护理者的日常负担；看似合理的住宅平面布局中，为确保个人隐私而形成的过于独立的卧室配置，其实对于有需要长期护理照料的老人家庭来说，并不合适……这些问题，对于年轻人或者普通住户来讲也许无关紧要，但是对于行动力逐渐减弱的老年人来说，却是他们在日常生活中非常大的难题。

一般来讲，当生活和身体面临某些特殊变化时，原有的居住环境变得无法满足老后生活的居住需求，老人们就不得不选择搬离，迁至更适合自己身体情况的新环境（包括新住宅、新社区、养老机构等）居住。

如图2-1所示，迫使老人搬迁的原因通常有以下三种，其中"失能"与"独居"是最重要的影响要素。

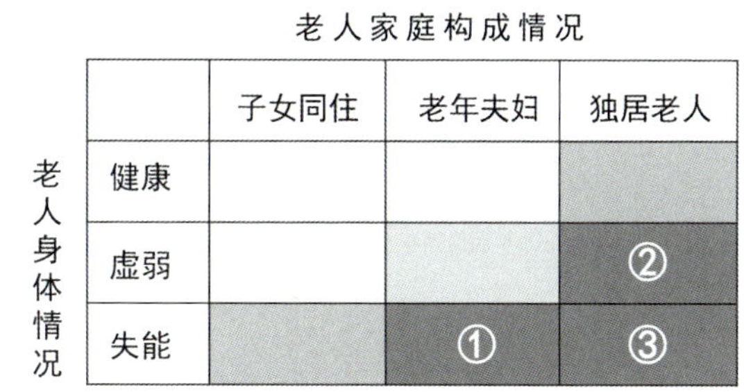

	老人家庭构成情况		
老人身体情况	子女同住	老年夫妇	独居老人
健康			
虚弱			②
失能		①	③

图2-1 搬迁诱因 [①]

[①] 日本，「エイジング・イン・プレイす－超高齢社会の居住デザイン」，大阪市立大学大学院生活科学研究科，大和ハウス工業総合技術研究所編著，学芸出版社2009年版，第19页。

（1）老年夫妇+老老看护[1]。

对于由健康老年夫妇组成的家庭来说，继续生活在自己熟悉的社区环境中，通常不会出现什么问题。但是一旦其中一方因为疾病而卧床不起，甚至失能瘫痪时，高龄护理者所承受的负担就会骤然加重。如果来自外部的援助又难以实现，那么原来的居住环境就不再适合老人继续居住。特别是罹患失智症老人的家庭，如果没有专家的医疗及护理援助，其原有的生活秩序将被完全打乱，失智老人最终不得不迁至特殊机构或专门医院来度过余生。

（2）独居生活+虚弱老人。

独居的老人只要身体健康，也能自如地继续生活在自己所熟悉的社区环境之中。但是，对于那些年龄相对较大、身体机能衰退较为严重的虚弱老人来讲，虽然日常生活能力并没有完全丧失，但是常常会由于行动能力的减退，使他们的外出频率显著降低甚至长期闭门不出，导致其身体机能加速退化，形成难以逆转的恶性循环。特别是发生突发性疾病，或不慎跌倒时，独居老人的处境将非常危险。在这种情况下，社区如果无法向他们提供诸如安全确认联络员、紧急报警系统等软硬件服务的话，老人们就只能远离熟悉的社区与近邻，选择搬至能够提供相应援助的新环境中居住。

（3）独居生活+失能老人。

当独居老人身体情况进一步恶化，完全失去自理能力时，他们就只能选择入住机构。但是，目前我国养老机构的服务质量参差不齐，在新环境中老人们难免还伴随着远离亲朋的失落感、失能后的孤独与无助、适应新环境时常常遇到的挫折与失落……这些都会使老人们精神上更加消极落寞，并严重影响其搬迁后的生活质量。

对年轻人来说，搬迁之后新环境所带来的刺激，或许还会对促进其成长有益，然而对于适应力日渐低下的老人来讲，这种被动的选择性迁移，虽然使老人在对硬件环境的需求上更容易得到满足，但是由于老人的适应能力减弱，适应新环境常常比较困难，所以常常在适应新环境的过程中产生新的压力，并直接影响其身心健康；同时，原有人际关系网络的断裂，还会使老人产生孤独感，在很大程度上加速其身心老化进程。

4. 在地安养AIP（aging in place）模式

AIP（aging in place）的概念始于20世纪60年代初期，源自北欧，起初只是由于不满当时在机构养老中受到束缚又缺乏隐私的现状，老人们希望离开机构回归家庭或社区，而被提出来的一种"去机构化"想法。这一思潮在瑞典于1970—1980年达到高峰，瑞典政府率先提出了"在地安养"的相关政策，将为老人提供服务的场所由机构直接转至家庭或者社区，让住在机构中的老人可以回到原来熟悉的地方，恢复原有的正常生活，并将他们所需要的服务直接送到家中或社区，供其根据自己

---

[1] "老老看护"是指需要护理照料的老人在家中，由同属老人的家庭成员进行照顾，比如妻子照顾失能的丈夫，或者六七十岁的老人照顾其八九十岁的父母。

的实际情况及需求自由选择。芬兰更是提出"只有临终前两周，才躺倒床上过日子"的口号，将"在地安养"的概念具象成更容易理解的目标。在英国，政府也相当重视AIP模式的发展，其推行的"去机构化"社区护理政策，在很大程度上反映了政府对"机构"养老的极力克制，该政策鼓励积极整合社区资源，使家庭医生、健康联络员、区域护士、家政工作者等从业人员的数量和服务的质量不断提升。到1990年，这一概念已经遍及加拿大、美国、日本及澳洲等很多国家，并且这些国家均以推广"AIP"模式，作为自身发展长期护理制度的改革目标。在美国American Association of Retired People（AARP）的一份调查报告中明确指出，美国有85%的老人希望能够居住在自己原本的家中，并认为拥有自由选择居住环境的权利对他们而言非常重要。

今天，"在地安养"①的概念已日趋完善，其中"在地"一词尤为重要，它包含了"本土、本地、土生土长"的意思，简而言之即是"在原来长期居住的熟悉的环境中安心养老"。与过去由于老人生理、心理机能退化而被迫采取的迁移式养老居住方式（见图2-2左）不同，"在地安养"强调人老之后，无论是机能老化、身体衰弱或者失能失智，都不必为了寻求养老资源而迁居他所，每个人都能够与自己的家人和朋友们一起，在长期居住的熟悉住宅与社区环境中，在多样化服务充实的可终生居住的住宅中（见图2-2右），以原有的生活方式持续地生活，并确保其独立、自

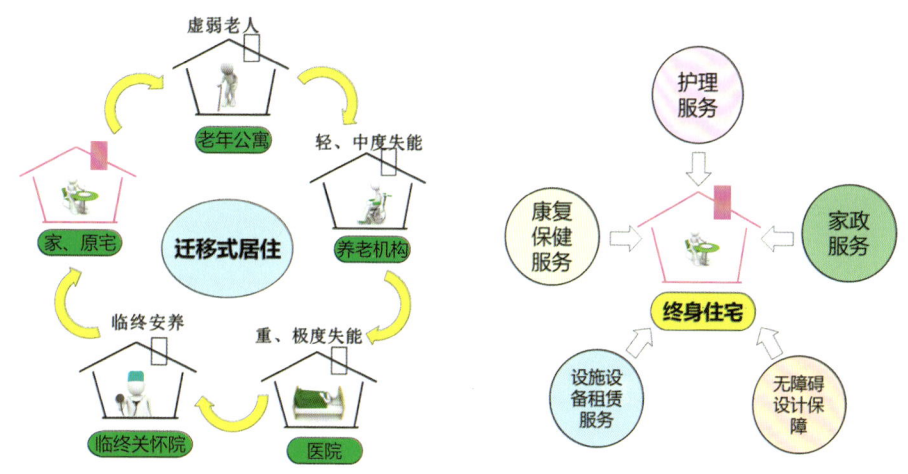

图2-2 迁移式居住与终生住宅

① 短语 aging in place，在我国台湾地区按照英文原意被直接译成"在地老化"。本书中，作者按照我国的传统观念，避开人们普遍认为较为消极的诸如"老、老化"等字眼，将其译成"在地安养"，"安养"一词更能强调老人可以在熟悉的环境中安心快乐地颐养天年的含义。

主、有尊严、重隐私的老后生活质量（QOL）。

在中国自古就有"老吾老以及人之老，幼吾幼以及人之幼""老有所养""老有所终"等传统的思想与观念，民间还有一种老后"四有"的说法，即老了以后，老人得"有个老伴""有个老窝""有点老本""有些老友"等。这些观念中，虽然有的过于理想，有的偏重现实，但都与"在地安养"的概念有许多契合之处，都是快乐健康老后生活的鲜活写照，也是实现"成功老化"的必经之路。

在"成功老化"及"活跃老化"[①]的思想背景下，柯启辉提出了"老有所居、老有所用、老有所乐、老有所养、老有所医、老有所终"的生活目标，该目标为社区服务带来了不同层次的价值需求，同时与"在地安养"的养老模式也有着密不可分的关联。如图2-3所示，当"前老年期"的老人身体健康而富有余力时，可将自我所长贡献于自己的家庭、社区、社会、政府，犹如时间银行一般，为自己累积存储，同时又能够自我升华，得到社会的肯定，体现自我的价值，即为"老有所用"。而当老人的身体日渐衰弱甚至失能失智时，则由家庭、社区、社会、政府根据不同的情况为其提供相应的养老资源和护理服务，做到"老有所养"。最后，在老人终老之时，又能够留在自己熟悉的家和社区中，在众多亲人和朋友的共同陪伴下，尊严舒适、安详地抵达人生的终点，实现"老有所终"。

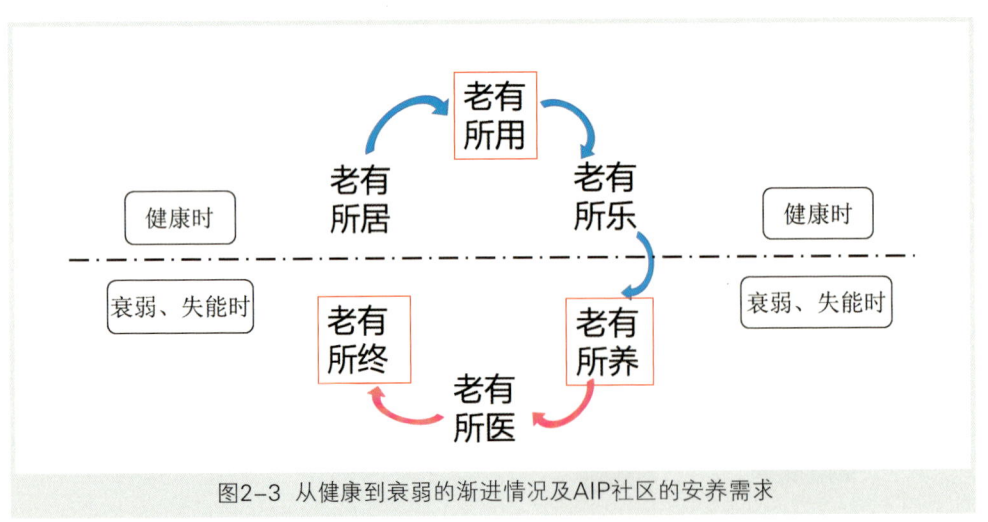

图2-3 从健康到衰弱的渐进情况及AIP社区的安养需求

---

① "活跃老化"是2002年由世界卫生组织基于"成功老化"而提出的新的政策构想概念，指为了促进并提高老人QOL，使老人的健康、参与及安全都能达到最佳的全过程。这里的"活跃"除了劳动参与和单纯的机能活跃外，更强调老人能够持续地参与到社会、经济、文化、思想与市民服务等工作当中。

2.2 近邻资产与地域资源

2013年，国务院出台了《关于加快发展养老服务业的若干意见》，提出"到2020年，全面建成以居家为基础、社区为依托、机构为支撑的，功能完善、规模适度、覆盖城乡的养老服务体系"的发展目标，强调了居家养老与社区养老在养老服务业中的基础作用及重要性。可以说，这也是"在地安养"模式在中国的一种尝试。"在地安养"区别于传统的家庭养老，它是"居家养老"与"社区养老"的有机结合，同时也是一项困难重重又错综复杂的系统工程。

"居家养老"和"社区养老"又与另外两个概念关系密切，它们分别是"近邻资产"和"地域资源"（见图2-4）。

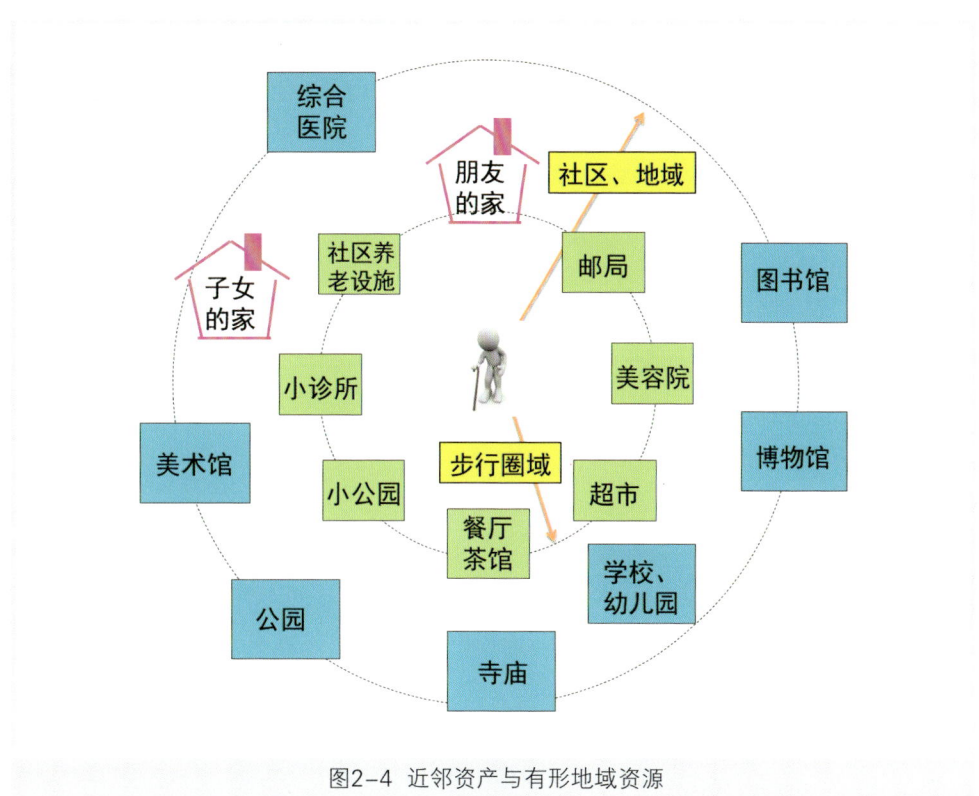

图2-4 近邻资产与有形地域资源

1. 近邻资产

从范围上讲，"近邻"比地域、社区小，它是指以自家为起点，老人徒步慢行15分钟，大约500 m半径圈域内的步行生活领域，又被称作"步行圈"。老人生活

QOL不能只依靠单纯的服务来提供，它与地域社会、社区生活密不可分。从近邻的家人、熟人、朋友，到熟悉的店铺、活动场所等，都是老人在自我意识的支配筛选下主动获取的珍贵"近邻资产"。

前文提到老年的"五要"，其中老后要有"老伴"与"老友"，对老人来讲非常重要，它也是"近邻资产"中至关重要的组成部分。老年人有几个年龄相仿、情投意合的老朋友，生活经历和人生观基本相同，有共同语言，相互间常常聚会聊天，进行思想交流等，对其身心健康非常有益。在老人日常生活的步行圈域范围内，如果能常常和老伴、老友交流互动，在很大程度上可以缓解老后生活的单调与孤独。哪怕是在家附近或庭前院后打理花草、打扫卫生；到熟悉的店铺买菜购物；或者去就近的诊所做定期理疗……这些都可以增加老人们与不特定人群产生交流接触的机会，从而促进其外出活动的热情的增长，有效地提高其老后生活的活跃程度。

另外，吃饭是我们每日例行的活动内容，老人也不例外。如果可以合理利用家周围的餐厅、茶馆、咖啡厅等"近邻资产"，结合老人的饮食行为，鼓励他们从封闭的家庭环境中走出来，在消遣休闲的同时积极与新老朋友交流，对充实他们的生活则有很大的帮助。比如在欧洲和日本，很多由志愿者组成的民间老人援助团体就经常利用闲置的空屋或公共集会场所等，定期开设公共食堂，为老人们提供餐饮服务。据说它们成功的秘诀在于：首先，要有丰富多样的餐食品种，并且定价合理、服务热情；其次，应该以开放的形式鼓励区域内其他居民的共同参与（除老人外，还可向单身者、带小孩的父母等开放）；最后，还需要为老人们提供舒适卫生、亲切温馨的就餐环境。

2. 地域资源

"地域资源"则是指在更广域的范围内（诸如社区、街道、居住区等），影响生活QOL（养老服务品质）的各种要素。它包含了"有形地域资源"和"无形地域资源"两种。

在AIP社区中，"有形地域资源"包括：老人交流与活动中心；可提供养老服务的各类机构；24小时的社区养老服务中心；经无障碍设计且便于老人使用的公园、邮局、诊所、超市、康复中心、图书馆等公共设施。

在我国，虽然有诸如老年人日间照料中心、托老所、老年活动中心等很多类型的社区养老服务设施，但是社区里还没有配置可为老人及其家庭提供365天24小时不间断服务的小规模综合型地域养老服务设施。譬如在荷兰，有一种由住户自由申请入住的租赁住宅，也被称为"协同住宅"（collaborative-housing）。居住在这里的住户有各自独立的生活领域（寝室、卫浴、储存空间等），但共同使用着可以增进住户间交流协作的公共空间（厨房、餐厅、客厅、洗衣房、花园等），日常生活也是由住户协同合作管理，很多独居老人和育儿家庭选择入住其中。荷兰政府也积极鼓励民间组织和养老机构入驻到"协同住宅"中，并在这里设立专门为老人提供社区护理服务的小型"护理援助中心"，它不仅可以为"协同住宅"中的住户提供相应的照料服务，成为住户们的近邻资产，而且还可以将服务辐射到社区，提高整个住区（或社区）中地域资源的附加价值。

"无形地域资源"指的是住区居民的价值观、参与意识、服务网络的形成条件等。其中，人的资源尤其重要，它包括：①医生、护士、营养师、理疗师等，为老人提供身体护理、各类医疗咨询、临终关怀等专业较强服务的专业服务人力资源；②社区中富有余力的老人、老人家属、朋友、社区内志愿者等可提供其他辅助型服务的非专业服务人力资源。其中，专业人力资源由于分工明确、细致，多采用"团队式护理"的形式开展工作。非专业人力资源，除了老人家属可以承担与老人直接接触的身体援助服务外，其他成员的服务都仅限于咨询服务、心理安慰和日常陪伴等。

3. 医养护结合——可持续性发展模式

然而，作为"在地安养"的目标，无论是"成功老化"还是"活跃老化"都存在着过于理想化的现实缺陷："零失能社区"毕竟是我们心中美好的愿望，在实际生活中其实很难完全实现。社区中总是难免会住着由于各种原因而失能的老人，他们有的因为疾病而卧床不起，有的罹患失智症需要专业指导及特殊护理。即使不是完全的失能失智，超过85岁的高龄老人，其身体机能与认知机能也都难免会呈现相继退化的整体趋势。因此在"在地安养"模式中，努力做好"医、养、护三者的结合"就显得格外重要。

如图2-5所示，社区首先要与综合医院或者社区医院建立紧密的联系和协同合作的关系：对健康的老人提供家庭医生、健康检查和建立健康档案等基本服务；对从医院治愈后重返社区的衰弱失能老人提供远程医疗、康复指导、健康咨询、24小时巡诊及上门护理服务等，并通过信息化网络系统将社区与医院更加紧密地连接到一起，对社区老人的身体健康提供持续而缜密的援助。在远离医院和没有医疗资源的地区，也应该积极建立、引入有护理资源的"托老所"或"小型养老机构"，并采用向社区开放式的管理模式，使机构本身成为一种地域生活中不可或缺的公共资源。其次在硬件环境的改善上，社区可以为老人们提供不同需求的多样化住宅，或可满足多样化居住需求的终身住宅（见图2-2右）；同时，社区可根据老人自立能力及出行情况，提供诸如轮椅、单双拐、助行器等移动工具和设备的租赁服务，以及为行动不便的老人提供代叫出租车或进行专车接送等个性化服务。最后社区还应该定期通过老人及老人家属，针对上述服务的质量、成本、性价比等内容进行评价，并对评价结果进行分析、改善，不断优化社区服务、改良社区环境，使"在地安养"模式在持续的优化改进中形成健康持久的良性循环。

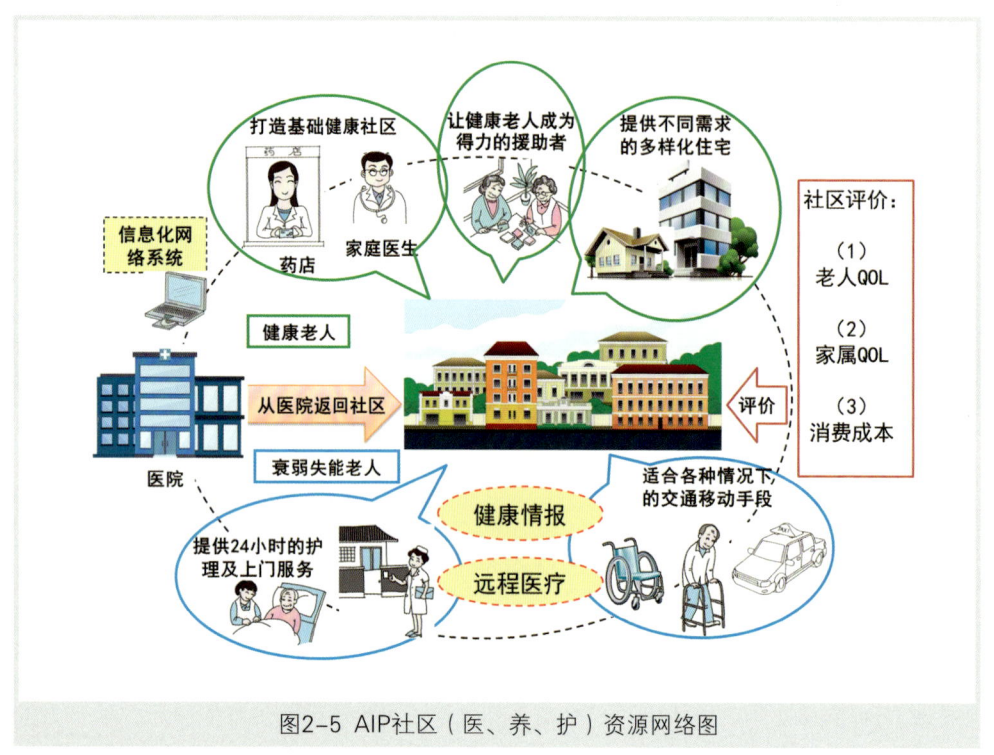

图2-5 AIP社区（医、养、护）资源网络图

2.3 AIP社区营造技术

"社区营造"，是我国台湾学界从日文的"まちづくり"一词直接翻译而成的。在亚洲，日本是"社区营造"出现较早、发展也较为完善的国家。"社区营造"强调社区文化和社区产业的再生，并推行自下而上的公众参与理念，其目标除了推动有形的社区环境的改造，更重要的是建构社区文化及产业的独特性，凝聚社区居民的共同意识，建立区域认同感，从而激励社区居民主动关注并积极参与到社区公共事务之中，共同挖掘社区及地域各类资源，培养社区自主经营的能力，是从"生活、生态、生产"的角度三生一体，共同改善社区环境，提高居民生活QOL的综合概念。[①]

---

① 陈孝谦：《社区发展组织、人力、社区资源来建构社区照顾关怀据点之研究》，台湾逢甲大学，第10页。

1. 社区营造的原则

在日本，社区营造是指以地域社会现有的资源为基础，通过众多主体之间的相互合作和努力，逐渐改善身边的居住环境，提高社区活力和地域魅力，以实现"提高生活质量"为目标的一系列持续性活动。另外，社区营造需要坚持遵循以下六项原则：

（1）公共福祉原则。

应遵循公共福祉的原则，维持并改善社区的居住环境、地域景观、区域经济、教育、文化等公共福祉的相关内容，提高社区居住的安全性、舒适性、完善保健、卫生等基础生活的各项条件。

（2）地域可持续性原则。

社区营造应该立足于固有地域，确保其在地性。有效活用各个社区的多样化（社会、物质、文化、自然、历史）地域资源，努力挖掘其地域资源潜力，并以构建可持续性社会环境为目标，采取循序渐进的方式，逐步建立多样性主体共同参与的机制。在地域内部循环利用其特有资源，不断推进社区营造品质的螺旋式提升。

（3）自下而上原则。

社区营造与行使公共权力的城市规划和由巨大资本所支撑的城市开发不同，它是以地域社会的居民或市民的构想为基础，通过自下而上的活动与积累，保全和挖掘区域资源，并促进和改善地域社会健康持续发展的自发性公共活动。所以，社区营造的各个环节，都应该坚持遵循自下而上的原则。

（4）多主体间合作性原则。

多主体间合作性原则，即指个人和各个组织在保持独立性的同时，相互取长补短，携手合作。关于这一点，无论是在一个社区营造活动的内部还是不同社区营造相互合作的情况下，都是共通的。

（5）环境共生原则。

环境共生原则是指在适应尊重自然，生态环境结构的前提下，维持并发展其物理环境，通过各个社区营造活动的累积来发展完善广域生活圈，如河川流域、城市和农山渔村复合环境体，进而为改善整个地球环境生态系统做出贡献。

（6）全球性原则。

在立足于地域性的同时，时刻不忘保持开放的全球性视野，在多样化的网络之中准确定位，积极行动。在社区营造的过程中，我们应该打破地域的束缚，努力促进各种知识和信息的相互交换，并对收集到的信息进行梳理整合。在21世纪全球化社会中，我们既要保持地域性原则，但又不能局限其中，应该通过各种开拓性活动来推进社区营造，即具备全球性和地方性的双重视野来开展行动。

2. 社区营造的发展及现状

作为"社区营造"的先驱，日本经历了理念萌芽期、模型试验期、地域经营期三个主要发展阶段。

（1）理念萌芽期，从20世纪70年代到80年代中期。这一时期，受欧美各国的影响，日本各地开始针对高速发展带来的环境公害问题，发起了很多具有挑战性和探索性的公众参与改造社区的活动，这些活动以清理贫民窟、保护濒临毁灭的历史街区、重新建立日趋淡漠的社区人文环境等工作为主，是克服由该阶段特征所决定的矛盾与冲突的过程，虽然颇为艰辛与痛苦，但是这些实例中的经验与教训，经过系统化的分析与整理，为今后"社区营造"的理论化发展奠定了良好的基础。

（2）模型试验期，从20世纪80年代后期开始至今。这一时期，"社区营造"的概念被固化，并得到了从政府、专家、学者到广大人民群众的充分认可。相对于第一阶段问题所具有的迫切性与尖锐性的特点，这一时期需要解决的问题更多地注入了"创造性地挖掘地域潜在资源"的思想理念，以实验的方式，采用多样化选题、多样化参与、多样化主体的形式进行。该阶段的主要成果是，通过大量的实践与探索，寻找出关于"社区营造"的模式化程序模型与架构体系，使其理论化的框架趋于完善。

（3）地域经营期。该阶段被视为"社区营造"的未来之路。它是在第二阶段现存的多样化发展形式的基础之上，通过特殊的横向联合、统筹策划的方式，对地域发展进行整体上的控制，在坚持纵向上自下而上的"社区营造"原则的前提之下，进行横向上整合式"地域经营"的全面升华。

在日本，公立中小学一般按市、町、村的行政区域分别设立。为了使公民可以公平享受教育资源，消除地域性差异，原则上政府规定每户居民可以就读的公立学校（中学或小学）仅有一所，这样就形成了以学区为单位的资源分配和功能分区的格局。因此，目前日本各地在居住地所展开的社区营造活动，很多就是在以学区（小学）为单位的范围内开展的。这些活动并不是只由某个单一的团体或组织来承担，而是采取由"社会福利协议会"①主要负责，同时联合町内会（类似中国的居委会或村委会）及各类自发的关系团体（如妇女俱乐部、老人俱乐部、家长俱乐部等）进行一体

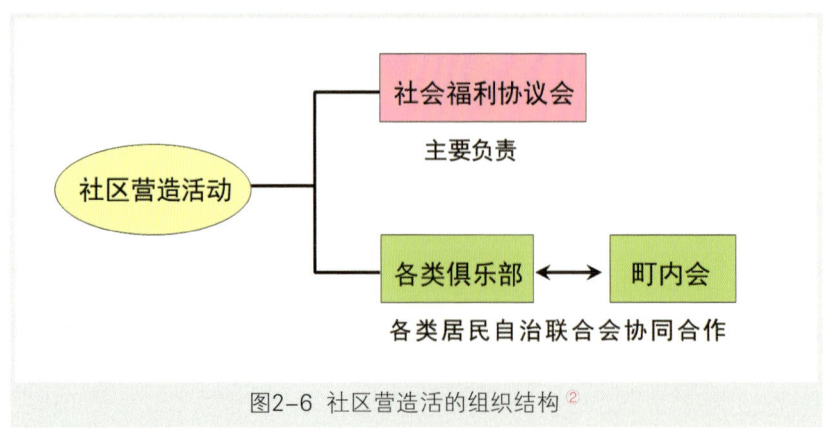

图2-6 社区营造活的组织结构②

① "社会福利协议会"过去是只为提高部分贫困居民生活水平而设立的，现在则是服务整个学区居民，以提高学区的教育、安全、防灾、无障碍环境对策等整体性居住水平为目标的组织。

② 井上由起子：《まちづくり活動への参加と高齢期の地域生活に関する考察》，J. Archit. Plann. Environ. Eng. AIJ, 2001,547,103－110,Sep.。

化发展的组织结构形式（见图2-6）。这样的结构方式，不仅可以促进各类活动高效化地在社区开展，同时可以打破居民自身所属团体的屏障，将大家的注意力都吸引到社区活动中来。

另外，对作为社区活动中坚力量的志愿者所进行的平板式网络化管理也非常科学高效。社区营造活动中的志愿者，一般都是居住在社区，有强烈地缘关系的在地居民，他们在当地的"社会福利协议会"登录注册，并由协会根据志愿者特点及社区的实际需求统一调整和安排工作。志愿者不一定固定服务某一位需要援助的对象，需要援助的对象也可以根据不同的需求，由多名志愿者在不同的时间段共同为其提供帮助。这样被援助者可以和更多的人交流互动，从而使志愿者作为社区的"地域资源"也得到了高效的利用（见图2-7）。

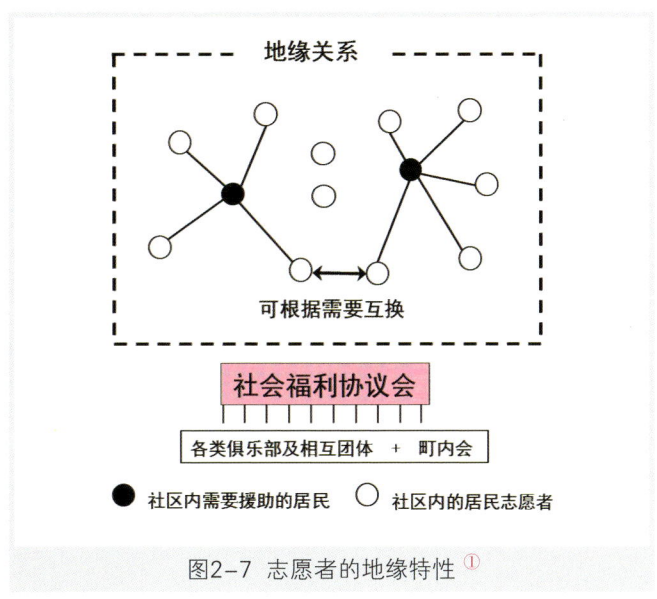

图2-7 志愿者的地缘特性 [1]

3. AIP社区营造技巧

在社区营造的活动中，WORKSHOP的形式被广泛采用。字典中WORKSHOP被译为"车间、研讨会、讲习班……"但是，这些和WORKSHOP在实际使用中的本意都有所差异。日本学者木下勇[2]认为，WORKSHOP是一种所有参与者在持水平关系的前提下，共同分享其经验、思想、信息、知识和意见，并伴随着其身体、行动、感觉、认知等，全身心投入参与的整个思维创新的过程，最后在集体力量的相互作用下，向着主体意识既已形成的共同目标不断努力和创造的集体思维方法。

---

① 井上由起子：《まちづくり活動への参加と高齢期の地域生活に関する考察》，J. Archit. Plann. Environ. Eng. AIJ, 2001,547,103-110,Sep.。

② 木下勇：《ワークショップ－住民主体のまちづくりへの方法論》，学芸出版社2009年版，第15页。

WORKSHOP不同于普通集会或者其他会议，它更强调集团共享、积极参与和打破隔阂。

首先，必须在信息对等的情况下，人们才能为了一个共同的目标，从不同的视点探讨各自可能为之做出的贡献，因此在WORKSHOP开始之前，如何以简洁易懂的形式高效地让参与者尽快理解现状的资源和困难、亟待解决的问题、已经采取的措施等内容，就显得非常重要。

其次，WORKSHOP鼓励每一个人都能积极发挥他们在团队中的主体作用，在活动形式上多采用小组讨论、现场体验、多方互动等开放自由的方式进行交流探讨（见图2-8）。但是，今天在我们的现实生活中，人们往往因为彼此的不信任，或者为了避免冲突等各种原因，在自己的周围筑起厚厚的隔墙进行自我保护。这种疏于交流、回避矛盾的消极态度，是团队合作中的巨大阻力，也是创新路上的最大障碍。WORKSHOP的方式就是要打破这种状态，消除人们相互之间的隔阂，换位思考、充分理解，重新建立人与人之间良好的互信关系，进而相互弥补、共同创造。

当然，WORKSHOP还应该是一次生动有趣、让人愉快和有成就感的活动，所以需要负责主体精心策划，认真准备，让每一个阶段的参与者在过程中既能收获快乐，也能得到成长。

图2-8 公众参与WORKSHOP形式

（1）明确目的与目标。

在社区营造的过程中，我们常常弄不清楚"目的"与"目标"两个概念的区别和联系，而这两个概念又直接关系到我们整个活动的效率、参与者的积极性和它最终的达成效果等。所以弄清"目的"与"目标"两个概念，并建立明确的目的和具体的目标，对我们社区营造活动的成功至关重要（见图2-9）。

首先"目的"，通常是指行为主体在行为之前，根据自身的需要，借助意识、观念的中介作用，预先设想的想要实现的行为方向或者期望达成的行为结果。"目的"是行为的灵魂，相对抽象，它规定着行为的价值和方向，并且贯穿于行为的全部过程。

而"目标"的本意，则是射击时寻求攻击的具体对象，用来表示我们想要达到的目的地或者标

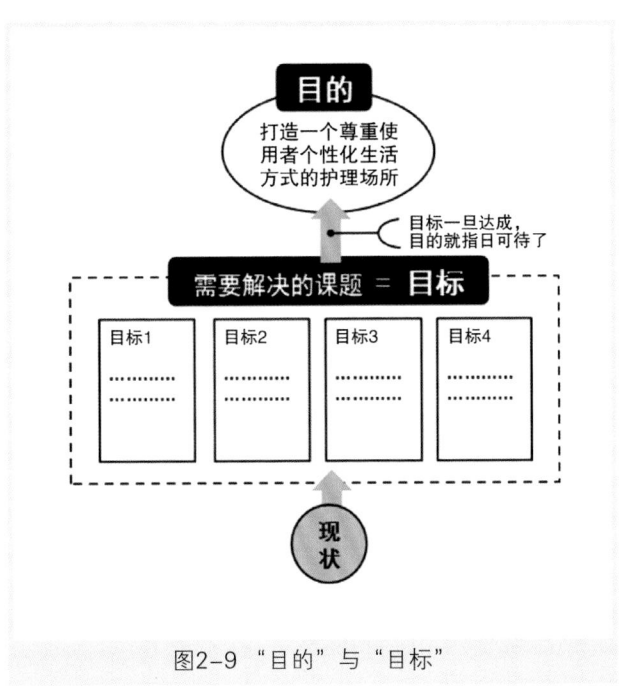

图2-9 "目的"与"目标"

准。目标是个人、部门、企业或者整个组织所预期的成果或者期望达到的终点,是我们必须达到的行动指标,它应该是具体而明确的。

可见,"目的"是我们需要达到的终点,"目标"存在于达到终点的过程之中。"目的"是抽象的,只有一个;"目标"则可以是多个,而且越具体越好。"目标"是为了"目的"而存在的,我们可以调整、修改甚至放弃目标,但"目的"却要一直坚持下去。

譬如,在实际生活中,我们常常会为了使自己变得更美丽,采取减肥行动,计划一个月让自己瘦3千克;为了更好地维持健康,每天早上坚持晨跑半小时;为了到美国旅游时能更好地交流,计划每天背诵50个英语单词……这里,"使自己变得美丽""更好地维持健康""到美国旅游时更好的交流"就是我们想要达成的"目的","瘦3千克""晨跑半小时""背诵50个单词"等就是达到这些目的的具体"目标"。

为了达成一个美好的愿望而付出努力,是一件令人向往的事情。我们不但会主动坚持,还会在坚持的过程中感到满足和快乐。但是,如果没有目的,仅仅是被要求"每天晨跑半小时"或"每天背诵50个英文单词",我们心中就会自然而然地产生排斥、抗拒甚至厌恶的情绪。可见,目标和目的一旦被颠倒,或者目的消失而目标成为我们必须坚持的行动,行为的主体就会变得盲目、被动,甚至失去其应有的积极性。

(2)通过KJ法达成共识。

无论是在社区营造、WORKSHOP、公众参与还是在小组讨论中,我们都常常会遇到一个共同的难题:每个人站在自身的角度发表了自己的意见和观点,但是由于立场和想法的差异,我们收集到的提案五花八门、各式各样,最终难以统一。这时候我们就需要一点小技巧,来帮助参与者们达成共识,KJ法就是一种我们最常用的方法。

KJ法的创始人是东京工业大学名誉教授,日本的人文学家川喜田二郎,KJ是他英文名字的缩写。川喜田二郎年轻时曾热衷于登山运动,并且喜欢收集各种植物标本和坚持记录登山笔记。在一次喜马拉雅山探险归来后,大量的文字数据整理工作使他陷入了长达两年的困惑。两年中,他尝试着把文字数据逐项抄录到废旧的图书卡背面,一有时间就拿出来反复翻看思索。一个偶然的机会,他发现这些卡片中有2/3的内容接近、相似或者能够找到一些内在的联系,剩下的1/3则和它们没有关联,于是他把有关联的2/3卡片先汇集到一起,接着再用同样的方法整理剩下的1/3卡片……以此类推,最后100张卡片可以被整理成简单的几份,并且如果这几份卡片的重点整合梳理起来,就可以有效地概括出100张卡片整体的综合情况。

正是受此启发,川喜田二郎不断尝试,把乍看起来互不相关的项目,通过上述方法有机地组合与归纳,不仅发现了问题的全貌,而且之后他又将该方法与头脑风暴相结合,发现还可以刺激思维创新,建立新的构想,最后终于创造出了具有划时代意义的KJ法。①

KJ法看起来非常简单,但是要想熟练掌握和运用,还需要在实际的操作中反复练习。它的具体运用主要有以下7个步骤的内容(见图2-10):

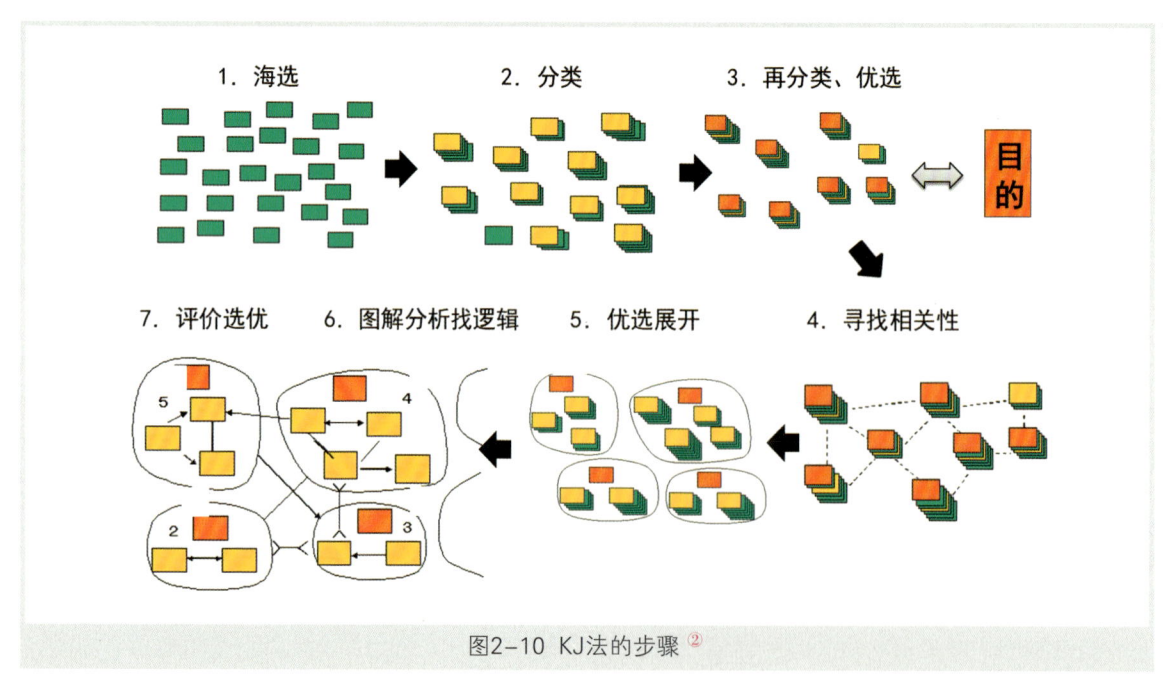

图2-10 KJ法的步骤②

---

① 木下勇:《ワークショップ—住民主体のまちづくりへの方法論》,学芸出版社2009年版,第206页。
② 部分图片参考网页https://www.tfu.ac.jp/liaison/edu/navi_PDF/navi06-04.pdf#search='KJ%E6%B3%95'。

第1步：海选。该步骤可以结合头脑风暴，尽量把需要表达的内容都用卡片或纸条写出来。但要注意，每张卡片或纸条只能写一项内容。

第2步：分类。按照前面提到的整理图书卡片的方法，把联系紧密的内容逐一分类出来，反复几次，最后可以剩下少量无法归类的卡片。

第3步：再分类、优选。按照事先确定的目的或者目标，从第2步分类的卡片中优选出重要的内容，或者当务之急需要立刻处理的事项（WORKSHOP中可以采取参与者举手表决或者集体投票的形式）。

第4步：寻找相关性。找出优选出来的几组内容之间的关系，并画出他们间的结构关系图。可以把关系相近的内容放在比较相邻的位置，然后再按照"目的与方法""原因与结果"等逻辑关系梳理成结构图示。

第5步：优选展开。这一步需要把第3步已经分类整理好的优选内容的卡片重新展开，以便能直接梳理各部分卡片间的相互关系。

第6步：图解分析找逻辑。运用图解分析的方法（可以使用：—相关；→因果；←→互为因果；＞—＜对立等符号）标识出每张卡片之间的逻辑结构关系。

第7步：评价选优。最后一步还需要综合评价各组内容的重要性及操作时的前后序列关系，并将其编号来明确实施阶段的步骤与流程。

KJ法被广泛运用到生产管理、质量管理、流程控制、建筑规划政策的公众参与等多种领域。它可以把人们的不同意见、想法和经验，不加取舍与选择地统统收集起来，并利用这些资料间的相互关系予以归类整理。它有利于帮助人们消除现状中的隔阂，共同进行创作性思维，并通过参与者的协同行动，求得问题的全面解决。

第3章 健康管理AIP

3.1 日常观察与测量

日常生活中常常会遇到这种情况，老人突然感觉最近没有精神，但还没来得及前去就诊，病情就急剧恶化甚而转至重症危及生命。为了避免类似情况的发生，平日周围的人一定要仔细观察老人的身体健康状况及其变化。特别是在出现关节疼痛或者咳嗽等局部症状的同时，还伴有体重变化、走路形态异常等全身症状的话，一定要引起充分的重视。

然而，不是所有的身体变化，都能直接观察得到。所以，一旦听到老人反映身体不适，护理人员一定要耐心地仔细倾听，千万不要掉以轻心，简单地把它们归结为年龄或老化的原因。老年人常常由于语言表达不清，或者不想拖累子女而不愿意表达自己身体上的不适，护理人员要经常注意观察和测量老年人的各项生命体征，准确掌握老人的身体状况，进行相应的护理，遇到问题应及时向主治医生汇报（见图3-1）。

另外，护理人员还应该养成写《护理日记》的习惯，这样可以准确掌握老人日常身体的动态状况，有利于及时发现老人细微的身体变化，避免病情延误。在条件允许的情况下，准备一本固定记录的《护理日记》，把每次观测到的老人身体状况、值得留意的地方和老人自我描述的重点等及时记录下来，这些内

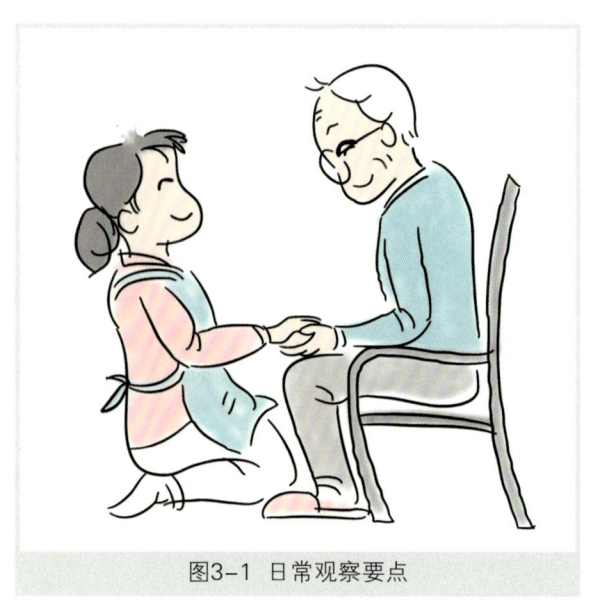

图3-1 日常观察要点

容不但可以在老人就医时作为适当的参考，还可以与其他护理人员共享，在临时更换护理人员时起到信息共有化的作用。①

每天都需要定时检查老人的脸色、肤色，是否有食欲，并将体温、血压、用餐量以及大小便的次数和质量等数据都记录下来，如能分项整理、以曲线表的形式详细记录的话，效果会更好。如果老人有其他慢性疾病，则还应追加医生所指定的其他日常检查项目。在《护理日记》的记录中，最重要的是做到客观准确，绝不能把自己的想象、乐观或者悲观的推测等记录上去（见图3-2）。

如果老人本就患病的话，不同类型的疾病，其发病特征也有所差异，事先应认真向医生咨询，弄清哪些病征要引起注意，哪些病征则需立即就医等。

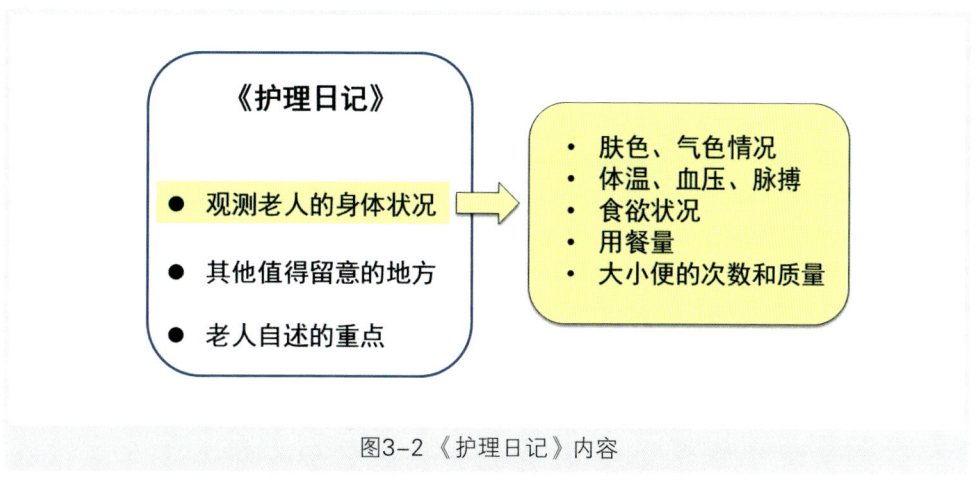

图3-2 《护理日记》内容

1. 体 温

体温就是身体的温度。当身体有炎症时人体体温一般会上升；而当血液循环出现问题时体温则会下降，所以借助测量体温可以很好地掌握身体的异常症状。

一般情况下，人体的正常温度为36℃左右，但是老年人的正常体温较之儿童与成年人来说要偏低一些。老年人体温一般在36℃以下。此外，还呈现早上偏低、傍晚升高的趋势。一般认为，37.0℃～37.5℃为低烧，37℃以上为发烧，38.5℃以上则为高烧。35℃以下的低烧或者因中暑等致使体温达到42℃以上时，则可能会危及生命。有些人平常身体体温就比较低，当其体温上升时，也可能是发烧。比如通常情况下，体温一般保持在35℃左右，那么当其上升到36.5℃时，也被视为发烧，所以要

---

① 諏訪さゆり：《介護のトリセツ》，MCメディカ出版2011年版。

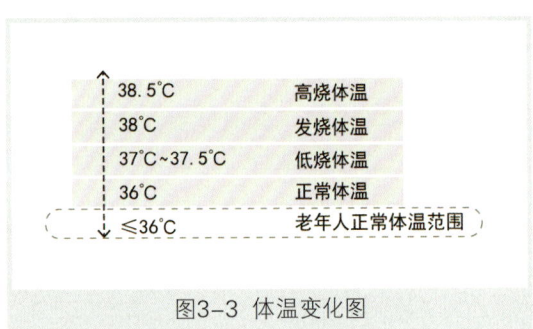

图3-3 体温变化图

图3-4 腋下体温测量方法

格外注意定期观测体温的动态变化（见图3-3）。

发烧症状可能是由各种潜在的疾患所引起的，比如中暑、胃肠炎、肺炎、尿路感染症、肿瘤性疾病、自我免疫系统疾病等。一旦发现老年人出现发烧症状，护理人员应当重视并及时辅助老年人就医。

体温测量一般在腋下、外耳道、舌下、直肠等部位进行。对于老年人来说，不需要长时间保持固定姿势又比较安全的测量方式是腋下和外耳道测量。腋下测量时，首先要擦干腋下的汗液和水分，在进行测量前5分钟左右，让手臂和身体保持紧贴，以防止腋下温度下降。然后将体温计从身体前方45度角的方向插入腋下。插入位置为腋窝的最深处（中央稍偏向前方的部位）（见图3-4）。尽量保持姿势待5分钟后取出读数即可。外耳道测量时，应尽量调整好坐姿，然后向后上方轻轻拉扯耳垂，在外耳道保持通直的状态后再插入体温计。外耳道处测量所需时间短，所以十分适合在测量过程中难以长时间保持同一姿势的人群。

体温测量时应注意：①由于水银体温计测量时间较长（3～5分钟），这段时间中老人还必须保持夹紧腋下的姿势，从这一点上考虑，推荐使用仅1分钟就可以完成测量任务的电子体温计；②进行测量前，必须向本人说明测量方式、顺序，并取得本人的同意；③用餐、入浴和运动后体温容易上升，所以测量时尽量避开以上时段；④当多人使用同一支体温计时，在测量前后必须要用消毒棉等进行消毒，以防止交叉感染；⑤尽量在每天规定的时间，在同一部位进行测量，以便从日常生活中准确掌握需护理者的正常体温。

2. 血压

血压指推动血液在血管内流动,并作用于血管壁的压力,有高压和低压之分。心室收缩,动脉内最高的压力称为收缩期压;心室舒张,恢复到原来状态时,动脉内最低的压力称为舒张压。血压的高低压都可以通过自动血压计来测量。

自动血压计测量血压时,可以采用"坐位"和"侧卧位"两种方式进行。

"坐位"测量时,首先让被测者坐在椅子上,确认其心情平静后,卷起衣袖,将袖带环绕于上臂,注意不要过紧或过松,并使该部位与心脏保持在同一水平线上(见图3-5)。在进行测量前,最好先使其保持处于安静的状态5分钟左右。在测量的过程中,注意手臂不要随意活动,并保持安静。

侧卧位时,如果被测者有麻痹症状,应对其健侧手腕进行测量,测量时患侧在上,健侧在下,并尽量保持身体的舒适(见图3-6)。如果健侧手臂伸出困难,也可以在脚脖处进行测量。需要注意的是,在非坐位状态下进行测量时,对其测量的实际状态也要进行如实记录。

血压测量时应注意以下几点:①测量前,要向被测者认真说明测量的方式和顺序,并取得本人的配合;②测量时,心脏、上臂、血压计的高度最好保持水平;③用餐、入浴和运动后血压容易上升,所以测量时应尽量避开以上时段;④每天在固定的时间,在相同的部位进行测量,可以更准确地掌握被测者日常生活中的正常血压值。

人体正常的血压值一般不高于130/85(高压/低压)mmHg,高于140/90 mmHg时,被视为高血压。但是正常人的血压在一天之中,也是有波动的,因此,要注意进行多次观测。

一般情况下,老年人的血压有偏高的倾向。老年人血压值偏高,可能是由高血压、狭心症、动脉硬化、肾障碍、肾功能不全、糖尿病等所引发的,有时还会出现头晕目眩、头痛、呕吐、意识障碍、痉挛等症状;反之,血压值偏低,可能是由内分泌疾病等原因引起的,同时有可能出现头晕目眩、头痛、全身倦怠、便秘、抽动、失眠等症状。此外,长时间持续站立,或者药物副作用也可能致使血压值突然下降。

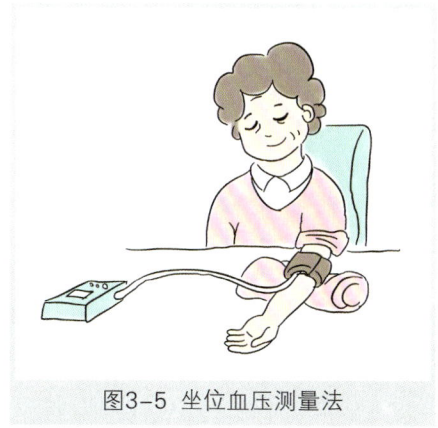

图3-5 坐位血压测量法

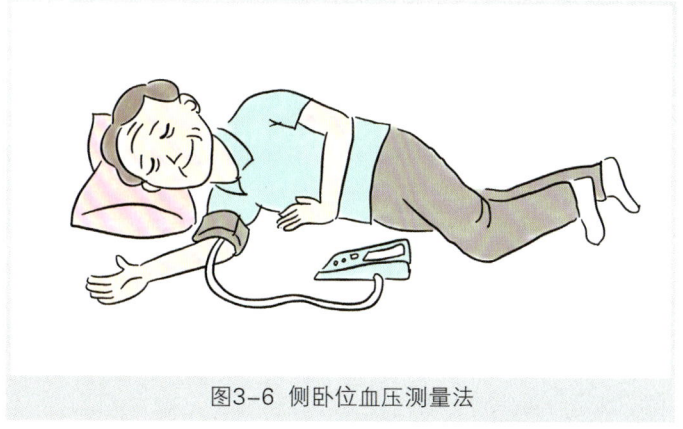

图3-6 侧卧位血压测量法

3. 脉 搏

脉搏，是指当心脏舒缩时，大动脉的血液使动脉管壁呈周期性有节奏的起伏。一般可以通过1分钟内的脉拍数和节奏大概了解心脏的情况。测量脉搏有桡动脉测量和颈动脉测量两种方式（见图3-7）。

桡动脉测量是将食指、中指和无名指轻轻放置于手腕内侧桡动脉上方（大拇指一侧），计算1分钟内脉搏跳动的次数，同时感受脉搏的节奏和强弱；颈动脉测量是将3根手指轻轻放置于脖颈，身体中心稍偏向外侧的颈动脉上，计算1分钟内脉搏跳动的次数，同时感受脉拍的节奏和强弱。颈动脉左右两侧均有，找准具体位置，测量其中一侧即可。颈动脉测量法常用于处于休克状态的患者。

正常人体的脉搏数为50~80次/分。脉搏数越高对心脏的负担越大，但随着年龄的增长，脉搏数也有减少、变弱的倾向。如果脉搏数在60次/分以下，称为"缓脉"，一般是由于体温过低，副交感神经紧张，药物副作用等原因所引发的。如果低于40次/分，患者则可能失去意识。反之，脉搏数在100次/分以上，称为"速脉"，除了由于发烧、脱水症、重度贫血以外，也可能是由甲状腺机能亢进症、慢性肺病、心律不全等原因所导致。测量脉搏可以了解心脏的状态，也可以借此进一步检查被测者是否还有心脏悸动、胸痛、胸闷等症状（见图3-8）。

脉搏测量时应注意：①测量前，要向被测者说明测量的方式和顺序，并取得本人的配合；②用餐、入浴和运动后脉搏数容易增加，所以测量时应尽量避开以上时段；③如果血压过低则难以感知到脉搏跳动，所以要尽量和血压一起进行测量；④为了避免被测者的紧张，测量者最好先暖好手，待被测者完全放松后再进行测量；⑤尽量在每天固定时间，在相同部位进行测量，以便从日常生活中准确掌握被测者的正常脉搏。

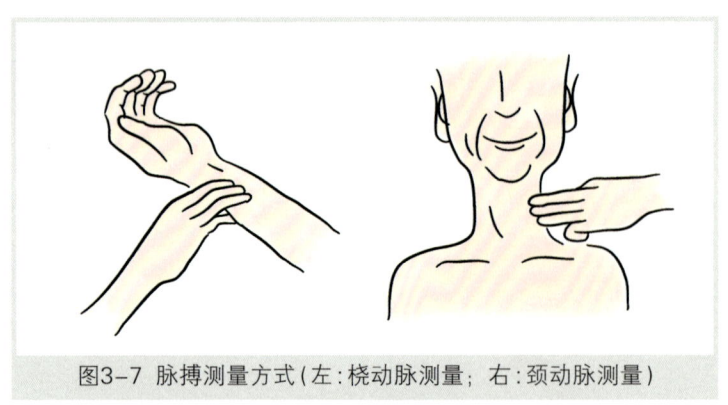

图3-7 脉搏测量方式（左：桡动脉测量；右：颈动脉测量）

图3-8 脉搏数的范围

4. 呼 吸

呼吸是指生物体为了生存而吸入氧气，呼出二氧化碳的生命活动。呼吸的次数和状态，可以帮助我们了解被测者的健康状态，察觉其是否患有肺部、心脏、血液、或内分泌及代谢上的疾病，并判断其是否具有精神障碍等身心异常情况。

观察呼吸时，应先让被测者保持全身放松，在进行1到2次深呼吸后，按正常状态呼吸，同时开始观察并计算1分钟内心窝跳动的次数。处于卧位时，也采取同样的方式进行，还要注意其呼吸的节奏、强弱、深浅及呼吸时发出的声音。包括呼吸所采用的方式（口呼吸、鼻呼吸、肩呼吸、颚呼吸）也应仔细观察并详细记录。

通常情况下，老年人1分钟的呼吸次数为15次左右，20次以上的情况称为"呼吸过快"，10次以下的则称为"呼吸过慢"。随着年龄的增长，人的呼吸会逐渐变慢、变浅。由于肺部的空气残量增加，容易引发气喘、喘鸣和呼吸困难等症状（见图3-9）。

其中，气喘可能是由于肺水肿、肺血栓堵塞、慢性阻塞性肺疾病（COPD，简称"慢阻肺"）所致，如果同时伴有咳嗽、咳痰等症状，则有可能是急性重症肺炎。

喘鸣，是空气通过狭窄气管时，所产生的如口哨般的声音。若不借助听诊器也能听到此类声音，则可能是重度哮喘，或心力衰竭。

≥20次/分	呼吸过快
15次/分	老人正常呼吸状态
≤10次/分	呼吸过慢

图3-9 呼吸数值范围

干咳，或者轻微运动、甚至平躺时都会出现呼吸困难的情况，一般被认为可能是间质性肺炎，且该情况多发于吸烟者。

呼吸常常会因人的情绪波动而发生变化，所以在测量呼吸时应该注意：①尽量让被测者保持身心放松，不要过于在意，最好在测量脉搏后直接进行；②用餐、入浴和运动后呼吸容易加快，所以测量时应尽量避开以上时段；③尽量在每天固定的时间进行测量，以便准确掌握被测者日常生活中的正常呼吸情况；④当被测者呼吸微弱不易观察时，可将棉絮、羽毛等置于其鼻孔处辅助观测并记录其吹动次数。

5. 耳鼻喉眼

耳鼻喉眼是人感知世界的重要器官，也能在一定程度上反映出人的身体状况。

耳部的检查，要确认老人是否使用助听器，对声音的敏感程度如何，是否有耳垢，能否自行清洁耳部，检查耳廓处是否有伤口、异物、出血等异常，询问老人是否出现杂音或者耳鸣等症状。

鼻部的检查，确认老人是否使用鼻腔呼吸，是否可以自行擤鼻涕，是否能感知到气味，鼻腔中是否有异物、伤口、出血或者炎症等异常，是否有打喷嚏、流鼻水、鼻塞等鼻炎症状。

喉部的检查，要看老人张口时的大小和程度，判断是否出现发声困难、口齿不清等异常情况，观察其舌头和唇部是否有肿胀、变色等症状，口腔内是否有疼痛、出血、口臭、唾液分泌异常、口腔炎、牙周炎、舌苔等症状，检查其牙齿的排列、咬合、虫牙、缺牙掉牙及假牙的使用状况等，并综合判断老人是否具备日常自行护理口腔的能力。

眼部的检查，要确认老人是否配戴框架眼镜或者隐形眼镜，询问佩戴时是否有不适感，矫正后的视力状况如何；检查其眼睛周围和眼球、眼睑等处是否出现疼痛、不适感或者是否有严重疲劳的情况；询问老人是否有眼部充血、眼屎、流泪、麦粒肿（俗称针眼或偷针眼）、飞蚊症（视线内总是感觉有类似蚊子的东西在飞舞）、色觉障碍等症状；确认老人近期是否出现难以看到东西或视力模糊、朦胧、视野狭窄、视野欠缺、复视等视觉异常情况。

坚持对老人耳鼻喉眼部位的观察十分重要，如果其中某部分机能出现衰退，会直接影响老人的日常生活质量（QOL）。护理人员要做到多观察、勤询问，发现异常情况要及时报告家人和主治医生。

6. 指甲和皮肤

指甲和皮肤既是重要的触觉感知器官，又是人体的第一道防线，对我们的身体起到了良好的保护作用。

对指甲的检查主要包括：指甲的生长是否正常，是否出现变色、残损、受伤、裂痕、凹凸、变形等异常症状，以及老年人是否能够自行修剪指甲等。

皮肤的检查包括面部皮肤检查和身体皮肤检查两个部分。

面部皮肤检查内容有：①胖瘦程度如何，皮肤是否光泽、湿润，皮肤的颜色是否出现发红、发青、发白或者发黄等异常？②面部、头皮、头发等是否清洁干净，是否发痒和有异味？③面部是否出现浮肿、伤口、干燥、发汗、出血、发热等异常情况？④脸色是否阴暗或者毫无表情？⑤是否出现眼睑或嘴角下垂、闭嘴困难等面部麻痹、扭曲的异常症状？⑥脖子和耳朵后方等眼睛不易看到的部位是否清洁干净？

身体皮肤检查内容有：①胖瘦程度如何，皮肤是否光泽、湿润，皮肤的颜色是否出现发红、发青、发白或者发黄等异常？②身体是否清洁干净，是否发痒和有异味？③身体表面是否有发热、发汗或极度干燥的情况，是否出现浮肿、伤口、异物等异常？④是否患有褥疮、白癣等皮肤疾病或感染？⑤腋窝、膝盖后方、阴部等眼睛不易看到的部位是否清洁干净？⑥穿着的内衣和其他衣物是否合身，老人是否具备自行定期更换洁净衣物的能力？（见图3-10）

"面部皮肤检查"
- 胖瘦程度、皮肤光泽、颜色
- 面部、头发、头皮异味
- 面部发汗、发热
- 面部表情异样
- 眼睑、嘴角异常
- 脖子、耳后清洁

"身体皮肤检查"
- 胖瘦程度、皮肤光泽、颜色
- 清洁与异味状况
- 身体发汗、发热、伤口、异物
- 皮肤病感染
- 腋窝、膝盖、阴部清洁
- 内衣清洁

图3-10 皮肤检查的内容（面部皮肤&身体皮肤）

有些老年人随着身体反应的衰退，变得不易感知自己身体的不适，护理人员一定要注意仔细观察。然而身体状态也常常会影响一个人的精神面貌，所以即使偶尔感觉到老人精神状态出现异常，也不能立刻将其断定为精神疾病，而是要及时联系主治医生和护士，并做详细的咨询和了解。

7. 动作

人体的行、立、坐、卧，都是生命活动中不可或缺的重要动作，能否自由而独立地完成这些动作，直接关乎老人是否拥有做人的尊严（见图3-11）。

老年人随着身体机能的老化，常常会出现身体姿势不良、步行速度放缓、平衡感减弱，以致行走发生障碍等情况。如果对这些情况置之不理，则很可能会出现意外跌倒造成骨折甚至最终导致老人卧床不起或者瘫痪等更为严重的后果。因此，护理者应认真观察老年人的这些日常动作，只有正确地掌握他们的基本状况，及时察觉其细微变化，才能有的放矢地为老年人在帮助排泄以及助行、助食、助浴等方面提供切实有效的护理服务。

动作观察包括步行观察、站姿观察和坐姿观察三部分。

步行观察主要掌握：①老年人能够行走的距离、时间和行走的状态（是独立行走、部分支撑，还是全面支撑）。②步行过程中，是否出现身体左右摇晃、倾斜、痉挛、哆嗦、麻痹等异常；是否有绊倒、跌倒、滑倒的情况，以及当时的具体状况和发生的次数。③腿部和膝盖是否出现弯曲，或者疼痛、麻痹、浮肿等症状。④在穿着上，鞋子是否有鞋跟、不打滑，并便于穿脱；衣物下摆是否过长；使用的拐杖或者步行辅助器具，是否舒适省力。⑤与之前相比，老人行走的距离和时间是否缩短。

站姿观察主要包括：①老人是否能够独自站立，独自站立的时间、状态（独自站立、需部分支撑、需全面支撑）。②站立时，是否出现身体左右摇晃、倾斜、痉挛、哆嗦等异常，是否有绊倒、跌倒、滑倒的情况，以及当时的具体状况和发生的次数。③腿部和膝盖是否出现弯曲，或者疼痛、麻痹、浮肿等症状。④是否需要使用拐杖或者步行辅助器具保持站姿，所依赖的程度如何；使用的拐杖或者步行辅助器具是否舒适省力。⑤与之前相比，老人站立的时间是否缩短。

坐姿观察主要包括：①老人是否能够独立保持坐姿，以及保持的程度、时间、状态（独自坐立、需部分支撑、需全面支撑）。②保持坐姿时，是否有身体左右摇晃、倾斜、痉挛、哆嗦等异常情况；是否发生过

图3-11 对动作姿势的观察

跌倒，当时是怎样的状态，发生过几次。③腿部和膝盖是否出现弯曲，或者疼痛、麻痹、浮肿等症状；脚掌能否平稳地踩到地板。④保持坐姿时，是否需要拐杖或者步行辅助器具的辅助；使用的拐杖或者步行辅助器具是否舒适省力。⑤与之前相比，老人坐立的时间是否缩短了。

根据对老人的步行、站姿、坐姿三个方面在保持动作时的稳定性、难易度、持续时间长短等情况做出的评价，护理人员应该格外注意近期动作持久性明显减弱的老人，以防止他们因日常生活中的疏忽而意外跌倒。

8. 排 泄

排泄是人类每天都要进行的，维持生命体正常运作的自然行为。老年人能否自行完成排泄行为，直接和他们的生活质量，及其尊严感密切相关，因此护理者应该尽量让老年人独立地完成这个动作。

排泄观察主要包括排尿观察和排便观察两部分（见图3-12）。

排尿观察需要注意的内容有：①排尿次数、尿量、颜色、气味以及通常排尿的时间段等；②排尿时是否伴有疼痛、瘙痒，有无便血尿等异常；③是否有尿失禁？如果有，失禁的次数和量如何，通常是什么时间段；④夜间是否起夜排尿？如果有，共几次，通常是什么时间段；⑤对使用尿不湿的老人，护理人员还要仔细观察是否发生渗漏现象，一般是在哪些部位，为什么会出现这些情况，并积极思考对策。

当老人的排尿次数有明显增多时（白天超过8次，夜间超过2次），称之为"尿频"。引起尿频的原因很多，除了膀胱炎、男性前列腺肥大、前列腺炎等以外，也可能是因为压力过大等心理因素所导致的。很多老年人因为行动不便，刻意少喝水甚至不喝水，以避免频繁小便带来的麻烦，致使排尿次数锐减、尿色明显发黄的情况出现。这时，护理人员应及时劝说其加强饮水，以防发生炎症。并且在劝说时，还应注意措辞要委婉，不能伤害到老人的尊严。

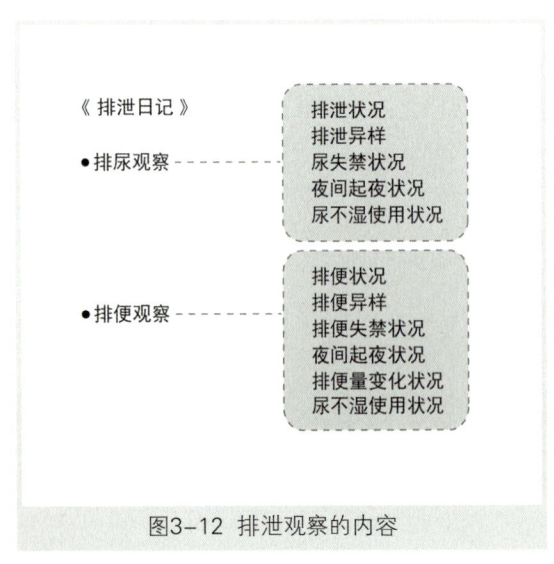

图3-12 排泄观察的内容

排便观察需要注意的内容有：①排便次数、便量、颜色、形状、气味以及一般的时间段；②排便时是否伴有疼痛、瘙痒，或者血便等异常；③是否出现大便失禁？如果有，要记录它的次数、便量及失禁发生的时间段；④夜间是否起夜排便？如果有也要记录其次数和发生的时间段；⑤最近排便量是否有变化，是否出现便秘症状；⑥如果老人使用尿不湿，要观察是否出现排便渗漏的情况，一般出现在哪个部位，并要积极思考对策。

健康的人的大便一般为黄褐色，呈香蕉状，无异臭，这表明其消化、吸收各功能均属正常。

反之，如果色状等呈现以下情况，则需要格外注意：大便呈较硬的石子状，并伴有排便疼痛的现象，这可能是由便秘造成的；大便细软，则通常是由于消化不良、水分摄取过多等原因所导致；大便若是呈水样的腹泻，则原因较为复杂，可能是由于食物摄取过量、消化不良、腹部受凉等原因所致，也有可能是因为肠炎或食物中毒而产生的，需要格外留意。

老年人由于肠胃蠕动能力下降，日常水分摄取量减少，或者内服药物的副作用及使用尿不湿等原因，较容易出现便秘和腹泻等症状。出现腹泻时，护理人员首先要确认是急性腹泻还是慢性腹泻，仔细观察其形状颜色的特点，并做好详细的记录（见图3-13）。

由于个体的通便情况因人而异，所以不能只因老人数天未排便，就断定其便秘。一般情况下，间隔时间规律正常的（每三至四天）排便，不能称为便秘。但如果是每天都要排便的人，连续三四天都没有通便的话，则可视其为便秘。

所有这些不正常的大便颜色和形状都应引起护理人员的重视，把它们详细记录在每天的排泄日记上，并尽可能地帮助老年人自行独立完成排泄动作。可定时在早饭后劝其排便，或根据以往经验，在老人可能会需要排便的时间段进行诱导等。

9. 饮 食

饮食不仅可以维持生命，也可以刺激进食者的味蕾，带来美食生活特有的幸福与快乐。护理人员应尽量协助老人独立入口进食，感受食物的美味，体验用餐的快乐。

老年人的退休生活一般较为单调，所以能和家人一起共同用餐，对普通老人来说是一件非常开心的事情。尤其是对于那些长期卧床不起的老人，每当吃饭或者喝下午茶的时候，哪怕仅仅是使他们能够从卧室移动到客厅或者餐厅这样一个简单的挪动，对于他们枯燥乏味的卧床生活来说，都能起到转换心情、有益健康的重要作用（见图3-14）。

图3-13 排泄观察与记录

图3-14 尽量与家人共同用餐

老人用餐，一定要定时，最好和家人一起。如果老人独立进食有困难的话，可以借助使用方便的自助餐具等，但就餐的过程，最好尽量让老人自己动手来完成。这样不仅可以通过简单的动作达到机能恢复训练的目的，而且还能在一定程度上增强老人自立意识和树立老人早日康复的信心。

对于自行就餐确实有困难的老人，餐前应该先给老人润喉，注意食物的盛盘美观和色香味等，以诱发老人的食欲；再按照老人一贯进食习惯的顺序，依次慢慢地喂老人进食。老人用餐时要细嚼慢咽，护理者要耐心仔细，注意确认老人是否已将食物完全咽下。豆类等不易吞咽的食物，最好先碾碎后再喂老人。在喝汤时，首先要确认汤的温度是否合适，喂送时让老人尽量把嘴张大，然后再慢慢地将汤喂入老人的口中。

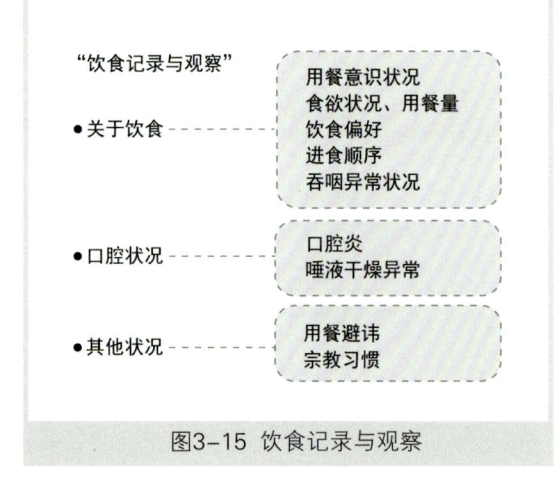

图3-15 饮食记录与观察

餐后，一定要记得让老人喝茶，通过茶水将口中残留的食物咽下。因为如果老人睡觉时口中有残留食物的话，可能会导致误咽。在用餐完毕之后，记得帮老人把嘴角擦拭干净，然后记录下老人进食的具体情况。

观察和记录饮食情况时，要注意老年人在用餐时的意识状况、食欲状况、喜欢的食物、习惯进食的顺序、用餐量、口味偏好、营养是否均衡、有无吞咽困难或误咽等症状、假牙是否合适、食量是否正常等。同时，还应该格外留意老年人的口腔情况：是否出现口腔炎、唾液干燥等异常症状。此外，对于有特殊信仰的老年人，要了解其用餐避讳事项，尊重其宗教习惯（见图3-15）。

护理人员应该通过上诉对老人日常饮食生活习惯的观察和了解，尽可能地为老人提出既符合其饮食偏好，又有利于其身体健康的餐饮生活解决方案。

10. 生活经历

老年人的生活习惯，会因为各自不同的家庭背景、工作环境、个人的价值观和嗜好，及与此相关的生活时间上的分配差异等，而发生各种各样的变化。这些变化在老年人中比较容易固化，从而形成比较稳定的生活模式。伴随着与生活习惯密切相关的，老年人生理上的衰退和生活功能上的减弱，其个性化的差异也非常巨大。

虽然个性化差异，是老年人群的重要特征之一。但是，随着年龄的不断增长，老年人的体能终会达到一个极限，曾经游刃有余承担的重要权利、责任和义务，也不得不向年轻一代转让，并最终遵循社会惯例（退休、离休），脱离原有的社会角色。此时，老年人所体验到的社会地位和经济收入的突然丧失，人际关系（亲子关系）和生活模式的骤然变化等，都会给他们带来巨大的心理压力和生活危机（见图3-16）。

工作时间骤减，加之睡眠、用餐等生理活动时间和休闲娱乐的自由活动时间又突然增加等因素，给老人在日常生活习惯上造成的巨大变化，对于开朗外向身体健康的老人来说，比较容易适应；但是，对于性格消极内向或身体机能退化严重的老人而言，

图3-16 老年人的生活经历

则容易助长他们采取闭门自锁的生活方式，甚至出现退化型病变的可能。所以，如果退休之后仍然拥有选择的自由，老年人应该尽可能地利用丰富多彩的社会活动和余暇活动来充实自己，将原来在职场和家庭中的作用与价值继续扩展到对地域社会的贡献之中，进而提高自身的价值和生活的意义。

另外，在对老人的护理上，了解掌握老年人的生活经历，便于护理人员在以后的生活中为老人提供更好的服务和帮助，同时也有利于更好地满足老人个性化的服务需求。关于这些生活经历需要了解的内容包括：老人的出生地、出生年月日、家庭成员构成情况、过去从事的工作、兴趣爱好、现在的生活状况、喜欢的食物、讨厌的事物、社交状况、疾病和用药情况、生活习惯、睡眠状况以及心理状况等。

对于老年人喜欢的事物，护理人员要特别记住，这样有助于在护理工作中和老人建立互信关系，形成与老人间良好的相互沟通；对于老年人的一些特殊癖好，如果不危及健康，应当予以尊重，如果这些癖好对健康有潜在的不良影响，护理人员应及时了解并耐心劝导，必要时陪同老人前往就医；老人的既往患病史和用药史，直接关系到其生命安全，而且在护理的过程中也非常重要，护理人员一定要了解清楚。如果老年人自己对这些情况记忆模糊，或者表达不清，护理人员要积极主动地向其家属和主治医生咨询了解。

护理人员还应该随时注意老年人的心理状况及其变化，在护理工作中要仔细倾听、耐心疏导。在全面了解老人的日常生活习惯和过往生活经历的基础上，正确评估其身心状态，针对其个性化的经历背景制定科学合理的护理方案。

11. 居住环境

生活居住环境应该安全舒适，才能让老人的身心都得到很好的休息。因此保证房间内有充足良好的日照非常重要，温煦的阳光能照暖房间也能给老人带来明朗而愉快的心情。另外，老人居住的

房间或者卧室不应被孤立或远离家人的视线，应该在出入便捷又便于家人问候与查看的地方。对于行动不方便的老人，床的摆放应该在房间较为居中的位置，床尽量不要靠墙摆放，或在周围堆放太多的障碍物，要留出足够护理人员操作的空间。同时，护理所需的物品最好能集中放在可移动的推车中配合护理人员操作。

室温的调节对于老人非常重要。让老人感到舒适的温度一般在22 ℃，这比普通人感觉舒适的温度要稍微偏高。人体对温度的舒适感觉有一定的差异，所以调节到让所有家庭成员都感觉舒适的温度比较困难，但应该重视并体谅老人对温度变化的敏感和在室温适应上的困难。当然，今天空调和暖气的普及，使调节室温对我们来说变得比较容易，但是房间过冷和过热都对身体不宜，使用暖气和空调时还需要注意定时对室内进行必要的通风和换气。另外，老年人日常生活的房间与廊道、厕所等其他房间的温差应保持在±5 ℃左右为宜。

在注意室内温度调节的同时，还应注意室内的湿度。夏天，室内湿度过大，会抑制人体散热，使人感到十分闷热、烦躁。冬天，室内湿度过大，则会加速热传导，使人觉得阴冷、抑郁。反之，室内湿度过低时，因上呼吸道黏膜的水分大量散失，人会感到口干舌燥、咽喉肿痛、声音嘶哑，甚至出现鼻、咽喉出血等情况，极易患上感冒。经专家研究认为，室内的相对湿度应该在30%~80%。对于老人而言，较为理想的室内湿度是60%。当然，仪器测量的温度和湿度固然重要，但人体自身体感下的"凉快""温暖"等舒适度评价也不容忽视，在重视适温度、湿度调节的同时，还应该常常和老人沟通，及时了解他们对环境舒适与否的体验反馈，并在加湿器、湿毛巾等小道具上下功夫，为老人创造温暖舒适的居住环境。

老人在室内主要居住的可以分为：卧室、餐厅和客厅、卫生间、通道四个部分。护理人员应该根据要求，对老人的各个居住空间进行观察，并对不符合要求的空间环境，及时地进行调整和改善（见图3-17）。

卧室部分，是老年人独处时间较长的房间，一定要有较好的朝向和采光，要能直接晒到阳光；床的位置和形式要方便舒适；床上用品要勤洗勤换，保持干净卫生；室内温度、湿度要适宜；室内不要有多余的摆设和不利于老人行动的家具物件等。

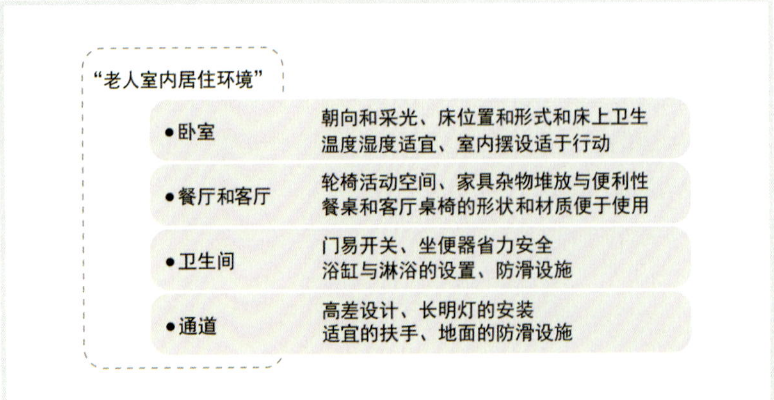

"老人室内居住环境"

● 卧室　　朝向和采光、床位置和形式和床上卫生
　　　　　温度湿度适宜、室内摆设适于行动

● 餐厅和客厅　轮椅活动空间、家具杂物堆放与便利性
　　　　　　　餐桌和客厅桌椅的形状和材质便于使用

● 卫生间　门易开关、坐便器省力安全
　　　　　浴缸与淋浴的设置、防滑设施

● 通道　　高差设计、长明灯的安装
　　　　　适宜的扶手、地面的防滑设施

图3-17 老人室内居住环境

餐厅和客厅部分，要注意观察是否留有足够的轮椅活动空间；家具的摆放和杂物的堆放位置是否会影响老人的活动与通行；餐桌和客厅桌椅的形状和材质是否便于老人使用等。

卫生间部分，需要关注门是否容易开关；坐便器形式是否省力安全；使用的是浴缸还是淋浴，是否为老人准备了防滑座椅；卫生间的地面是否有防滑装置等。

最关键的是通道部分，主要包括房门、走廊和楼梯等。这些部分是家庭安全事故最容易发生的地方，一定要注意观察这些地方是否有高差；高差处是台阶还是坡道；是否安装了长明灯；必要的地方是否安装有高度适宜的扶手；地面是否经过了防滑处理等。

12. 认知功能

认知，是指机体认识和获取知识的智能加工过程，它涉及学习、记忆、语言、思维、精神、情感等一系列心理和社会行为。当人体上述学习记忆以及与思维判断有关的大脑高级智能加工过程出现异常时，会引起严重的学习和记忆上的障碍，同时伴有失语、失能或失认、失行等非日常性改变，专业上称之为认知障碍。

认知的基础是大脑皮层的正常功能，任何引起大脑皮层功能和结构异常的因素均可导致认知障碍。由于大脑的功能复杂，且认知障碍的不同类型互相关联，即某一方面的认知问题可以引起另一方面或多方面的认知异常。因此，认知障碍是脑疾病诊断和治疗中最困难的问题之一。

老年人群中常见的认知障碍，即俗称的"老年痴呆"，由于"老年痴呆"一词的片面性和局限性，暂无合适的官方定义，所以本书拟统称其为"失智症"。失智症，主要是指老人的记忆力、理解力、判断力，以及通过视觉、听觉获取的感觉信息和通过与人沟通从外界获得的语言信息功能等，发生异常而导致的认知障碍。老年人一旦认知能力下降，就会给自身的日常生活和身边亲属乃至近邻居民的社会生活带来很大的影响。

判断老人认知功能的变化，主要应该观察是否有以下情况发生：经常出现健忘；没有计划性，或者决断能力下降；原本熟悉和会做的事情，突然不能独立完成了；难以分辨时间和自己置身的场所，无法辨识人或事；出现语言障碍，如语言出现支离破碎、词不达意的情况，无法书写等；情绪上变得意欲衰退，不愿工作和不积极参加社会活动；容易激动，会因为一些小事而频频动怒；时常有担心、不安等心理压力；常常会出现幻觉、幻听、妄想等症状。

如果老人有以上情况发生，护理人员应该引起充分的重视，要马上和老人家属沟通，并及时向专科医生咨询，如有必要应立即带老人前往专科医院就医。对于老年人，护理人员和家属一定要熟悉掌握老人的身体机能情况及其活动能力范围，在可能的情况下，鼓励老年人尽量做一些力所能及的事情。而对超出其能力范围的事情要进行劝阻，以免发生意外事故。如果确诊老年人有失智症，也要积极与其交流，缓解症状，避免恶化。同时，要提供安静舒适的休息环境，保证老人有优质充足的睡眠。

失智症，作为一种特殊的老年人常见病，具体情况在以下各章节中还有针对性更强的详细介绍。

3.2 健康评价体系

准确而有规律地掌握老人的健康及自立程度的变化，有利于在老人出院后或进入养老设施前后、接受康复训练前后，对老人接受治疗、训练和服务的效果进行有效的判断和评估，并可根据这些判断，为老人量身定制下一阶段治疗的目标和具体方案。

在了解对老人的健康与自立情况评价体系之前，我们还需要了解两个非常重要的概念，日常生活活动能力（activities of daily living，ADL）和生活质量（quality of life，QOL）（见图3-18）。

ADL是指人们在每天的日常生活中，为了照顾自己的衣、食、住、行，保持个人卫生整洁和进行独立的社会活动所必需的一系列基本活动。这些人们为了维持生存及适应生存环境而每天必须反复进行的、最基本的、最具有共性的活动包括自理活动、沟通交流、健身运动、日常家务等。

ADL评价可以分为两种类型：一类是基础性日常生活活动能力（basic or physical ADL，略称为BADL或PADL，本书以下统称为BADL）评价；另一类是工具性日常生活活动能力（instrumental ADL，以下略称为IADL）评价。BADL是指维持人体最基本生存的，每日反复进行的，诸如自理活动、行走活动等的能力；IADL是指人们在社区生活中所需要的较高技能的活动，诸如使用电话、购物、做饭、洗衣、服药、理财、使用各类工具、处理突发事件等能力。（见图3-18）

ADL的评价方式主要有直接评价、间接评价两种。直接评价，是评价者向老人发出动作指令，

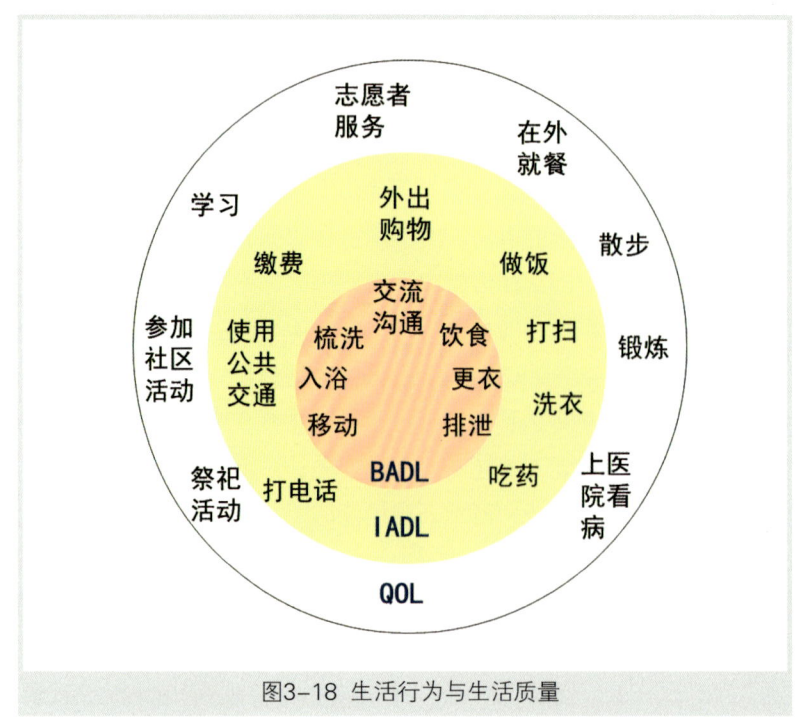

图3-18 生活行为与生活质量

老人依法执行，评价者逐项观察老人的完成情况，并打分评价的方式。间接评价，指某些无法直接观察到的动作，可通过询问和描述的方式来了解情况，进行打分。

QOL最早被译为生活质量（Karnofsky，1948），是评价老人能否有尊严，且安心满意地生活的一个重要概念。世界卫生组织WHO将其定义为：不同文化和价值体系中的个体对于他们的生活目标、期望、标准及所关心的事情有关的生活状况的体验。并提出了评价QOL的六个维度：生理健康、心理状况、独立能力、社会关系、个人信仰或精神寄托、与周围环境的关系。这个概念反映了个人期望与实际生活状况之间的差距，差距越大，生命的质量就越差。

20世纪70年代，美国掀起了一场IL（Independent Living，自立生活）运动。在该运动中，人们积极鼓励残障人士，利用现存的自立能力，通过努力尽可能地恢复已然丧失了的各项身体机能。即使对于那些完全无法自立生活的人们，也应该不断鼓励其积极主动地参与社会活动，实现自我价值。

和康复训练一样，在护理上，人们更重视QOL的重要性。例如，卧床不起，可以说是ADL极其低下的状态，但即便如此，如果护理人员能在这种条件下，按照老人自身的愿望来使其接受护理，并正常生活的话，不仅可以发挥老人自身的自律性和能动性，避免其废用综合症的发生，还有可能通过护理人员合理地护理与康复训练等，帮助老人脱离卧床不起的状态，进而提高其生活品质，使老人过上健康又充满活力的生活，从而有效提升老人的QOL满意度。

两种生活：一种是卧床不起，但有护理人员精心照料的生活状态；另一种是在较少的护理帮助下，多数事情可以按照自己的意愿亲力亲为的生活状态。相信无论是谁，都应该会认为后者的QOL更高一些吧？特别是在用餐、排泄等一些无法避免又关乎尊严的日常生活琐事上，如果能够自行独立完成的话，心情一定也会更加愉快。

由此可见，我们在不断追求提高QOL的时候，绝对不能忽视ADL的重要性。QOL和ADL，绝非相互对立，在评价老人生活状态中，两者之间关系紧密，是同等重要的两个概念。

1. 健康和自立度评估

目前老年人健康评价体系中较为常用的有五种评价方法：①关于ADL自立度的巴氏量表（Barthel index）评价；②日常生活功能评价；③关于卧床情况的卧床瘫痪度评价；④关于老人认知情况的长谷川式评价；⑤关于养老设施确定员工护理服务工作量的FIM护理量评价（见图3-19）。

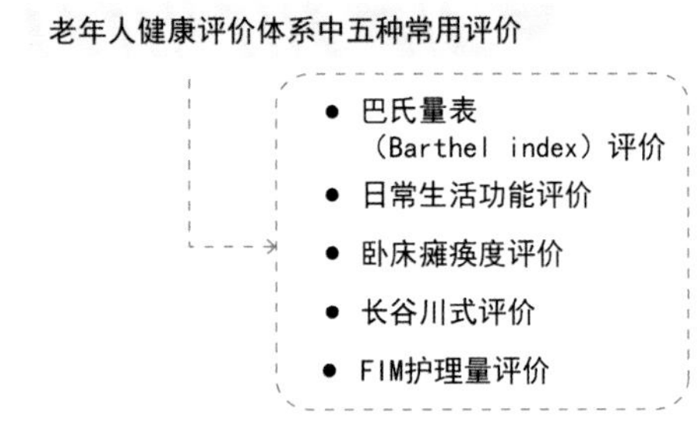

老年人健康评价体系中五种常用评价

- 巴氏量表（Barthel index）评价
- 日常生活功能评价
- 卧床瘫痪度评价
- 长谷川式评价
- FIM护理量评价

图3-19 五种常用健康评价方法

其中，在对老年人的健康和自立程度进行评价时，巴氏量表评价法和日常生活功能评价法最为常用。

巴氏量表也称巴氏指数（Barthel index，BI），是20世纪50年代中期，由Florence Mahoney和Dorothy Barthel两人共同设计并用于临床的，国际康复医疗机构常用的评价方法。此方法具有操作简单、可信度与灵敏度较高、使用广泛的特点。该表既可由老人或家属自行填写，也可由护理人员经过仔细观察和问询后，针对具体情况进行填写。（见表3-1）

表3-1 BI（巴氏量表）评价表

项目	得分	判断的基本标准
饮食	10	可利用工具在一定时间内吃完
	5	部分辅助（如需要特别切碎食物）
	0	需要喂食等
如厕动作	10	包括清理专用坐便器等所有动作均可自行操作
	5	搀扶、脱裤、擦拭等需要他人帮助来完成
	0	完全不能自立
上下台阶	10	完全自立（含使用扶手等借力）
	5	需要搀扶或者监护
	0	完全不能自立
更换衣物	10	完全自行完成
	5	在标准时间内，半数以上由自己完成
	0	上述两项以外的情况
梳妆整理	5	自立（洗脸、刷牙、梳头、剃须修面等）
	0	部分或者全部需要他人帮助
洗澡沐浴	5	自立
	0	部分或者全部需要他人帮助
大便排泄	10	无大便失禁情况，可自行为该部位换药
	5	偶尔有失禁情况，换药时需要他人帮助
	0	上述两项以外的情况
小便排泄	10	无小便失禁情况，可自己使用床上小便器
	5	偶尔有失禁情况，小便器使用需要他人帮助
	0	上述两项以外的情况
外出移动	15	完全自立（含使用辅助工具）
	10	基本自立但需要他人监护
	5	需要他人帮助，但可以自行坐立
	0	完全不能自立
平地步行	15	可以独自步行45米以上（含用拐杖等工具）
	10	可搀扶步行45米以上（含使用步行器等工具）
	5	无法步行，但自行操作轮椅移动45米以上
	0	上述两项以外的情况
A——完全自立（60~100分）；B——半自立（40~59分）；C——失能（0~39分）		

BI法主要评价的内容由十个项目共同组成：进食能力、如厕能力、上下台阶能力、更换衣物能力、梳妆整理能力、洗澡沐浴能力、大便排泄能力、小便排泄能力、外出移动能力、平地步行能力。

其中，进食、如厕、上下台阶、更换衣物、大便排泄和小便排泄六项，被分成了完全自立（10分）、半自立（5分）、完全失能（0分）三个评价阶层；梳妆整理和洗澡沐浴两项，被分成完全自立（10分）、完全失能（0分）两个评价阶层；外出移动和平地步行两个能力要求较高的项目，被分为完全自立（15分）、辅助下自立（10分）、准失能（5分）、完全失能（0分）四个评价阶层。具体评价内容见表3-1。问卷结束后，根据最后得分，将老人自立程度可以分为全自立（60~100分）；半自立（40~59分）；失能（0~39分）三种情况。

日常生活功能评价法，专业性较强，适用于掌握病愈出院后老人的健康状况，这种表格最好由主治医生或有护士背景的工作人员填写。

该评价主要根据医务工作者对患者的临床情况，如有无相关医嘱、能否自行完成相关动作、能否正确理解和传达意见、相关行为是否有危险性等内容进行有或无的得分评价，最终对老人的具体情况，做出综合性较强的能力判断。具体评价内容见表3-2。问卷结束后，根据其得分可将老人分为自立（0~4分）；半自立（5~10分）；失能（11~19分）三种情况。

表3-2 日常生活机能评价表

患者情况	阶层项目分数			项目得分
	0	1	2	
有无需要卧床静养的医嘱	无	有		
能否把手举过胸口（可单手）	能	不能		
在床上能否自行翻身	能	能（需要抓住扶手）	不能	
能否自行起床	能	不能		
能否保持坐立的姿势	能	能（需要有所支撑）	不能	
能否自行移动（交通工具间的转乘）	能	能（需要监护或帮助）	不能	
移动方式	自立	需要帮助，不能自行移动		
能否自行清洁口腔	能	不能		
能否自行进食	能	能（需要部分帮助）	不能	
能否自行更换衣物	能	能（需要部分帮助）	不能	
能否正确传达他人的意见	能	能（偶尔不能）	不能	
能否明白医嘱的内容	能	不能		
一周内是否有过危险行为（跌倒等）	无	有		
自立（0~4分）；半自立（5~10分）；失能（11~19分）				合计＿＿＿分

上述两种对老人的健康和自立程度进行的评价各具特色：前者操作简单但带有一定的主观性，后者专业性较强也相对客观。这两种方法同时使用，能充分掌握老人的ADL状况，并且其准确度和科学性都有很大提升，无论是在设施还是家庭之中，都应该受到大力推行和积极采用。

2. 特殊评估

在上述BI评价和日常生活功能评价的基础上，如果老人有特别需要或要求时，还可以进行两种比较特殊的ADL能力评价。

第一种是"卧床瘫痪度评价"，它是根据老年人的生活自理程度，分为生活自立、准卧床和卧床不起三种情况。生活有一定的困难（某方面的障碍），但日常生活基本自立，能独立外出的为生活自立型；室内生活基本自立，但外出时必须借助工具或人力的为准卧床型；室内生活也需要借助工具（器械），白天也基本卧床，但可以保持床立，或终日卧床，排泄、进食、穿衣均需照顾的，均为卧床不起型（见表3-3）。

表3-3 卧床瘫痪度评价表

生活自立度	J	有一定的困难（某方面的障碍）但日常生活基本自立，能独立外出
		J1：利用公共交通外出
		J2：近郊周边地域可以外出
准卧床	A	室内生活基本自立，但外出时必须借助工具或人力
		A1：利用辅助器材外出，但白天生活基本离床
		A2：外出频度低，白天也常常卧床不起
卧床不起	B	室内生活也需要借助工具（器械），白天也基本卧床，但可以保持床立
		B1：坐轮椅，但吃饭和上厕所时离开轮椅
		B2：轮椅需要他人操作
	C	终日卧床，排泄、进食、穿衣均需照顾
		C1：可自行翻身
		C2：不能自行翻身

第二种是关于老人认知程度评价的"长谷川式评价"（Hastgawa Dementia Scale，HDS）。它的创始人长谷川和夫先生，是日本St.Marianna医科大学的名誉教授，早在1974年就创制了HDS评价体系，该体系长期被广泛应用于判别老人失智症的临床医疗之中（见表3-4）。

在一部由日本著名演员渡边让主演，反映失智症患者日常生活内容的电影《明日的记忆》中，某综合医院精神科医生为患者诊断时用的正是这种测试方法。该方法主要以考核记忆能力为核心展开，并通过最后的得分总数来判断老人是否有认知功能障碍的倾向。HDS评价操作简单，具有一定的客观性，即使不是专业医生，毫无经验的普通人仅用短短20分钟的时间，也可以顺利地完成操作。不过，HDS毕竟只是一个简单的测试试卷，如果只是用于趋势筛查或者初诊当然没有任何问题，但是不能仅仅因为患者的测试分数太低，就断然将其确诊为失智症。

HDS评价表格操作简单，在日本已被广泛应用。HDS总计9项问题，其中包括记忆功能（5题）、常识（2题）、计算（1题）、物体命名回忆（1题）等内容，答案得分0~5分不等，满分30分。最终的判定标准为：

总分低于20分：疑似失智症，或有失智症倾向。

总分21分以上：可判定为正常。

表3-4 HDS长谷川式评价表

序号	提问内容		分数	提问说明
1	您今年几岁？		0/1	允许2岁以内的误差
2	今天是哪年？几月几日？星期几？	年	0/1	按顺序一个一个问，各题均为：错误计0分；正确计1分
		月	0/1	
		日	0/1	
		星期	0/1	
3	您现在在哪里？		0~2	五秒内回答不出，可提示。自己回答2分；提醒回答1分；错误0分
4	现在我说的名词，请跟我重复一遍，等一会我会再问您，请把它们记住			3次回答都错误则放弃，并计0分。
	1：a）樱花 b）猫 c）电车		0/1	
	2：a）梅花 b）狗 c）自行车		0/1	
5	从100-7开始，按顺序"-7"两次：100-7=N；N-7=？	93	0/1	第一问错误后不继续，计0分
		86	0/1	
6	请把我说的数字倒过来数一遍	2-8-6	0/1	
		9-2-3-5	0/1	
7	刚才请您记下的名词，请重复一遍 提示：a. 植物；b. 动物；c. 交通工具		a:0~2	自己回答计0分；提醒回答计1分；错误计0分
			b:0~2	
			c:0~2	
8	拿出5个物品放在桌上，稍后用东西遮住，看能说对几个（不要求秩序）		0~5	说对一个得1分
9	请说出尽可能多的蔬菜名		0~5	少于5个都为0分；答对6个计1分；7个2分；8个3分；9个4分；10个5分

3. 护理量与康复情况的评估

功能评定的方法与应用历来是现代康复医学的重要内容。以日常生活能力ADL为主体的人类综合功能评定通常采用量表的方法。1983年美国建立了一个全美康复医疗统一数据系统（uniform data system for medical rehabilitation，UDSMR），这个系统汇总了美国主要康复医疗单位运用统一评定方法康复治疗病人住院、出院和随访的数据。[①] 在该系统中选定的综合功能评定量表就是功能独立性评定表（functional independence measure，FIM）量表（见表3-5）。多年来，该量表被证实有较好的可行度，已成为目前运用较广的一种功能评价量表，是预测康复治疗效果的重要指标之一。[②]

[①] 吴毅，Peter Esselman：《美国康复医学统计数据系统（UDSMR）在脑血管意外和骨关节病中的应用》，载《中国临床康复》2001年第6卷第14期，第2036~2037页

[②] 吴毅，Peter Esselman：《功能独立量表（FIM）作为康复治疗病人出院和随访的功能评价指标》，载《中华物理医学与康复杂志》2001年第22卷第2期，第82~85页。

表3-5 功能独立性（FIM）评价表

分类		具体评价项目	分数	评价内容
运动项目	自我保健	进食		咀嚼、梳头、洗手、洗脸等
		梳妆整理		口腔清洁、梳头、洗手、洗脸等
		清洁擦拭		洗头、擦脸
		更换衣物（上半身）		帮助更换上衣（上半身）
		更换衣物（下半身）		帮助更换裤袜（下半身）
		如厕动作		脱穿帮助、便后清洁、使用生理用具
	排泄自制管理	排尿管理		排尿、换药
		排便管理		排便、换药
	移动工具换乘	床 椅子 轮椅		各项之间移动时的帮助
		如厕		便器内的动作帮助
		淋浴 浴槽		各项间的移动帮助
	移动	步行 ⟷ 轮椅		室内步行或轮椅的移动
		上下楼梯		12～14步台阶的上下
认知项目	交流	理解力		听觉和视觉上的理解力
		表达力		言语和非言语的表达
	社会认知	社会交流		主动交流与否、交流效果、评价
		解决问题		解决日常生活中常见问题的能力
		记忆		对日常生活必要信息的掌握
		合计得分		

护理量的分数有7个层次：

7分： 完全自立，无需扶手或辅助器械，护理量为0；

6分： 修正自立，在借助扶手或辅助器械的情况下，护理工作只是简单的日常交流提醒用药时间等；

5分： 需简单的监护、指导、督促或者准备（轮椅变换位置时）的护理；

4分： 75%的日常生活可以自理，一旦有问题可以立刻施加援助；

3分： 50%～75%的日常生活可以自己处理，稍微从旁施加援助；

2分： 25%～50%的日常生活可以自己处理，需要护理人员提供充分的帮助；

1分： 自己可以处理的日常生活量小于25%，需要护理人员全力援助，或者两个护理人员同时援助。

FIM的最高分为126分（运动项目评分91分，认知项目35分），最低18分。126分为完全独立；108～125分为基本独立；90～107分为有条件独立或轻度依赖；72～89分为轻度依赖；54～71分为中度依赖；36～53分为重度依赖；19～35分为极重度依赖；18分以下为完全依赖。

但是，FIM量表的使用涉及版权问题，根据美国UDSMR的规定，任何医疗单位如果使用该表需要每年支付一笔固定的培训费和使用版权费，因此在使用时应该特别注意。[1]

---

[1] 胡永善，吴毅：《FCA量表与FIM量表的比较研究》，载《中国康复医学杂志》2004年第19卷第3期，第228～229页。

3.3 老年人常见病及其应对方法

1. 老年人脱水症

1）脱水症

生理学研究表明，中老年人最容易发生体内慢性缺水。这是因为中老年人血浆肾素和肾上腺水平呈进行性下降，心钠素分泌增加，从而导致体内钠离子不断丢失，使人体对失水的口渴反应减低，造成平时饮水不足，非常容易导致慢性脱水症。[①] 另外，还有很多老年人由于自己行动不便，又不愿麻烦他人，因此在日常生活中会刻意减少饮水量。但是，由于上述老年人身体各个组织器官功能的衰退，老年人对于"口渴"这种感觉的敏感度降低，身体不能够反馈需要补水的警示信号，这样又形成长期不爱喝水、饮水量不足的情况……如此"不爱喝水"的习惯，加上本身脏器器官的衰弱，脱水症更容易形成反复的恶性循环。

还有一些老年人服用的利尿药物，促使尿量增多的同时，也使体内的水分相对减少，也更容易引发脱水症。此外，饮食中干多稀少的情况、发热或者腹泻等疾病等也都容易引发老年人的脱水症。

脱水的危害很大，它会导致老年人身体长期缺水，血液循环能力降低、体内血液流速减慢、血液黏稠度增高、血管萎缩等。长此下去还会造成血栓，增加心血管疾病的发病率。特别是身体供血量不足，还会造成身体内供氧不足，因而容易出现脑中风等现象。对于人体来讲，赖以生存的水和氧气一旦不足，则会使肌肉萎缩速度加快、关节酸痛，并引发老年人白内障、肺气肿等病症。

2）脱水症的应对和护理

对于老年人脱水症的预防，首先要从心理上纠正其"不愿喝水"的想法，使老年人明白饮水后的"尿频"是身体正常的生理变化：由于老年人膀胱的储存能力较之年轻时候大幅度降低，大约只有250 mL（年轻人大概在500 mL），因此会产生"尿频"这样的正常现象。

其次提高老年人对饮水重要性的认识，使其养成主动饮水的习惯。老年人的身体在衰老期，会因机能下降、知觉降低而对身体缺水不那么敏感。老年患者由于体液占体重的比例仅45%，口渴的感知力也不如年轻人，所以，不能因为感觉不到"口渴"而拒绝喝水。

---

① 参考网站http://www.doc88.com/p-410726476278.html。

通常，健康的老年人每天应保持不少于1 000 mL 的饮水量，即一般所说的8杯水。但是，对于心、肾功能不全的老年人，则要严格控制水的摄入量，以免加重重要脏器的负担。补充水分的最佳时间应是在起床后、上午10时左右、午睡后、下午3—4时和晚上就寝前这几个时间段（见图3-20）。特别是在清晨起床之后要立刻饮水，可以刺激胃肠道的蠕动，防止便秘，更为重要的是，经过长时间的睡眠之后，补充水分能迅速降低血液黏稠度，促进血液循环。在出汗较多时、运动或洗澡后也应该注意及时补充所需的水分。

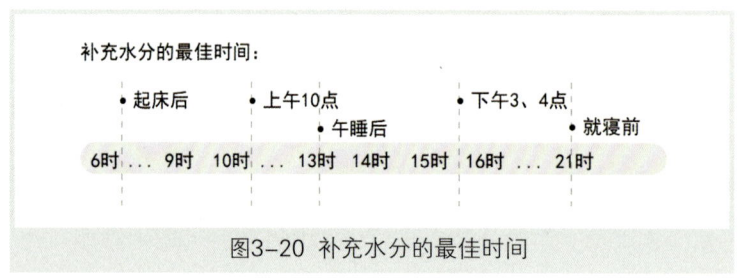

图3-20 补充水分的最佳时间

对于已经罹患脱水症的老人，一方面，护理人员和老年人自身都应该随时注意观察是否有皮肤干燥、身体肌肉弹性减弱、心动过速、直立性低血压①等脱水征象。并且护理人员要密切注意老年人是否伴有少尿或无尿、口腔黏膜少津或无津等情况出现，同时，对于疑似或者患有心功能不全的老人，应该随时监测其中心静脉压，并关注其血压的变化。另一方面，护理人员应该根据每日饮水摄入量从旁督促和鼓励老年人的补水行为。同时，护理人员还应该通过对老人表层皮肤状况、尿液排出量、心率、血压的监控来进行一些基础性的判断，一旦出现了严重的体征异常，护理人员应尽快将老人送往医院就诊。此外，老年人居住的房间也应保持一定的湿度，避免室内空气过分干燥。

2. 老年性吞咽困难

1）吞咽困难

吞咽困难（dysphagia）是指食物在口腔咀嚼后，经过咽部和食管到达胃部的运送过程中有障碍，产生梗阻停滞不下的感觉；或者食物吞咽不下，始终留于口腔之中。老年人由于生理机能的退化，导致吞咽反应变慢，造成牙齿咀嚼功能的障碍，极易引发吞咽困难；吞咽困难也可能是由于疾病引起的，如脑血管疾病容易造成假性球麻痹②，并直接影响舌咽神经和面神经的中枢性瘫痪；其

---

① 直立性低血压是指，突然站立时血压的急剧下降，引起内环境稳定受损，见于15%～20%的一般老人。其患病率随年龄增长，患心血管病和基础血压的增高而增多。（参考http://baike.haosou.com/doc/5371953-5607880.html。）

② 假性球麻痹是由双侧上运动神经元病损使延髓运动性颅神经核-疑核以及脑桥三叉神经运动核失去了上运动神经元的支配发生中枢性瘫痪所致，临床表现为舌、软腭、咽喉、颜面和咀嚼肌的中枢性瘫痪。（参考 http://baike.haosou.com/doc/5333326-5568761.html。）

他诱因还包括一些因各类疾病：如帕金森症、老年痴呆症等都会带来老人吞咽困难的症状；口腔发炎、牙周病、食道炎等会在食物的通道上引发吞咽问题。另外，神经性胃炎、老年抑郁症以及一些药物的副作用等也都可能是产生吞咽困难的原因。

吞咽困难，轻者使人发生呛噎、呛咳，导致吞咽时咳嗽、气喘、多痰等，如果置之不理，任其持续发展则会引发营养不良、脱水症、误咽性肺炎等疾病；严重时还会引起梗塞气管，甚至窒息等直接危及生命。另外，它还容易引发其他病症，如食管癌、食管良性肿瘤、反流性食管炎、贲门失弛缓症、脑血管疾病等（见图3-21）。

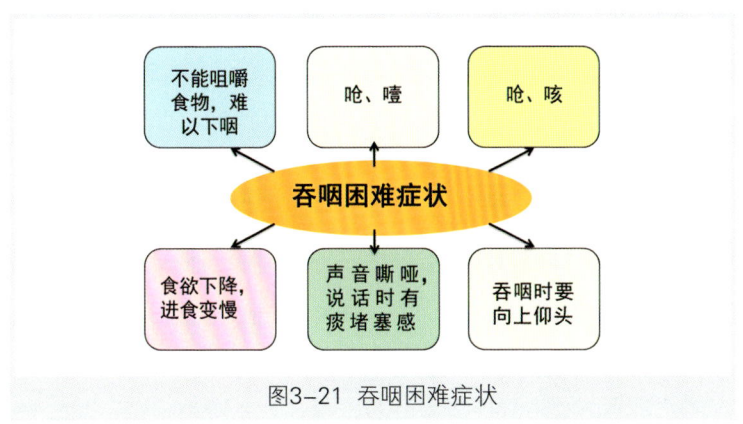

图3-21 吞咽困难症状

2）老年性吞咽困难的应对与护理

预防老年性吞咽困难，对于老年人本身来讲，进食时要尽量保持注意力集中；用餐环境尽量保持单一，不要边看电视边吃饭；进餐姿势应尽量保持坐立或者半卧状态，身体与床的夹角在60度以上。

对于护理人员来讲，老人饮食的搭配应在固体、糊状和液体之间进行调整。清水或固体块状食物最容易导致吞咽困难。所以，要将固体食物弄碎后再喂给老人吃。清水也应加入无糖藕粉、杏仁霜等，让清水变得黏稠后再让老人喝。喂食食物的时候可以采用"空吞咽"的方法，让老人吃一口、咽一口、再空咽一口，再进行第二口的喂食。这样做主要是便于护理人员确认上一口食物已经全部吞咽完毕，老人口中之中没有残留食物，以免出现误咽或哽噎。

对于因食管炎、食管溃疡而感咽下疼痛者，护理人员应避免老年人进食刺激性食物，禁止其饮酒和吸烟。对于脑神经麻痹引起吞咽困难的老人，进食时可能出现咳呛或者喘鸣，此时可以轻轻叩其背或者做体位引流①，症状严重的应立刻送往医院进行处理。对于严重吞咽困难患者，不能通过口腔直接进食的，应选择在医院接受静脉输液补充营养的方法。

① 体位引流是指对分泌物的重力引流，应配合使用一些胸部手法治疗，如拍背、振颤等，多能获得明显的临床效果。（参考http://www.haosou.com/s?ie=utf-8&src=hao_360so&shb=1&q=体位引流名词解释。）

此外，护理人员在辅助吞咽困难老人进食时，还应特别注意以下几点：

（1）进食前帮助老人进行口腔护理，并确认假牙的安装情况。

（2）进食前进行简单的口腔运动和进食、吞咽的训练，以促进唾液分泌。

（3）再次确定食物的形态（勾芡、煮软等），避免老人食用易残留的食物。

（4）注意饮食的食材、配色、味道、餐具、装盘设计等，要能勾起食欲。

（5）减少每口的进餐量，注意观察老人口腔内和咽喉的活动。确认已将上一口完全吞咽后，再继续吃下一口。

（6）护理人员一定要坐下来进行用餐护理，仔细观察并严格确认老人的吞咽状况。

（7）如果是长期在轮椅或者床上用餐的老人，容易形成驼背，所以用餐时，最好让老人换坐到平稳舒适的椅子上，将背骨伸直，保持身体上半身微微前倾的姿势就餐。

3. 营养不良症

1) 营养不良症

营养不良是由于日常饮食中，能量或者蛋白质的摄入量不足，导致老人营养状况不佳，甚至不能维持身体正常营养需求的情况。老年人由于社会、经济、生活习惯等方面的原因，常常容易产生营养方面的诸多问题，比如很多老人非常节俭，不愿购买肉蛋奶等营养食品；有些老年人偏食，不吃鸡蛋、不喝牛奶、不食某些肉类等；有的老年人有某种信仰，遵守戒律，不吃某种肉类甚至全素；有些年老体弱者难以自行准备丰富的食物，很容易产生饮食过分简单等情况。诸如此类的原因都会使老年人的饮食缺乏某些重要的营养素或热能，导致老人出现贫血、消瘦、缺钙等状况。相反，有些老年人进食丰富，但由于其消化吸收功能及咀嚼能力的减退，同样会影响食物营养的摄取，造成营养不良。上述这些情况都会引发老年性营养不良。

营养不良症的老人一般会出现体重逐渐减轻、易疲劳、体形消瘦、肌肉萎缩、面色苍白、头晕、乏力等一系列症状。重者会有头晕气短、肢体疲乏、食少腹泻、骨质酥松、口舌发炎、贫血和全身营养不良性水肿等表现，更严重者会引发一些其他恶性疾病，或直接影响其身体机能的很多不良反应，如营养不良会导致老人ADL能力的减退，其行动范围逐渐变窄，日常的活动量也会明显减少，卧床不起的老人还容易出现褥疮并且很难恢复痊愈。另外，由于其抵抗力明显减弱，老人被感染的几率也会上升，简单的感冒就有可

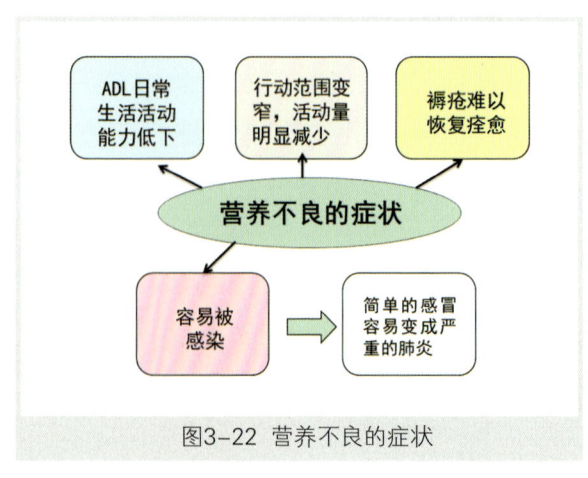

图3-22 营养不良的症状

能会演变成非常严重的肺炎等（见图3-22）。因此，老年人的营养不良症应该引起老年人自身及护理人员的重视，在护理过程中应该时刻注意老人日常获取的营养是否充足均衡。

2）营养不良症的应对与护理

首先，老年人自身要时常保持健康、向上、开朗的心情。因为过度的紧张、抑郁、愤懑、孤独等负面情绪，会使大脑中枢支配产生血液循环增快，甚至超负荷运行的情况，额外消耗更多的氧气和营养素。同时，对于药物的使用也要特别注意，有些药物在不同程度上有碍营养物质的吸收利用，比如老年人常用的泻下剂就会导致肠胃功能受损，阻碍营养素的吸收。

其次，对于护理人员来说，要为老年人合理地安排一日三餐或者一日多餐，使老年人的日常饮食丰富多样，做到荤素搭配，营养均衡。护理有偏食问题或有其他疾病的老人，要尽可能地变换食物的花样，增加老年人的食欲。同时，还要严格控制酒水等嗜好品的摄入量和摄入次数等，以便预防老年人的营养不良症。表3-6为日本厚生省2010年开始推广并使用的老年人每日营养参考摄取量。①

表3-6 老年人每日营养推荐摄取量

70岁以上每日的推荐量	男性	女性
能量	1 850～2 200 kcal	1 450～1 700 kcal
蛋白质	60 g	50 g
钙	700 mg	600 mg
铁	7.0 mg	6.0 mg
食物纤维	19 g 以上	17 g 以上

此外，护理时还应注意，如果老人伴有吞咽困难等问题难以进食，护理人员可以多在烹饪方法上下些功夫。例如，将食物煮软，或者将食物弄成小肉团状，事先剔除刺、骨等。只有全面掌握老人的咀嚼能力和吞咽能力，才能找到更合适的方法帮助他们均衡营养地进食。同时，在条件允许的情况下，要尽量保证老人每天都能够摄取到肉、鱼、鸡蛋、大豆等各类富含蛋白质的食品。

4. 瘙痒症

1）瘙痒症

老年性皮肤瘙痒症是老年人常见的皮肤病。由于老年人的生理性激素水平下降、皮肤老化萎缩、表皮变薄、真皮萎缩、皮脂腺和汗腺分泌功能的减退等，皮肤含水量减少、缺乏皮脂滋润，易受周围环境刺激，容易诱发其身体各个部位发痒。老年性皮肤瘙痒症的发病部位多为手腕和双脚处，有时背部和腹部等处也会出现瘙痒症状。该病症的主要表现为：皮肤干燥变薄，表面出现糠秕状的脱屑，如果长期抓挠，皮肤上会出现许多抓痕、血痂、色素沉着、苔藓样变，重者可能诱发

① 出自日本厚生劳动省"日本人饮食摄取标准"（2010年）。

皮肤感染。病状轻的时候容易被忽视，但久而久之会影响老人的情绪，造成失眠，甚至变得脾气暴躁、烦躁不安。

2）瘙痒症的应对与护理（见图3-23）

在心理上，老年人要注意保持心情愉快，转移对"痒"的注意力，防止精神因素加重全身瘙痒。而且要尽力避免抓挠，并防止感染。在生理上，老人应注意皮肤的日常保养。由于老化的缘故，老年人的皮肤常常干燥缺水，缺乏足够的皮脂保护，洗澡过勤反而会使皮肤的干燥情况加重。另外，由于热水会使皮肤的瘙痒症状加重，所以老人在洗澡时应该尽量避免洗澡水过热，也不要用碱性大的肥皂用力搓澡。浴后应该在全身，特别是经常出现瘙痒的部位涂抹点含油脂较多、不含刺激成分的润肤液，以防水分流失，保持皮肤的滋润。

在护理上，应避免让老人穿戴用刺激材料做成的衣物和质地粗糙的内衣裤。另外，由于化纤成分的衣物穿在人身体上容易产生静电，静电阳离子会使人体皮肤水分减少，皮屑增多，因此容易产生静电的衣物也要避免穿戴，应尽量选择宽松舒适的纯棉衣物。同样，在为老人选择护肤品、化妆品、尿不湿等护理日用品时，要尽量选择柔和舒适、不易刺激皮肤的高品质产品。护理人员应时刻注意调节房间的温度、湿度，避免室内环境过于干燥。对于皮肤瘙痒的症状较为严重的老人，应该经常为他们修剪指甲，让他们戴上手套，设法避免他们在抓挠的时候，弄伤自己的皮肤诱发感染等。

在饮食方面，宜清淡，忌烟酒和辛辣食物。同时，老年人应该多吃牛奶、蛋类、瘦肉、豆制品及新鲜的蔬菜水果，并适量补充维生素C、维生素B及维生素E等营养成分，适量饮水，补充体内水分。

但是，有一些皮肤的瘙痒，可能是由于糖尿病、肾功能不全等疾病，或者压力过大，食品、药物的副作用等原因所致，所以老年人的皮肤出现瘙痒时，最好先向医生咨询，明确发病的原因后再对症治疗。

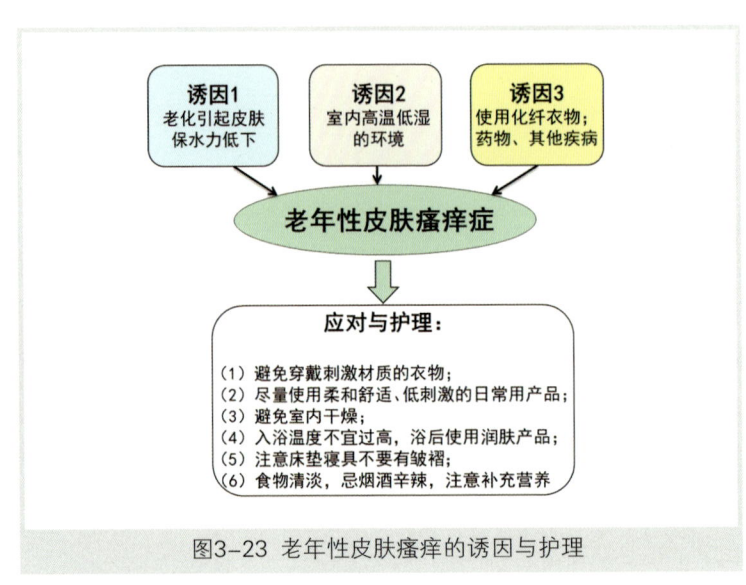

图3-23 老年性皮肤瘙痒的诱因与护理

5. 尿失禁

1）尿失禁（见图3-24）

随着年龄的增大，老年人的盆骨肌肉支持结构会发生退行性变化，膀胱括约肌、逼尿肌的控制力随之降低，老人无法按照本意排尿而造成尿失禁的现象。

在临床上可以将其原因归为四类：①压力性尿失禁。因为老年人随年龄的增长，神经和内分泌功能下降，控制尿液的排泄能力较差，一旦精神紧张、用力咳嗽、打喷嚏、大笑、举重物等都会骤然使腹内压增加，加之尿道括约肌松弛，尿液可能会不由自主地从尿道排出。这类情况常见于生产次数较多的妇女。②真性尿失禁。由于膀胱逼尿肌持续性张力增高及尿道括约肌过度松弛，以致尿液不能控制持续地从膀胱流出。③假性尿失禁。由于下尿路或膀胱逼尿肌无力，导致膀胱过度膨胀，膀胱内压增高，尿液被迫流出，又称为"溢出性"尿失禁，常见于前列腺肥大症患者。④功能性尿失禁。这类情况多发生于卧床瘫痪者或失智症患者，他们的膀胱虽然完全没有问题，但是由于意识不清，不知道厕所的位置，而时常发生尿失禁的情况。

尿失禁症状会给老人造成一种无形的精神压力，形成自卑、消极、自闭等心理特征，使他们的社交能力明显下降，重者会诱发老年性忧郁症。一旦老人感到自己有这方面的问题，常常会因急着去厕所而造成各种居家意外，如跌倒、骨折的发生。晚上睡觉时，也会由于心理压力过大而造成失眠等症状。这些都会严重影响老人们的正常生活，使其生活质量QOL明显降低。

2）尿失禁的应对与护理（见图3-24）

自我锻炼是一种简单易行而有效的治疗方法。其方法为：在安静休息时（坐位或卧位均可），集中自己的意念，有意识地使肛门和会阴的肌肉群一次一次地收缩、舒张（就像在解大便时，排出

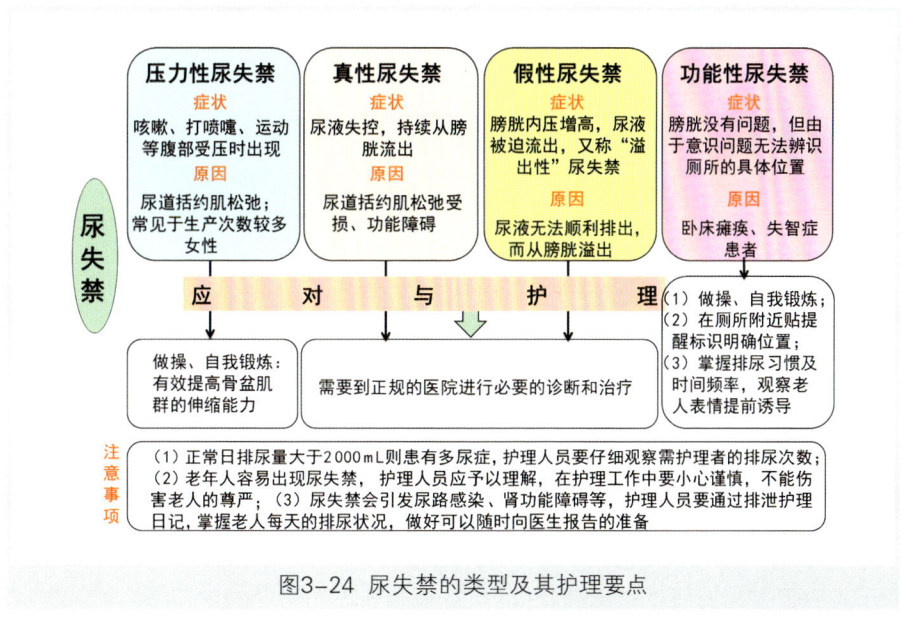

图3-24 尿失禁的类型及其护理要点

大便后产生的一次收缩那样）。肌肉收缩时，自己会十分清楚地感觉到肛门向上提一下，一放松又会感觉到肛门恢复到原来的松弛状态。如此有节律的重复收缩和舒张，会使盆底肌群得到有效的锻炼。每次训练可持续3~5分钟，每日锻炼次数可随意安排。只要持之以恒，压力性尿失禁的次数就会显著减少，甚至完全消失。

护理人员应及时了解老年人的现病史与既往病史，尽量提前预知老人是否有尿频、尿急及大笑时滴尿、溢尿等情况。注意饮食清淡，不要过分限制水分，白天足量饮水，每天2 000 mL左右，晚餐后限制饮水。不要一次大量饮水，不喝茶和刺激性饮料。心理护理方面，护理人员应该理解、尊重老年人，注意保护其隐私。注意情绪变化，了解心理状况，给予应有的体贴和安慰。主动协助他们到户外参加力所能及的社交活动。对于卧床不起的老年人，应注意对其臀部皮肤的护理，及时更换衣裤、床单、尿垫等。老人排便后及时用清水清洗会阴、阴茎及臀部皮肤。注意观察会阴皮肤受压部位的变化，要勤翻身、常按摩。

6. 便 秘

1）便 秘

随着年龄的增加，老年人的食量和活动量明显减少，胃肠管道所分泌的消化液也随之减少，肠管的张力和蠕动日益减弱，腹腔和盆底肌肉感到乏力，肛门内外括约肌功能、胃结肠反射功能等也相应减弱，直肠敏感性下降，使食物在肠内停留过久，水分被过度吸收引起便秘，这一种是我们常说的"松弛性便秘"。

另外，还有一些疾病而引发的便秘。其中，最易引发便秘的疾病就是大肠堵塞，它往往是由于某种原因，致使肠内的食物、消化液以及血液的流动受到阻碍，继而发生便秘；癌症肿瘤或者息肉常常会致使肠内腔空间变窄，这也会导致病人出现便秘；另外，有些剖腹手术恢复效果不好，致使肠道粘连，进而使肠道内部变得狭窄，大便难以顺利通过，也是诱发便秘的原因之一；精神方面的原因也可能引起便秘，如失智症、抑郁症的老人在后期，会逐渐失去排便反射而引起便秘，同时，他们经常服用的一些药物（精神安定药物、抗抑郁药物等）也会抑制肠道的运动，进而使便秘的情况更加恶化。由于这些疾病引发的便秘，常常伴随着疼痛等症状，所以我们可以借此与"松弛性便秘"加以区别。

对于老年朋友来说，便秘对心脑血管病的影响很大。排便困难时，如果勉强用力屏气，则会造成腹压血压增高，诱发心绞痛、心肌梗死、脑出血，严重时甚至还会出现中风猝死等情况。

肠道中长期的残渣、废物的有毒物质会对肠黏膜肌层造成刺激，使肠内发生癌变的可能。有资料表明，大约10%的严重便秘患者，最终会恶化病变成直肠癌。所以弄清诱发老人便秘的原因，并及时采取切实有效的应对护理方法非常重要。

2）便秘的应对与护理（见图3-25）

有报道显示，胃结肠反射与进食量有关，1 000 cal的膳食可刺激肠胃运动，而350 cal则没有此

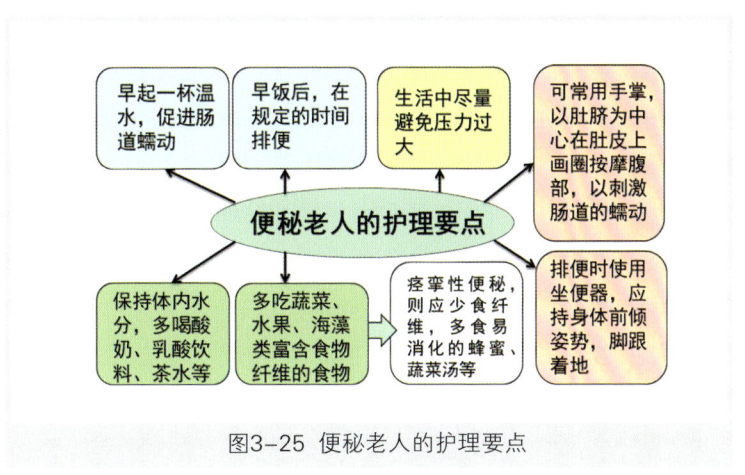

图3-25 便秘老人的护理要点

作用。因此,老年人的日常饮食要注意保证应有的量与粗纤维食物的积极摄取,不要一味进食过于精细的食物,或者图方便省事采取结构单一和缺乏粗纤维的饮食。要勤于运动,养成固定的排便习惯和排便反射。

护理人员在护理时,应帮助老年人形成良好的排便习惯,督促老人每天早上起床后先喝一杯温开水,促进肠道的蠕动;早餐后,尽量在固定的时间段劝导老人尝试排便;蹲厕的时间太长容易造成痔疮,护理人员应该建议老人使用坐便器,将如厕时间控制在5分钟左右,排便时身体稍微前倾,并确保脚跟着地。注意提醒老人饮水,以保持体内的水分充足;平时可以用手掌以肚脐为中心,在肚皮上画圈按摩腹部,刺激肠道蠕动。

在饮食上,护理人员应该让老年人多摄入纤维多的水果、蔬菜、大豆和海藻类食物。但是,对于痉挛性便秘[1]患者,饮食中则要少纤维,多食用酸奶、蜂蜜、香蕉等具有润肠通便作用的食物。日常生活中可以建议老人多喝酸奶、乳酸菌饮料,另外由于茶水可以预防和改善治疗炎症并调动机体平衡,也是适合便秘患者的饮品。

7. 失眠症

1)失眠症

失眠是指入睡困难、睡眠中间易醒及早醒,睡眠质量低下,睡眠时间明显减少等症状,严重的患者还会彻夜不眠。长期失眠容易引起心烦意乱、疲乏无力甚至头痛、多梦、多汗、记忆力减退,还可引起一系列临床症状,并诱发一些身心疾病。

---

[1] 痉挛性便秘是由于结肠运动过于强烈,引起结肠痉挛,肠腔过于狭窄,使大便无法通过而致的便秘,又称为肠道易激综合症,其特点是便秘腹泻交替,或者是长期腹泻。(参考http://zzk.xywy.com/so_ 2129.htm?fromChannel=onebox&zzk=2129。)

压力、不安、烦恼等精神方面的原因当然会给老年人的睡眠造成影响。但是，老年失眠症不同于中青年的失眠，在其诱因上不像中青年那样主要由精神负担沉重、思虑过度等原因所致。老年失眠症大多是由老化带来的全身和大脑皮质生理变化以及神经细胞的减少所导致的。

特别是随着年龄的增长，老年人体能下降，运动量不足；夜间尿频、体温低下等由于机能老化而导致的身体变化；咖啡因、酒精的过度摄取等生活习惯上的问题，正是产生老年人睡眠障碍的重要原因。另外，睡眠时的温度湿度、房间的照明强度、床上用品的舒适程度、周围声音等外部环境的影响也对失眠有很大的影响。

此外，药物的副作用和老年人易患的某些疾病，如帕金森综合症、脑梗塞、高血压、糖尿病、COPD（慢性阻塞性肺疾病，简称"慢阻肺"）、失智症；以及"快速眼动睡眠行为障碍"①"睡眠呼吸暂停综合症"②等与睡眠相关的疾病也会诱发老年失眠症的产生。

老年人失眠症主要表现为：入睡困难、中途觉醒夜间多次起夜、早上过早觉醒等。有时还会出现睡眠和觉醒的周期发生混乱，生活变得昼夜颠倒，严重影响其日常生活作息。

2）失眠症的应对与护理（见图3-26）

护理人员应该合理安排老人的作息时间，早上起床时应拉开窗帘，让阳光照进房间，尽量使老人沐浴在清晨的阳光下觉醒。起床后帮助老人尽快洗漱完毕并更换好衣服，进入新的一天精神而愉快的生活状态。白天，护理人员要鼓励老人适度运动，如到户外散步，打太极拳，或到风景秀丽的公园欣赏一下自然景色等。对活动受限的老人，护理人员可陪同老人聊天、做手工等，尽量保证老人处于清醒的状态，减少其日间睡眠的时间。另外，护理人员应尽量确保老人的午睡时间不要超过

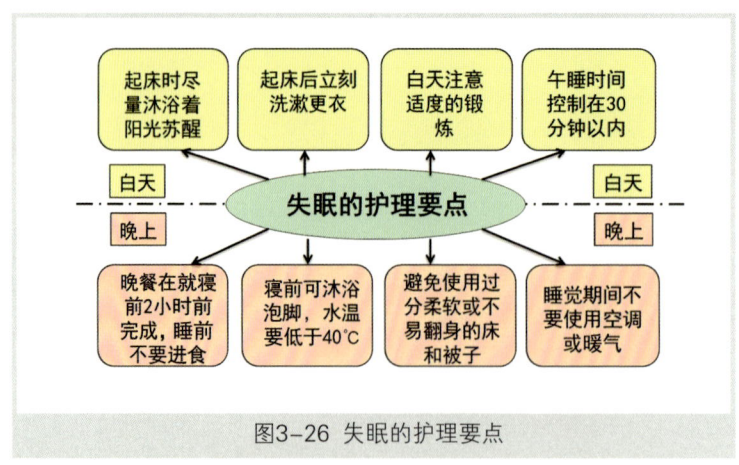

图3-26 失眠的护理要点

① 快速眼动睡眠行为障碍指发生在睡眠后期的一种潜睡状态，其特点为快速的眼球水平运动、脑桥的刺激、呼吸与心跳速度加快，以及暂时性的肢体麻痹。(引自http://zhidao.baidu.com/question/279361594.html。)
② 睡眠过程中由于阻塞等原因导致呼吸气流停止，持续时间超过10秒钟或气流量低于正常20%则为睡眠呼吸暂停综合症。（引自 http://baike.haosou.com/doc/6565493-6779250.html。）

半小时，这样才能够保证老人夜间有较高质量的睡眠。

晚上，老年人可以在临睡前洗个热水澡，或者用热水洗脚放松全身，但水温应控制在40℃以下。护理人员应合理安排好老人的饮食与作息时间，尽量将晚饭安排18：00左右，晚饭后再吃点水果，或者在临睡前2～3小时左右吃上1～2块热量高的小点心，防止睡前饥饿，但切忌在睡前2小时内再吃东西和饮酒。睡觉前也不宜进行过于激烈的交谈和争吵，注意睡前不要让老人看情节复杂刺激的影视剧等。另外，护理人员要确保老人睡眠环境的安静与舒适，尽量避免使用过分柔软、不易翻身的床和被子。睡觉期间，尽量保持室内空气流通，不要使用空调或者暖气。

一旦老人出现失眠症状，不要单靠药物来控制，要先从老人的生活方式、饮食、运动与心理方面进行调整。护理人员应做好心理调护，为老人做好心理疏导，使其放松，解除顾虑。可以指导老人睡前听音乐，音乐具有催眠安神的功效，也可以解除由疾病造成的焦躁不安与忧郁心理，从而改善睡眠质量。

8. 白内障

1）白内障

白内障是由于眼中晶状体浑浊所致的视力障碍。造成老年性白内障的主要原因就是机体老化，但糖尿病或者眼部外伤也可能导致白内障的产生。另外，环境、营养、代谢和各类遗传等多种因素对晶状体的综合作用，紫外线照射过多，过度饮酒吸烟，心血管疾病等，也都与白内障的形成有关。

白内障常发病于45岁以后，初期的主要症状是视线模糊，双眼视力（远视、近视）同时逐渐减退，眼睛容易疲劳，测量视力时度数上下摆动不稳定，有时还会有感觉光线刺眼或者光线周围出现晕圈等症状。此外，有些老人很早就戴上了老花镜，偶尔不戴时看近物反而清楚，这也是白内障的早期信号。如果是老花眼或者远视的人，其视力可能会暂时性地恢复，但如果病情进一步发展的话，视力则会再度下降。

白内障初发期并不会影响视力，可是一旦情况加重视力则会逐渐减退，如果成熟期时间过长，晶状体容易发生脱位，则会导致永久性失明，所以老年人若出现上述视力下降的情况应该引起足够的重视。

白内障一定程度上可以通过药物来抑制病情恶化，但如果想要彻底治愈则需要手术。目前，白内障手术主要是利用超音波将浑浊的晶状体捣碎清除，然后放入人工晶状体取而代之。这种手术不受年龄的限制，而且即使是患有心脏病或者糖尿病的人也可以接受手术。但是，白内障手术一般都是在视力出现恶化，并影响到日常生活的时候才进行,在此之前也可以接受手术,但过早施行手术并不会有很大的益处。

2)白内障的应对及护理(见图3-27)

白内障患者要避免强光照射,老年人出门时可以戴上太阳镜或者帽檐较大的帽子来抵御阳光的照射。日常生活中,用眼的时间也不要太长,防止用眼疲劳,不要长时间看电视、看书,要适当让眼睛休息。老人自行更衣时,护理人员应该在衣服上做好记号,以便帮助老人识别衣服的前后。

另外,白内障患者要防止出现脱水情况,一旦发生腹泻、呕吐或是在高压条件下出汗或脱水时,应及时补充水分,饮食中要多补充富含维生素C的食物。对于非手术老人的护理,在白内障的早期,要根据医嘱指导用药,以延缓白内障症状的恶化。并且要在全部所服用药物的纸袋上都用清楚易读的大字写上药物名称、形状和用药分量等。

少数情况下,白内障会引发绿内障(即青光眼),但由于老年人不容易意识到自己患上了绿内障,所以护理人员偶尔可以让老人将一侧的眼睛闭上,确认其是否出现视野狭窄等症状,并关注老人是否在视野狭窄的同时,伴随着眼睛痛、头痛等症状。

白内障手术只需30分钟左右,且手术当天便可以回家。但手术后的一段时间内,老人不能弯腰或者拿重物。此外,手术后还会出现视力模糊、怕光等症状,这些情况都是短期的、暂时性的,不必担心。但是,独居的老人至少在术后的几天内,应该有专业的护理人员提供相应的生活照料。

白内障手术后,护理上要注意预防感染,进行清洁护理,按时滴眼药水,并严格进行无菌操作。同时,护理人员还应时刻注意老人视力眼压、血糖、生命体征等的变化,以防术后并发症的发生。生活照料时要避免老人负重和剧烈活动,同样也要保持老人自身的卫生,督促老人勤洗手,禁止用手揉眼。老人洗头洗澡时要避免长时间低头,不要让脏水进入眼内,防止发生感染。对于自己服药和更衣的白内障患者,护理人员要在药盒的醒目位置用大字书写药名、用量等,在衣服前后做好标记,防止把衣服穿反。遵照

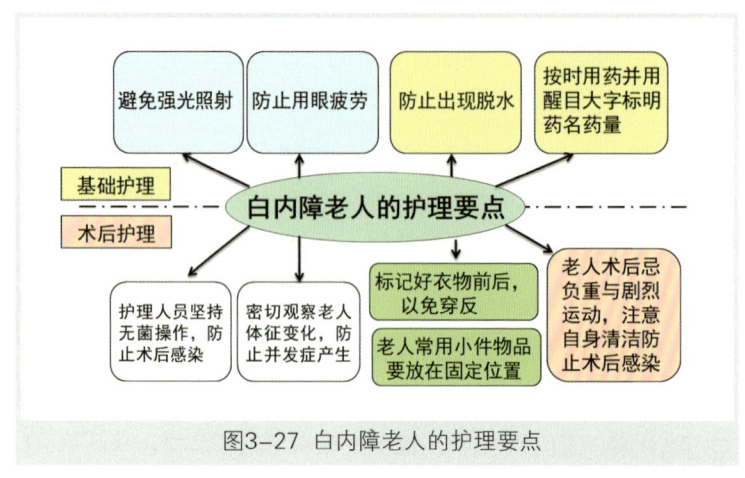

图3-27 白内障老人的护理要点

医生的指示协助老人滴眼药水时，护理人员要注意按住老人的泪腺，以帮助结膜和角膜有效地吸收药物。

9. 听觉障碍

1）听觉障碍

老年人常见的听觉退化问题有老年性听觉障碍、突发性听觉障碍和耳垢堵塞。老年性听觉障碍是由于年龄的增长，听力下降，难以听到声音的状态；突发性听觉障碍则是在没有任何前兆的情况下，突然出现耳聋的症状；耳垢堵塞是由大块的耳垢将外耳道堵塞所致。这几种情况都会导致老年人出现耳聋、耳鸣、耳痛、耳漏①、眩晕等症状，其中，伴随着眩晕和耳鸣症状的听觉障碍可能是由美尼尔氏综合症所引起的。老年人出现听觉障碍的原因，首先是由于伴随年龄增长的身体老化现象；其次多为各种疾病所致，如高血压、糖尿病、头部外伤及生活压力等；最后还有各种药物的副作用的影响。

老年性听觉障碍是随着年龄的增长，耳部组织渐渐失去弹性，对音波的反应变得迟钝而出现的。其症状主要是，早期听不清高音，渐渐地连低音听起来也越来越困难，最后变得听辨不出周围的话语内容，但说话声音的大小却和以前一样能够知道。因此，在听觉功能还没恶化到特别严重的阶段，我们还是可以和老人进行沟通，但需要注意的是，说话时声音要放低，并且要尽量放慢语速。但如果老人的听觉障碍已经恶化到了低音域，和老人的沟通就必须要借助助听器。

2）听觉障碍的应对及护理（见图3-28）

老人出现耳垢堵塞，如果放任不管则很容易造成听觉障碍，最终导致耳聋。为了预防此类事情的发生，护理人员应该在老人入浴后，用棉棒或者毛巾等将老人耳朵内外的水汽擦掉，并定期为老人除去耳垢。如果发现堵塞严重，应该送老人到医院请专业人士帮助清除。

① 耳漏是指，从外耳道内流出一些非脓性的液体的情况，可见于很多疾病。流出液体的性质、气味及颜色，往往为某些疾病的特殊表现。（引自http://baike.haosou.com/doc/2778512-2932688.html。）

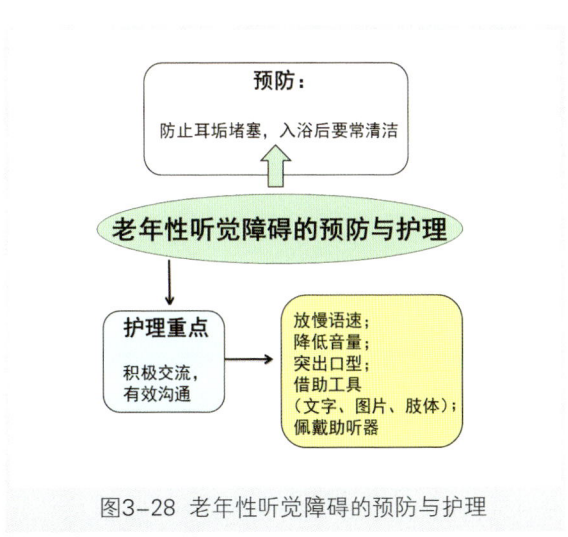

图3-28 老年性听觉障碍的预防与护理

当老人已被确认为听觉障碍时，护理人员要注意与老人的交流方式。由于老年性听觉障碍者对高音反而不容易听清，护理人员说话时应该放慢语速，适度降低音量，双眼尽量注视老人，突出口型来方便对方明白自己想要表达的意思，或者借助文字和绘有图形的卡片与老人沟通。

对于有条件的老人，可以建议其佩戴助听器，以提高日常的生活质量；同时，护理人员应该常常确认老人佩戴的助听器是否合适，使用方法是否正确，并定期帮助老人检查其操作与保管的方法是否妥当等。

有些老人会因为自己有听觉障碍，而变得害怕与人交流，常常闭门不出，以致被误认为是患上了失智症，甚至最后会演变为失智症。所以对于听觉障碍的老人，护理人员要耐心地寻找适合他们的沟通方式，并积极主动地与其沟通交流。

10. 语言功能退化

1）语言功能退化

语言功能退化（又称失语）是老年人常见的一种现象。一般来说，造成该现象的原因有两个：一是由于失智症（老年痴呆症）而出现的失语；二是脑血管疾病的患者由于大脑局部受损而出现的失语。

老年人语言功能退化会使他们丧失与周围社会环境接触的机会，极容易由于空虚、抑郁等情况产生令人担忧的心理问题。此外，老年人语言功能退化或者失语，常常也是失智症的前兆。

2）语言功能退化的应对与护理

出现语言功能退化的情况后，护理人员应该鼓励老人保持积极乐观的生活态度，尽力做一些自己力所能及的事情。在生活中，老人应该保证每天的营养均衡、睡眠充足，要多和家人交流，加强体育锻炼，不要闭门不出，应该多参加各种社区活动。家人也要保持耐心，帮助老人多动脑，强化记忆。

语言功能退化的老年人由于不能很好地与外界交流，常常出现孤独自卑的情况，更不愿说话，以致失语的情况加速恶化，因此护理人员可以配合家人对老年人进行语言功能的康复训练。护理人员在帮助老人恢复语言功能的训练时要注意多对老人说简单明了的话语，如对着物品说出名称等。一段时间后等老人对简单名词的表达情况好转后再逐渐训练说一些复杂的句子，并时刻注意鼓励病人多交谈、多读书看报，逐渐帮助老年人树立康复的信心。

11. 骨质疏松

1）骨质疏松

骨质疏松是一种以骨量减少、骨组织微细结构破坏为特征，导致骨脆性增加，易于发生骨折的全身性骨病，多发于高龄女性。

骨骼的形成需要吸收必要的钙，但随着年龄的增长，老年人体内的钙量减少，骨骼内部空隙增多，这是产生骨质疏松的重要原因；女性绝经后，骨量急剧下降，体重减轻，遗传等个人因素也会导致骨质疏松；一些不好的生活习惯，如偏食、营养不均衡、压力、运动不足、过量饮酒、吸烟等生活习惯也是引发骨质疏松的诱因；此外，一些疾病如胃部切除、绝经前卵巢切除、糖尿病、风湿关节病和类固醇药物的副作用等也会诱发骨质疏松。

骨质疏松使老年人容易腰酸背痛，易疲劳；驼背伛偻；并且稍有不慎跌倒或受到刺激就容易引起骨折等（见图3-29）。

2）骨质疏松的应对与护理

患骨质疏松的老人可以采用热敷十五分钟、伸展及放松运动的方式来进行日常的除痛工作。日常生活中注意保持正确的站姿、坐姿、睡姿：站姿，要保持身体垂直、耳与颈部垂直、肩臀向后伸展、挺腰收腹；坐姿，要保持挺腰收颈、双脚触地、椅子的高度与膝盖齐平；睡姿，要保持腰背平直，床尽量采用板床加硬褥，起床时首先转为侧卧，手臂用力缓慢撑起，为腰背省力。同时，居家生活中应注重肌力的锻炼，舒缓关节，加强平衡；老人外出时应选择适当的步行器和安全鞋，防止意外跌倒。室内要保持充足的光线、地面干燥、无障碍物等。

从饮食上，护理人员应注重均衡的搭配，每天要摄取600～800 mg以上的钙（乳制品、小鱼、海藻类、大豆制品等）量，而且钙要和维生素D、蛋白质等一起摄入，以方便吸收。但是，普通贩卖的加工食品中常常含有磷，由于它会妨碍钙的吸收，所以老年人最好少吃这些含磷的加工食品。

护理人员应该定期为老人进行骨密度的测量，鼓励老人多进行散步等适度的运动。由于长期卧床会导致骨质疏松的恶化，所以护理人员应该鼓励老人尽量多活动身体，哪怕只是换乘到轮椅上外出晒晒太阳，对骨质疏松症患者也大有益处（多晒太阳有利于钙的吸收）。

12. 高血压

1）高血压

高血压被分为原发性高血压和继发性高血压两大类。其中，原发性高血压占的比例较高（90%～95%），多由长期不良的生活习惯和遗传因素所致；继发性高血压占的比例相对较低（5%～10%），主要是由发生在肾脏、内分泌系统、主动脉或颅脑等脏器上的其他疾病所引起的。[1]

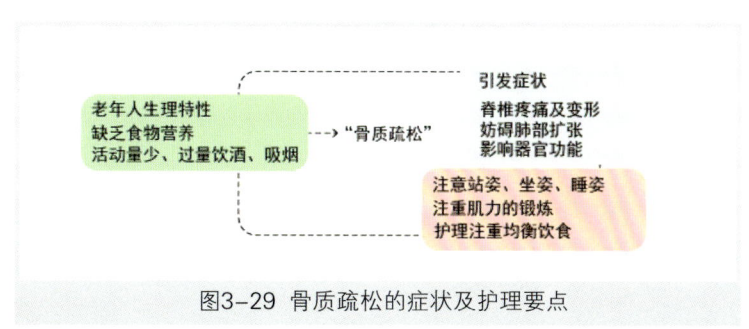

图3-29 骨质疏松的症状及护理要点

[1] 陈罡：《高血压看这本就够了》，化学工业出版社2014年版，第12页。

按照我国2010年颁布的《中国高血压防治指南》，将成人的高血压定义为："在未使用抗高血压药物的前提下，经非同日（一般间隔2周）的3次测量，收缩压≥140 mmHg和（或）舒张压≥90 mmHg汞柱，则为高血压。"

但是，老年人的血压高低，不同个体的差异较大。在日本的《高血压治疗指南》中指出：如果老年人的收缩压/舒张压均高于160/90 mmHg的话，则需要接受治疗（70岁以上的老人其收缩压＝年龄＋100 mmHg）。同时，治疗后的降压目标根据年龄的不同也略有差异。例如，70～79岁的老人，其收缩压要控制在150～160 mmHg；而80～89岁的老人，收缩压则要尽量控制在160～170 mmHg，但其舒张压都应该控制在90 mmHg以下。①

上述血压的数值还会根据老人的年龄而有所变化，如果只是略高或者略低，且未对生活产生太大影响的话，则不必过于紧张，重要的是要根据个人的实际情况，找到适合自己健康状况的血压管理方法。另外，在日本，85岁以上的老人如果高血压没有直接影响到心脏等其他脏器的话，医生建议尽量不要服用降压药，而是要争取通过改善日常生活习惯来进行调节。

2）高血压的应对与护理（见图3-30）

很早以前人们就已经发现，有些人每次在医院或诊室中测得的血压都被诊断为轻中度高血压，而到了医院外的环境就判若两人，每次测量出的血压都很正常，这种情况被称为"白大衣高血压"。而且研究发现，白大衣高血压并不少见，其发生率在10%～20%，尤其在儿童和老年人中更为常见。对于这部分人群，医生推荐对其进行24小时动态血压监测② 的方式来确诊。

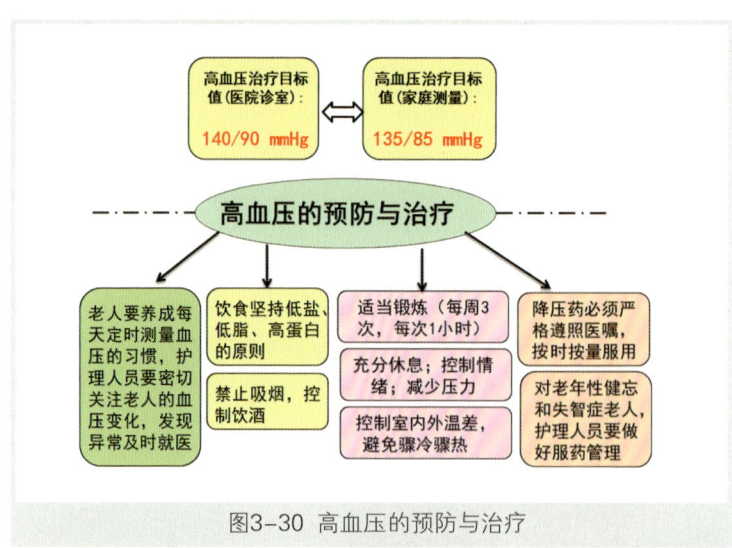

图3-30 高血压的预防与治疗

---

① 柴田博，七田惠子，竹内孝仁：《老人介護の安心百科》，主婦と生活社2010年版，第60页。

② 24小时动态血压监测是指，以24小时为一次记录周期，日间时间设定为：6:00—22:00；夜间时间设定为：22:00—次日6:00，每20~30分钟测量一次。其判断标准（正常值）为：24小时平均血压130/80mmHg；日间平均血压135/85 mmHg；夜间平均血压125/75 mmHg。

高血压是一种典型的由于患者的不良生活方式所导致的"生活习惯病"。"解铃还须系铃人",患者自己不改变这些不好的习惯,任何灵丹妙药都将无济于事。改善日常生活的不良习惯是预防与治疗高血压的根本,即使最初让人感到很痛苦,但坚持一段时间后,就会渐渐习惯并适应。高血压是诱发多种疾病的危险因子,患者的主动参与和坚持才是解决自身健康问题的关键。

首先,在饮食上老年人要坚持低盐、低脂、高蛋白的原则。主要食用植物油,如花生油、豆油等,适当限制动物脂肪和胆固醇的摄入,这样不仅有利于预防动脉粥样硬化,也便于控制血压。蛋白质除了由谷物提供之外,还可从牛奶、瘦肉、鱼类等食品中摄入。另外,老年人还要特别注意,杜绝吸烟和控制饮酒。

其次,在日常生活中,老人要坚持定时自测血压,密切关注血压值的变化,遇到血压变化异常时要及时就诊;平时要进行适度的锻炼,保证每周进行2～3次,每次1小时的运动;或坚持"333"的运动原则进行锻炼(每周3次,每次30分钟,运动强度要达到130下的心跳)。由于温度骤变对血压的影响也很大,老人在冬季入浴时要特别注意防寒保暖,避免出现骤冷骤热的室温变化;另外,老人应该保持日常生活的情绪稳定,每天保证8～9小时的充足睡眠,要以积极的心态面对生活,以乐观、豁达的胸怀解决问题,减轻和消除生活中的负面情绪对身体造成的不良影响。

如果患上了高血压,首先要通过改善饮食生活或者运动等生活疗法来降压,但是如果仍达不到理想效果的话,则需要服用降压药进行药物治疗。药物治疗时重要的是要遵循医嘱,耐心地坚持服药。

但与年轻人相比,老人在服药期间,更易引发药物的副作用。所以在开始服药后,一旦出现异常症状,护理人员一定要及早向医生汇报,改换其他药品,切不可自行随意增减药量或陡然撤换药物。此外,由于老年性健忘、失智症等原因,老人无法遵照医嘱正确服药时,护理人员或者家人应该认真做好老人按时按量服药的管理工作。

13. 糖尿病

1)糖尿病①(见图3-31)

糖尿病是一种由于胰岛素分泌不足或作用不足(在医学上被称为"胰岛素抵抗"或"胰岛素敏感性下降"),使病人血糖值上升,并长期处于这种状态的疾病。糖尿

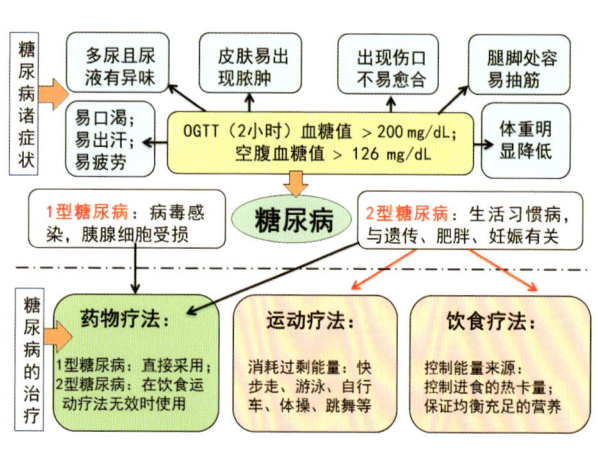

图3-31 糖尿病的症状与治疗

---

① 陈罡:《糖尿病看这本就够了》,化学工业出版社2014年版,第10～15页。

病初期，往往只是餐后血糖值升高，而空腹时血糖值正常。但如果此时对其置之不理，一段时间后病情加重，升高的就不仅仅是餐后血糖值了，空腹时的血糖值同样也会步步高升。

糖尿病一般有1型糖尿病和2型糖尿病两种类型。

其中，1型糖尿病是由病毒感染导致胰腺细胞受到伤害，无法正常分泌胰岛素而导致的。它可在儿童时期发病，但和生活习惯、遗传、年龄等没有密切的关系，在我国的发病率也不高，仅有5.6%的糖尿病患者属于1型糖尿病。

2型糖尿病大多数是由于不良生活习惯造成的，但也有些患者的发病要归咎于社会环境和生活环境，如精神压力、过度操劳等。中国的糖尿病患者多属于此类型。另外，2型糖尿病还与遗传因子、肥胖或妊娠等因素有关。老年人所患的糖尿病几乎都属于2型糖尿病。

糖尿病患者的主要症状有：易口渴、易出汗、易疲劳；皮肤容易出现脓肿；多尿且尿液有异味；伤口不易愈合；腿脚易抽筋；体重明显减轻；OGTT（2小时）血糖值[①]200 mg/dL（毫克/分升）、空腹血糖值126mg/dL（毫克/分升）。

1型糖尿病的进展十分迅速，患者刚得病就会出现各种不适症状，但2型糖尿病的进展较为缓慢，一般在患病初期，患者觉得自己一切都正常，随着病情的加重，患者才逐渐出现烦渴、消瘦等上述症状。

糖尿病本身如果能够很好地控制住血糖值，其实并不可怕。问题是一旦血糖值控制不好，所带来的各种可怕的并发症。其中，"糖尿病视网膜病变""糖尿病肾病""糖尿病神经病变"是糖尿病患者最常见的三大并发症。通常，高血糖状态持续5年就可能造成糖尿病神经病变（最早出现，并殃及全身），发病10年可能造成糖尿病视网膜病（严重时导致失明），15年的时候就可能发生糖尿病肾病（左右两肾均同时受损，并最终导致肾功能衰竭和尿毒症）。

2）糖尿病的应对与护理

在糖尿病的治疗中，控制血糖值是关键，同时通过定期的检查及早发现是否存在并发症的隐患也非常重要。通常情况下，针对老年糖尿病患者有三种常用的治疗方法：饮食疗法、运动疗法、药物疗法。[②]

---

① OGTT又称糖耐量试验，该项检查要求受检者在测得空腹血糖后，饮用75克葡萄糖粉，然后再测定血糖值的变化。一般检查服用葡萄糖粉后2小时的血糖值，并根据空腹和2小时的血糖值来判断受检者是否患有糖尿病。

② 荻原俊男：《老年病認知症～長寿の秘訣～》，メディカルレビュー出版社2013年版，第111页。

饮食疗法，就是纠正过度饮食，养成健康饮食习惯的治疗方法。对于糖尿病患者而言，最重要的就是控制进食的热卡量，同时保证均衡充足的营养。在摄取蛋白质时，注意保证植物性蛋白质和动物性蛋白质各占一半的比例关系。另外，为了避免餐后迅速出现高血糖状态，老人吃饭时应讲究细嚼慢咽。

运动疗法："减少能量来源，促进过剩能量的消耗"是糖尿病治疗的基本原则。前者是饮食疗法，后者是运动疗法。运动疗法有两方面的作用：第一，消耗多余的能量；第二，促进良性循环，培养善于利用能量的体质。老年人可以从谁都可以做到的"快步走"开始，选择能用到全身肌肉、强度适中、能长时间进行、能每天坚持进行的，自己喜爱的有氧运动，如慢跑、游泳、自行车、体操、跳舞等。运动时，老人还要特别注意，穿着要舒适安全。

药物疗法，要视病情需要使用。一般1型病人的病因是胰岛素分泌绝对不足，因此在治疗开始时，就必须通过药物补充胰岛素。2型患者要以饮食疗法和运动疗法为基础，在这两种方法均不能控制好血糖的情况下，才需要使用口服降糖药或者注射胰岛素。此外，对自行注射胰岛素的老人，护理人员一定要确认好注射的时间、次数和老人自身的意识状况。

在护理上，由于糖尿病患者的抵抗力下降，容易被感染，所以护理人员除了为老人进行常规的洗浴和清洁外，还要注意经常帮助老人修剪指甲，严防其手指上附着细菌等。

14. 老年性抑郁症

1）老年性抑郁症

一般情况下，患有抑郁症的人会有"做什么事都觉得没意思""自己是没用的人""什么事都懒得做"等消极抑郁的感觉和表现。但是对于老年性抑郁症的患者来说，比起心情低落等精神症状，其身体方面的症状更为突出。例如，老年人常常会伴随着抑郁（心情低落、忧郁）、失去兴趣、丧失感动等心情，抱怨身体上出现了诸如"身体困倦疲乏""脑子迷糊不清楚""失眠""食欲不振"等症状。如果经过详细检查与诊断确认其身体上并无异常，家人就要引起足够的重视，这时候老年人患上老年性抑郁症的可能性非常大。如果放置老年性抑郁症不管，则会加重老人的社会剥夺感、孤独感，使老人的认知能力丧失、日常生活能力下降、情绪更加低落、生活质量变差，严重时会直接导致老人出现自杀的倾向和行为。

老年性抑郁症的另一个特征是，它非常容易和失智症相混淆。因为患者经常会表现出一些和失智症类似的症状，如"动作和反应变得迟钝""所答非所问"等。（见表3-7）此外，抑郁症常常还会诱发失智症，同时抑郁症所导致的失眠、食欲不振等又会加速失智症的恶化。因此，如果怀疑老人患上了老年性抑郁症，一定要及早到医院接受治疗。

近年来，研究发现血清素①等神经传递物质上神经细胞的减少，是诱发抑郁症的一大主要原因。但抑郁症的发病原因又不仅此一个，它还与日常生活中的一些事件与环境所带来的精神压力有很大的关系。例如，老人在退休后，对于社会功能与角色的转变在心理上造成的不适应、空巢家庭的孤独与无助、疾病或手术后机体功能的骤然减退等都会导致抑郁情绪的产生，进而使患者产生各种如自责、回避、幻想等消极的应对方式。此外，由于机体老化使老人容易患上各种慢性病，抑郁症也很容易在多种慢性疾病的作用下诱发而形成。

表3-7 抑郁症与失智症的区别

表现内容	病症	
	老年抑郁症	老年失智症
健忘	突然出现	长时间缓慢表现
对周围的不满	强烈抱怨自己健忘和抑郁的情绪	没有抱怨或者完全否认
症状的变化	总是心情郁闷	不会常有郁闷的心情
与周围的关系	拒绝社交、一味自责	乍看善于社交、不会自责
交流	可以沟通交流	无法有效沟通

2）抑郁症的应对与护理

"认知行为疗法"（cognitive behavioral therapy，CBT）常常被运用于抑郁症的治疗上。其基本原理是通过学习如何矫正认知"定势"来获得更有效的应对压力情境的策略。②它主要强调改变认知，促使人们情感与行为的转变，让人们学会识别那些使之感到难受的想法和信条，并通过行为训练把它们变成更有益、更健康的思维方式。

"认知行为疗法"虽然被广泛采用，但在抑郁症的临床治疗上主要还是以药物疗法为主，即服用抗抑郁药物等来进行治疗。特别是近年来研发出了SSRI（Selective Serotonin Reuptake Inhibitor，学名：选择性血清素再吸收制剂，意为选择性5-羟色胺

---

① 血清素（又称5-羟色胺，简称5-HT，英文：Serotonin）是体内产生的一种神经传递物质，它还存在于一些植物和菌类中。（参考http://baike.haosou.com/doc/5743108-5955861.html。）

② "唐纳德·梅肯鲍姆的认知行为疗法（CBT）"。（参考http://www.doc88.com/p-184783306052.html。）

再摄取抑制剂）等副作用相对较小的药物，老人们可以放心服用。

老人家属和护理人员首先要注意，不要忽视了抑郁症的前兆，对于老人的抱怨和情绪低落，千万不要掉以轻心，不要认为"过几天就会没事儿的"。因为如果置之不理，病情就会在无意间不断恶化，并可能导致老人出现自杀的倾向。老年抑郁症导致老人自杀的可能性很大，所以一定要格外注意。

而且，在劝说老人到医院接受检查的时候，最好不要直接说"你这可能是抑郁症，我们最好去医院检查"。语气和说法都应该更委婉一些，如可以直接针对老人的症状说"我们去医院看看，或许能够治好你的失眠"等，这样的话老人会更容易接受。

一旦经医院确诊为老年性抑郁症，最重要的是要让老人多休养，以恢复精力、改善体质为主。对于抑郁症患者的护理，首先是保证安全。抑郁症患者的自杀危险性随其抑郁情绪的加重而增加，特别是伴有厌食、消瘦、入睡困难等症状的老人的情况则更加严重。护理人员及家人要细心观察，及时察觉，提前做好预防的准备。例如，经常查看、收捡和妥善保管危险物品；密切观察患者的情绪、言语和行为的变化等。另外，在心理护理上，护理人员对患者的态度要和蔼、耐心体贴，并积极鼓励患者参加一些有益的文娱活动和社交活动。饮食护理上应注意保持清淡，忌厚味油腻及辛辣的食物。鼓励病人多食水果、蔬菜、鱼、蛋、豆制品、奶制品等。

此外，子女对老人不仅要在生活上给予照顾，同时要在精神上给予关心，提倡精神赡养。老人自身也要合理安排生活，试着多与社会保持联系与交往，坚持学习，并按照自己的兴趣培养爱好，如种花、钓鱼、书法、摄影、下棋等。

15. 感染症及其预防

1）感染症

感染症是由于细菌和病毒等侵入体内，并进行繁殖而引发的疾病。首先，随着年龄的增加，老年人自身的免疫功能失调、脏器功能退化、全身循环功能降低，容易遭受感染，产生如吞咽困难、褥疮、前列腺炎、恶性肿瘤等自体免疫疾病；其次，伴随着老年人自身营养不良的免疫功能障碍也会诱发局部感染的重度恶化；最后，疾病治疗时采用的医疗辅助设备如留置尿管、留置静脉针等如果处理不当，也会使老人患上感染症。

在日常生活中，老年人比较容易患上的感染症有：冬季常发的流感、诺罗病毒感染（感染性胃肠炎）；夏季常发的O-157病毒感染（出血性大肠杆菌）；此外还有疥癣、肝炎、肺结核等。表3-8为这些感染症的症状特征和应对方法。

表3-8 易患感染症及其应对方式

病症	流感	诺罗感染（感染性胃肠炎）	O-157感染（出血性大肠杆菌）	疥癣	肝炎（乙肝、丙肝）	肺结核
症状	高烧、发冷、全身倦怠	恶心、呕吐、腹痛、腹泻	腹痛、腹泻、便血	指尖、阴部、腋下有异常瘙痒湿疹	全身倦怠、发烧	咳嗽痰多、全身倦怠、食欲下降
流行时间	冬季（注意干燥）	冬季	夏天	不确定	不确定	不确定
对应	服药、补水	补充水分	服用药物	服药、涂药	服用药物	服用药物
预防	接种疫苗、勤洗手、保湿	勤洗手、厨具洁具消毒、食物要充分加热	勤洗手、厨具洁具消毒、食物要充分加热	清洁、除湿	避免接触感染者的血液、体液	进行定期健康检查

2）感染症的预防和护理

老年人感染症的预防胜于治疗，预防的关键包括注意个人卫生、维持活跃的生活形态、多运动常休闲和定期的健康检查等。如果能及早发现，感染症就能得到及时治疗；同时，护理人员还要加强对老人所患慢性疾病的控制，减少不必要的用药，以避免并发症的发生。

感染传播的途径一般有三种：接触性传染、飞沫传染、空气传染。护理人员不但要做好自我保护，同时要预防交叉感染，避免自身成为传染源。护理人员在对感染者的呕吐物和排泄物、衣物等进行处理和消毒时，最好穿戴上口罩、眼镜、围裙和手套等，而且要勤洗手（注意一定要使用流动的水），这是预防感染症的基本。但是，由于固体香皂本身容易成为传播感染的原因，所以最好使用液体洗手液仔细清洗双手。在没有条件洗手时护理人员还可以使用喷雾式消毒液，并把它放在便于取用的地方，如入口门厅处、卫生间洗手池旁，以便随时进行消毒处理。

另外，护理人员自身要充分认识到感染症的危害性，并注意确认自己使用的口罩、围裙、手套等是否清洁干净，使老人平时保证充足的睡眠和均衡的营养，养成良好的生活习惯等。

第4章 失能老人的AIP护理

4.1 久病卧床与失能

1. 久病卧床的诱因

"久病卧床"也称"卧床不起",即指老年人因长期患病、身心机能下降或伤残而导致的日常生活能力减退,部分或完全需要人帮助护理的一种状态。它包括长期卧床、久坐不起以及只在室内生活不能外出的"闭门不出"老人的情况。

"久病卧床"的程度往往因人而异,重者如果没有护理人员的协助,连翻身都不可能;轻者则只需部分护理便可以自行用餐、上厕所等,其日常生活基本能够自理。然而问题在于,近年来,致使病人卧床不起的根本原因已不再只是生病或者身体残疾,更多的是由本人消极的生活方式或者护理不善等原因所致。有很多老年人原本并没有必要长期卧床,但是由于本人、护理人员或周围情况等因素导致其"被迫卧床不起"。因此,选择合理的生活方式和正确的护理方法可以有效地预防老人病后"久病卧床"现象的发生。

人如果不经常活动手脚、动脑思考的话,身体的各个功能就会慢慢退化。尤其是老年人,由于老化的原因其身心机能和适应能力原本低下,所以一旦身体的某个部位生病或者受伤,而该部位又没有得到很好的康复锻炼的话,这个部位的功能就会在短期内急速恶化,并最终导致老人卧床不起。

有些老人的身体原本可以活动,但因为一些小事而变得"久病卧床"了。比如,因为患脑中风而病倒的老人如果坚持康复锻炼的话,渐渐是可以拄着拐杖自己行走的,但这样的训练如果中途停止的话,就会回到原来"久病卧床"的消极状态中。刚开始老人可能只是由于天气不好或者心情欠佳等一些特别细小的原因,窝在家里中断训练,但是随着次数的增多,老人就会变得越来越懒得运动（先是放弃了本来应该每天坚持的散步，再是连每天起床梳理都懒得进行了），最终导致康复计划前功尽弃，老人又会重新回到"久病卧床"的状态之中。

一方面，来自护理人员及家人的过度援助，有时也会给需要康复的老人带来不好的效果。其实，即便是生活能够自理的老人，如果护理人员连老人力所能及的事情都包干代替帮助老人做了的话，反而不利于老人的身心健康。

譬如，当老人患轻度感冒时，护理人员出于"好意"，让老人安静地整天躺在床上，连一日三餐也端至床前。时间一久，老人就会顺意并渐渐习惯卧床的生活。但是如果长期这样的话，老人的身体机能便会逐渐衰退：即使感冒治好了，老人也会变得喜欢在床上用餐。但如果在床上待的时间长了，老人的体力则会进一步下降。如果仍然放任不管的话，渐渐的老人会连上厕所的力气都没有，于是便开始在床上使用尿壶或便盆等。最后，老人可能连从床上坐起来都需要别人的帮助，此时护理人员如果又出于"好意"，为了使老人更轻松方便想办法给老人使用尿不湿等……那么不久之后，老人就会彻底卧床不起，并且最终变得完全失能了。

另一方面，"闭门不出"是"卧床不起"的警示灯。如果把生活空间仅局限于家里或室内的话，那么老人感受四季变化和接触城市风景的机会也会随之减少，同时与人沟通与交往的频率也会明显降低……一旦老人开始不愿意外出活动，对事物的兴趣和积极性也会随之减退。单调而乏味的"闭门"生活，不仅会使老人的身体机能衰退，也会使其心理活动与认知机能逐渐变得迟缓。反之，这种整日"闭门不出"的生活，又会促使老人对家人及护理人员的依赖情绪高涨，自立意愿骤然降低，形成恶性循环，并最终导致其"卧床不起"。

"生命在于运动"，周围的人不要为了一己之便而总是让老人躺在床上，不帮助他们活动；也不要因为想留下一个"好印象"而对老人提供过度的护理与帮助，这些都不利于老人的身心健康。护理人员应该尽量鼓励老人走出家门，坚持运动，并积极发挥余力多做一些力所能及的事情。

2. "久病卧床"与"废用综合症"

废用综合症又称废用性综合症，是指患者因"久病卧床"，或活动量不足及各种刺激减少，使其全身或局部的生理功能衰退，并出现关节挛缩、肺部感染、褥疮、便秘、肌肉萎缩等症状。其中，心肺系统功能减退表现为废用性功能低下、体位性低血压、末梢循环障碍、肺部感染等；其他系统的功能性减退表现为食欲不振、便秘、泌尿系统感染、皮肤指甲萎缩等；精神认知功能方面的减退表现为抑郁、智力减退、假性痴呆和失智症等。[①]

例如，患者骨折时医生会用石膏绷带等使该部位固定，而一旦被固定后，关节处就会变得僵硬，同时周围的肌肉也会随之变瘦变弱。通常，年轻人恢复得比较快，但老年人由于其身体的适应

---

① 参考http://baike.haosou.com/doc/6163939-6377165.html。

力和恢复能力降低，时间一长，往往就很难完全恢复到原来的状态。

久病卧床的弊病与危害，首先表现为，在日常生活的各种动作与行为中，必不可少的关节、肌肉以及骨骼机能的下降。所以值得注意的是，老年人一旦久病卧床的时间超过一个月，就几乎很难再站起来走路了。同时，老年人的身体组织本身也在发生老化，关节容易变得僵硬，体力也会逐渐下降……如果对此放置不管的话，慢慢的老人就会变得不能动弹，最终导致其长期性卧床不起。而且，卧床不起又会助长废用综合症身心机能的进一步恶化。在这样不断的恶性循环之中，老人的身体就会像滚雪球那样变得越来越糟糕。

其中，致使老人的生活质量（QOL）极度降低的主要是废用综合症中关节、肌肉、骨骼功能的减退和精神认知功能的减退。

1）关节、肌肉、骨骼功能减退

关节如果得不到运动，几天之后便会开始挛缩，一个月左右，关节就会变得难以活动。如果患有风湿性关节病、化脓性关节炎、变形性关节炎或者帕金森症等疾病，或是浮肿、关节部分受损、烧伤的话，更容易引起关节挛缩。

同样，如果肌肉得不到锻炼，肌纤维就会变细，肌肉也会变小，同时肌肉的力量，还会以每天3%到5%的速度衰弱下去，形成肌肉萎缩。老人如果营养不均衡、神经麻痹或者关节挛缩也会诱发产生肌肉萎缩的症状。

随着体能的衰退，人的步行能力会大幅减弱，行走方式也会变得不稳定，容易跌倒。另外，由于同时伴随着肌肉萎缩，所以一旦跌倒，大部分的外力就都会直接作用到老人的骨骼上，极易导致骨折。

老年人腿部的骨骼由于缺钙会变得特别脆弱，而肌肉萎缩又会加速骨骼变弱形成骨萎缩，这种情况也非常容易导致老人骨折。特别是卧床不起的老人，有时护理人员在帮助他们翻身或移动的时候，一不小心就会致使其肋骨骨折。另外，有时老年人还会因为其身体无法承受自己的体重，而导致脊柱处发生压迫性骨折，使脊背变弯。在老年人群中，很多腰痛、背痛的症状都是由于骨骼功能退化形成骨萎缩而导致的。

2）精神认知功能的减退

卧床不起的生活不仅会降低人体的运动机能，还会导致人体生理机能、内脏机能以及心理认知机能的退化，并最终导致老人生活积极性的全面丧失。例如，长期卧床会使人身体调节血压的功能显著下降，当患者想要站起来的时候，常常会引起脑贫血，并出现头晕目眩的情况。由于老年人本来调节血压的能力就比较低，如果想在"久病卧床"后突然起来，甚至可能会由于脑部供血不足而出现暂时昏迷。此外，废用综合症造成的心肺功能的衰退，也很容易引起心跳加速、气喘和身体疲劳等，一旦被细菌感染侵入还会导致肺炎；消化功能的下降，则会使老人产生食欲不振和便秘等症状。这些身体上的不适，都会直接影响老人的心情，导致其产生心理上的废用综合症，使老人情绪低落，不愿与旁人沟通交流，反应逐渐变得迟钝，严重时还会演变成抑郁症、假性痴呆症甚至失智症。

废用综合症的老人完全丧失了自己动手做事的积极性，一切事物均依赖于护理人员的全面帮助，这是涉及患者个人尊严和生活品质的重大问题。在"卧床不起"这种极度单调乏味的生活状态下，老人很容易患上失智症，在全身各种机能下降和心理废用综合症的双重影响下，接受护理者和提供护理者两方面的生活积极性和工作积极性都会逐渐丧失。

3. 预防失能的日常生活要点

前面提到，芬兰政府把"只有临终前两周，才躺到床上过日子"作为推行"在地安养"（AIP）的具体目标；法国著名的"HUMANITUDE"失智症护理技术创始人伊夫·吉内斯特（Yves Gineste）和罗塞特·马勒斯柯缇（Rosette Marescotti）也在"生者动，动者生"的思想背景下，提出了"人应该站立着生活，直到死亡的最后一刻"的见解。可见，在成功老化的前提下打造"零失能"社区的目标，绝不只是虚无缥缈的梦想，而积极乐观的生活态度和规律健康的生活方式就是"在地安养"中防止老年人陷入失能的关键所在。

在日常生活中，造成老人卧床不起并最终导致其失能的主要原因有时是因为受伤或者身患重病，但也有时仅仅是由于感冒或身体疼痛等一些小毛病。据统计，年迈体弱、不慎跌倒、中风，是导致病人卧床不起并最终演变为骨折和瘫痪的三大主要原因。而这些问题，老人们如果能在日常生活中加以留意，则是完全可以避免的。

与二三十岁的自己相比，骨质疏松可以被视为老化的必然结果，但是，这并不代表每个人都会疏松到很严重的程度。所以只要提早预防，注意在年轻的时候积累骨量和锻炼肌肉，才能够把骨质疏松带来的危害降到最小。骨质疏松是引起骨折的主要原因，对于这类问题应该注重的是预防保健，而不是治疗。除了多晒太阳和在饮食方面积极补充维生素D、注重蛋白质和钙的摄取以外，老年人还要进行适度的运动，生活中利用机会多走路、少搭电梯，不要弯腰驼背，避免增加骨骼负担等都是简单易行的方法。但是，如果老人已经有了骨质疏松的迹象，那么在拿重物和搬东西时，千万要留意自己的姿势，谨防伤到脊椎骨。另外，由于导致骨折的直接原因是跌倒，所以老人尤其要小心，即便在家中也要随时注意：清除走道上不必要的障碍物；改善阴暗的光线、保证充足的照明；在浴室或厕所等地采取安装防滑垫等措施。

另外，中风[①]也是造成老人失能并需要接受长期护理的疾病之一。要把中风的危险因素降到最低，控制高血压是预防中风的重点，这应该从中壮年时期的健康管理开始。例如，保持营养均衡的饮食习惯、坚持适度的运动、保证充分的休息和有规律的生活等，这些都非常重要。同时，要严格遵照医嘱服药，坚持在固定的时间测量血压，保持情绪平稳，少做或不做容易引起情绪波动的事情。

---

① 中风也叫脑卒中。它是以猝然昏倒，不省人事，伴发口角歪斜、语言不利而出现半身不遂为主要症状的一类脑血液循环障碍性疾病，具有发病率高、死亡率高、致残率高以及并发症多的特点。（参考http://jib.xywy.com/so_ill/gaishu/1530.html。）

此外，老年人还要定期接受体检，一旦生病就要及早就医。医学上把40岁作为一个"生物年龄"的门槛，从预防保健的视点来看，通常情况下普通人应该从40岁开始，每三年做一次全面的健康检查。

但是，台湾荣民总医院高龄医学中心主任陈亮恭[1]先生认为，目前各类机构推出的健康检查内容令人眼花缭乱，然而检查项目越多，出现误差的机会也会相应增高。倘若一项检查出现误差的机会是3%，20项检查的完全准确率就只有54.3%，所以，中老年人要如何科学合理地安排健康检查就变成了一门复杂的学问。陈亮恭医生认为，科学而有效的健康检查包含了三个方面的内容：首先，健康检查单位要通过健康评估，为老人制定一套切实可行的个性化体检方案，并设定健康检查需要达到的目标；其次，做完体检后，体检中心应该出具一份完整详细的体检报告，并耐心仔细地对报告内容做出解释和说明；最后，由于健康检查的目的是早期发现和早期治疗，健康检查的结果也要与治疗相关，所以需要考虑的就是，一旦健康状况出现问题，该健康检查单位是否具备了后续治疗的能力。

当然，从护理者或者家人的角度来讲，特别需要注意两点：①鼓励老人积极参加社会活动，走出家门与人沟通，避免其闭门不出；②避免过度帮助，要让老人尽量发挥余力，感受到生存的价值和意义。（见图4-1）

1）鼓励老人多与外界沟通交流，避免闭门不出

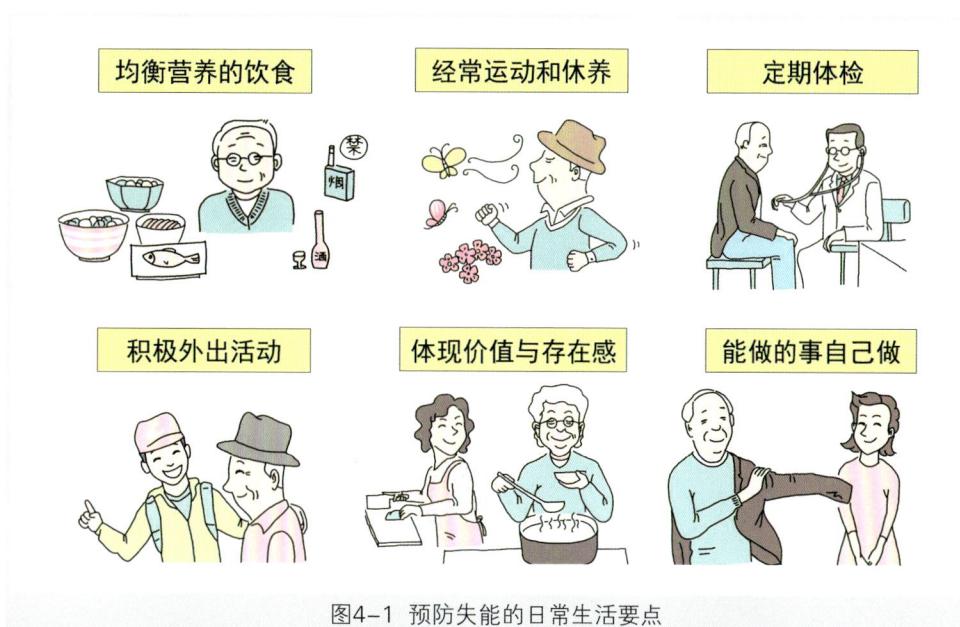

图4-1 预防失能的日常生活要点

---

[1] 陈亮恭：《成功老化》，大块文化出版股份有限公司2011年版，第22页。

一旦天气变冷或变热，老人就喜欢呆在家里，变得不愿外出。时间一长老人就可能患上"闭门不出综合症"，并出现什么事也不想做、凡事依赖他人、懒得和人打交道、变得沉默孤僻等"症状"。这种状态如果持续下去，老人的身心就会逐渐衰退，最终发展成"卧床不起"的状态。

所以，预防老人"闭门不出"是家人的重要职责，家人要积极地帮助老人迈出家门，通过"外出"的第一步，让老人重新燃起对生活的积极性。比如我们可以试着找一些理由，诸如"去看看孙子""去赏花"等，借此机会带老人出去散散心，呼吸一下新鲜空气。一旦走出家门，老人自己也会感觉所见所闻都比待在家里时新鲜有趣得多。

重要的是，上述这些"外出"行为，会给老人带来与更多人接触、沟通和交流的机会。通过与人的沟通与交流，老人会感觉到不再那么孤独寂寞。我们还可以试着带老人去参加一些社区组织的活动，并通过这些活动帮助老人交到更多的朋友。有了朋友，老人们就会慢慢变得乐于主动出门，随之日常生活也会变得丰富多彩。一旦老人变得乐于外出、勤于外出，他每天躺在床上的时间自然就会缩短，并进入积极生活的良性循环。只有这样，老人才会变得更加热爱自己的老后生活。

2）避免过度帮助，体现老人的生存价值

无论老人是否失能，护理人员都应该积极鼓励老人，能做的事情尽量让老人自己动手去做，充分发挥老人各方面的能力。什么事情都由旁人包干代替，反而会降低老人对生活的积极性，使其产生过度依赖的心理。久而久之这样的生活会直接导致老人心理上的"卧床不起"，并渐渐发展到身体上，甚至导致老人身心上的完全失能，最后什么事情都无法自理了。所以，在家里，家人和护理人员一定要注意，应该让老人承担一定的家务职责，做一些力所能及的事情。因为如果让老人觉得自己可以帮助家人，能为他们分担一些事情的话，老人会变得更有干劲，生活得也会更有意义。

特别是对于刚刚面临退休、子女独立，而遭遇其家庭与社会权利骤然丧失的老人来说，往往更容易产生孤独、寂寞、消极、沮丧的负面情绪，突然间觉得自己失去了生存的意义。这时，如果老人们能有什么事情做或者用一些兴趣爱好来填补人生变故所造成的生活空缺的话，将在一定程度上减少他们这种自我否定的消极情绪。

其实"自己仍然是一个有用的人""自己还能为他人做些事情"的想法，会让老人们有被需要的感觉，并体会到自己的存在感和人生价值。退休之后，在身体条件允许的情况下，护理人员都应该鼓励老人有效地利用自己丰富的知识和经验，在力所能及的范围内去做一些工作，或者积极参加志愿者活动等。这些都可以让老人们以积极的心态去面对生活，是让他们感受到自己生存价值的好办法。

4.2 失能护理的基础

1. 人性化护理的概念

为那些身患疾病、生命垂危和终日被病痛折磨着的人们提供关怀照顾和帮助是一件非常重要的事情。同时,这也是一件自然而然的事情,就像母亲在新生儿身边守护一样。将这样一件自然发生的行为通过专业知识和技术的培训升华到职业教育层面上的人,是被称为"克里米亚天使""提灯女士"的近代护理业创始人,英国著名护士弗洛伦斯·南丁格尔。

1860年,南丁格尔在距今150多年前英国的圣托马斯医院创建了"南丁格尔护士训练学校"。该校被认为是世界上第一所正规护校,其办学宗旨是,将护理作为一门科学的职业,试验一种非宗教性质的新型学校。她对学校管理、精选学员以及合理安排课程、实习和评审成绩等都有明确的规定,并正式建立了护理教育制度,开创了现代护理专业这一伟大的事业。她在其著作《护理札记》的序言中这样写道:"在此之前的护理,只是停留在给患者喂药、换药的程度。但是,真正的护理,是将新鲜的空气、阳光、温暖、清洁、宁静与舒适进行整合并提供给病人,和将精挑细选的美食奉献给病人的工作。这些所有的工作也都是要将患者的痛苦和生命的内耗降到最低的工作。"

当时的南丁格尔已经是一位名副其实的护士了,但她并不仅仅满足于辅助医生的工作,她还通过自己的统计学知识,为当时连疾病命名与分类都含混不清的英国医疗系统制定了医疗统计标准模式,并被英国各医院相继采用,这又是一件令人瞩目的贡献。[1]

各国护理界对"护理"的理解是存在差异的,而医学模式的转变为现代护理观的确立提供了根本的理论依据。日本护理界在现代健康观的基础上,提出了"健康与疾病之间没有明确界限,并分别以最佳健康、死亡为两极"的"健康-疾病连续相"的观点。该观点认为:护理是为了维持和促进人的健康而对处于不同健康状态的人从身体、心理和社会适应方面满足其基本需求的过程。

今天,在超高龄化社会背景之下,日本的护理行业得到了大力的发展,同时"人性化护理"的概念也受到社会各界的广泛关注(见图4-2)。日本护理界将"人性化护理"定义为:在保证被护理者(老人或患者)人格尊严和独立自主性不受侵害的前提下,按照其个人的意愿为他们提供诸如清洁整理、饮食、更衣、排泄、入浴等日常生活上的各种照顾行为,并且注意要积极发挥被护理者的余存能力,使其能够按照自身的意愿过有尊严的生活。

其中,保证被护理者的人格尊严,并尊重他们作为人类个体所拥有的个性化生存的选择权利,是人性化护理工作的本质内容。每个人都应该拥有追求生命、自由和幸福的权利,而老年人的"尊严和自立"与他们的幸福感密切相关,不容侵害。在护理的过程中,任何的无视、漠视、恶言、恶

---

[1] http://baike.haosou.com/doc/5367278-5603035.html。

行都是不允许出现的。

针对老人的护理服务，第一，要注意尊重老人本人的意愿，明确其能做和不能做的部分内容，护理人员从旁援助，以帮助老人实现愿望；第二，护理人员要认真全面地关注老人日常生活的整体情况，并为其提供最适合的个性化护理优选方案；第三，护理人员在护理过程中要尽可能地让老人保持与社区居民间的日常沟通与交流，尽量让他们从日常生活中感到种种喜悦；第四，护理人员要努力从老人日常生活中的细微异常中发现疾病的征兆，及时及早地做好疾病预防工作；第五，护理人员要有安全意识，认真仔细地做好环境整理和预防感染的日常卫生管理工作；第六，团队式护理，是目前公认的最为科学有效的护理方式，护理人员应该积极联合各专业人士（医生、护士、社区工作者等），组成高效的护理团队，同时在老人家属的配合下，为老人提供更好的护理服务。

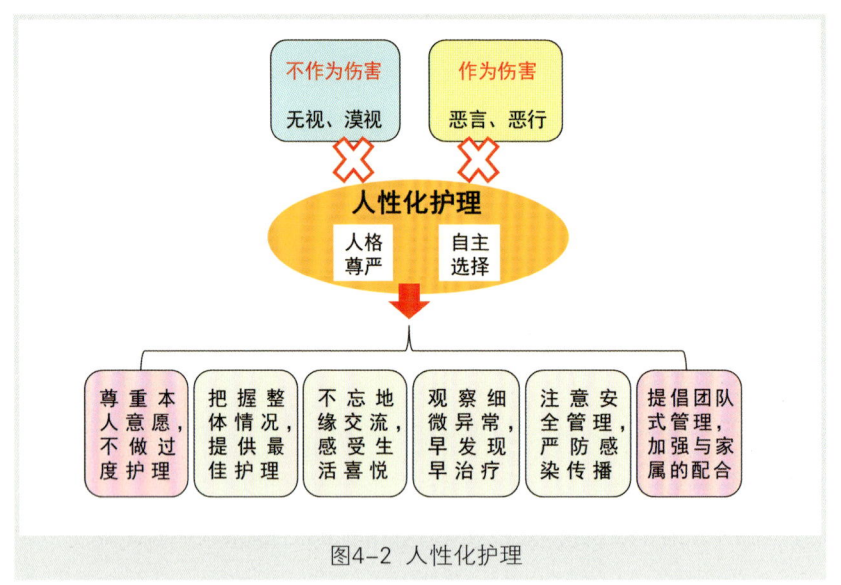

图4-2 人性化护理

2. 护理的基本原则

在瑞典，"尊重本人意愿"是护理工作的基本原则，它要求护理人员坚持询问老人每天的服务需求，并严格按照本人意愿提供相应的护理援助。譬如瑞典某护理团队每天要对8位老人提供上门服务。其中有一位老人，80岁罹患肺心病并且需要长期使用呼吸器维持生命，该老人已经不能持续的长时间说话，但仍坚持选择AIP生活方式（在家中生活）。护理工作的其中一项任务是：每天为老人提供下午茶。

护理团队的负责人每天都要向老人询问："您今天的下午茶想吃点什么？"

老人（摘下呼吸器，很吃力地）回答："一杯咖啡、一个面包抹上黄油……"（带上呼吸机，几秒钟后再次摘下，又继续说）"几片酸黄瓜"。

护理人员听完后，再次询问："其他还需要什么东西吗？"

老人（摘下呼吸器）继续回答："不用了。谢谢！"

其实，该护理团队已经持续为这位老人提供了八年的护理服务，对老人的饮食习惯已相当了解，但护理人员仍然坚持天天询问，严格维护老人绝对的自主选择权利。这一点看似简单，但要坚持下去却并不容易，"尊重本人意愿"在日常的护理工作中，非常重要。

即使老人在身体和认知上存在缺失，护理人员也要尽量尊重每位老人特有的生活习惯，在尊重其自由选择意愿的基础上帮助其自立生活，这是护理工作的基本原则。如果在老人的日常生活活动能力（ADL）中，有部分内容仍无法自立，护理人员要认真思考如何才能改善现状，通过弥补老人该部分能力上的不足来实现"老人按照自己的意愿，自立生活"的护理目标。护理人员还要认真观察老人的身心状况及其变化，积极收集相关信息，明确护理各阶段应该建立的护理目标和需要解决的护理问题。

同时，在护理工作中还应该遵循以下各项原则：

（1）尊重日常生活习惯。

人在不断成长的过程之中，会逐渐养成各种生活习惯，进而衍生成较为固定的行为模式，护理人员想要试图去修正或者改变这些生活习惯和行为模式是非常困难的。强行而刻意的改变，常常会招致老人的抗拒、拒绝，甚至被误解，最终失去老人对护理人员的信任，使护理人员和老人之间很难建立起良好的互信关系，给护理工作带来不好的影响。

（2）建立良好的互信关系。

护理工作的第一步，就是要与老人构建良好的互信关系。只有接受并尊重使用者的特性，老人才会向护理人员敞开心扉。一味地将护理人员自身所持的价值观和思想强加于老人，对于建立彼此间良好的互信关系有害无利。

（3）尊重自主决定权利。

老人拥有自己的主体性，护理人员必须要尊重其自由选择和自主决定的权利。护理人员要通过专业的分析，建议和帮助老人选择合适的护理方法，并将之应用于实践，以确保老人的各项权利（知情权、选择权、陈述意见权、确保安全权等）。为保证老人能够在自主决定的基础上接受护理服务，护理人员有必要积极地为其提供相关信息。此外，护理人员有义务尊重老人的生命和尊严。

（4）保证安全，避免伤害。

护理是指帮助老人实现日常生活的自立。在整个援助与护理的过程中，虽然并非出自护理人员的本意，但随时有可能给老人带来伤害。例如，在去卫生间的途中发生的跌倒事故、护理用餐时发生的误咽事故等。在护理的过程之中，潜在着各种各样的危险。所以护理人员在对老人进行护理时，要随时考虑到安全性的原则，并积极努力地学习掌握正确的护理知识和技术，认真分析失误的原因，找准解决和防范的办法，避免给老人造成伤害。

（5）扩大自立生活的活动范围。

日常生活中，在为老人提供护理援助时，一味地按照使用者的要求，包干代替为其提供帮助，并不是真正意义上的护理。这样做的结果反而会降低老人生活的自主性和生存意欲，使其残存机能不能充分发挥作用。因此，真正的护理应该是以自立生活为目标，认真观察与评价老人的身心障碍程度，根据实际情况做出正确的判断，为其提供必要的护理援助。

（6）与相关领域（福利、医疗）共同协作。

活跃在第一线的护理人员长时间与老人零距离接触，他们与老人相处的时间和机会比任何其他专业领域的人都多，对老人的具体情况也十分了解。但是，由于在实际的护理工作中还会涉及关于医疗、福利、法律等其他方面的内容，所以在解决具体的相关问题时，护理人员要积极思考应向哪个专业领域咨询会更好，并努力建立"多职种共同协作"的工作机制，这一点在护理工作中是十分必要的。

3. 护理的目标与前期准备

1）AIP护理的目标与目的

在AIP（在地安养）背景下，护理工作的目的就是为需要帮助的人们提供护理援助，使其能够尽可能地保持居家生活的状态，且始终维持符合个人意愿的良好生活品质。在日本《护理保险法》第一条中明确规定："护理就是为需要的人提供照顾，使其能依靠自身的能力，维持自立的日常生活。"可见，"帮助自立"就是提供护理服务最大的目的。同时，为了实现该目的，护理人员还需要制定一系列适合不同老人的具体目标。（参考2.3"3.AIP社区营造技巧"中"明确目的与目标"）

"护理服务"与普通的"家政服务"有着本质的区别："家政服务"的目的是代替委托人，为其提供相应的服务；而"护理服务"则是以"帮助自立"为主要目的展开的，所以受助人自己可以完成的事情，护理人员就不该去做。因为尽量发挥受助者的残存能力，不仅可以起到对其受损能力的康复作用，而且可以有效地预防其他功能的退化，起到防止"残障→不活动→加重残障"的恶性循环。因此，它与"家政服务"不同，不能只做"受助者想要我们做的事"。

同时，"护理服务"也不能完全"只做受助者不能做的事"。毕竟还是需要考虑，不能给受助者的日常生活造成过重的负担而影响其生活品质。因此，在提供服务前，护理人员和受助者要针对具体的服务目标和服务内容，进行深度的沟通，分享彼此的需求和观点并达成共识，最后再共同来制定具体的服务目标和详细的护理计划。

这些"目标"，既可以是关于"能自己上厕所""能自己移动到室外"等在ADL（日常生活活动能力）提升上的目标设定，也可以是关于"去镇上购一次物""春天去赏一次花""再去扫一次墓""自己种花"等在社会化参与上的目标设定。当然，这些目标的实现，不能单靠护理人员，它需要护理人员、受助者、受助者家人的共同努力才能够完成。因此，所有人员都应该共享这些目标，同时积极地思考自己能为实现这个目标做点什么，并付诸于行动。

2）关于护理工作的准备

护理界有这样的说法，护理工作需要具备3H（head，hand，heart）特性的人。其中，head指知识，hand指技术。其实，什么样的工作都需要具备深度专业知识和高度操作技术的人员。又由于护理工作的特殊性，它主要的服务对象都是在健康与生活上存在一些问题或障碍的人，所以在专业知识和操作技术的基础上，它更需要护理人员具备温厚细心、体贴热情的特性，即heart，爱心。

一生当中，无论是谁都愿意用自己的脚站立起来，希望自己的事情可以由自己来做。但是人一旦上了年纪，总会因为疾病或者老化，吃饭、穿衣、洗澡、排泄等这些简单的行为变得力不从心，需要得到别人的护理和帮助。当这些看起来理所当然由自己做的事情，变得要借助旁人方能完成时，老人的生存热情就会明显降低。这时，如果护理人员为其提供的服务是在尊重老人隐私的前提下恰到好处地援助的话，则可以帮助老人重新找到生活的希望与热情。因此，护理人员不仅要努力学习并掌握基础的护理知识，反复练习护理操作的技巧，而且要具备爱心、耐心、同理心，尊重老人的生活习惯、价值观和个人隐私，为其提供安全、舒适、自立和有尊严的失能后高QOL的生存环境。

另外，在进行AIP护理工作（访问护理）前，护理人员应对以下事宜做好充分的准备：

事前确认：为了避免出现差错，护理人员应该预先对当天的护理工作内容进行确认，并做好各项准备工作。

适合护理的装束：护理人员工作时应穿戴可自由活动的服装和便于行动、不宜滑倒的鞋；取下戒指、手表等易碎、坚硬的物品；确认指甲的长度等。

尊重人格隐私：无论老人处于何种状态，都要时刻牢记注重隐私和尊重其人格尊严。特别是对于通过护理工作而获取的老人的相关信息与秘密坚决不能泄露。

扩大自立度：护理工作要循序渐进，首先掌握老人"可行"和"不可行"的活动范围，在帮助完成其"不可行"部分内容的基础上，促进老人独立完成其"可行"部分内容，并逐步增加扩大"可行"部分内容的范围。

尊重主体性：护理人员不要单方面被动地按照护理计划进行操作，应该随时观察老人的情况，积极与老人沟通交流，并反复确认老人的意志与期望，一边协商一边推进，同时要做好根据老人的意愿修订原计划的准备。

建立良好互信关系：护理人员要致力于和老人建立良好的互信关系。因此，护理人员在工作中要做到：诚实、谨慎、不回避和不隐瞒自己的过失。

保证安全：护理人员要时刻把保证老人的安全放在第一位。集中注意力，认真观察及时纠正。随时通过"检讨问题→追究原因→寻找规避的方法→依法修正流程"的自查纠错流程来改善和提高护理工作的安全性。

坚持团队护理：由于单独一个人的护理存在很多因个人因素而导致的护理风险，并且个人判断常常会过于武断和不全面，所以团队护理在护理工作中非常重要。同时，由于护理工作中常常需要医疗、福利等其他领域力量的介入，所以建立"多职种共同协作"的团队机制非常有必要。当然，这就要求护理人员要目标明确，相互理解，相互信任，具有良好的团队协作精神，重视信息共享、积极反馈，具备相互教育、共同提高的能力。

当具备护理工作基础知识，熟练掌握护理操作的各项技术，以及做好了上述准备工作之后，护理人员就可以带着自信和微笑开始工作了。

4.3 失能护理的技术

1. 交流技术

1）交流的要点

交流是人际交往的起点,是人与人之间运用语言符号系统(文字、符号、语言等)或非语言符号系统(表情、姿态、眼神、动作、便于交流的空间环境布置等)传递信息的过程。良好而有效的交流是建立相互信赖人际关系的基础。同时,它也是让信息得以共享的重要途径。然而,单单是交流发起人或信息传递者将信息传达给信息接收者,但信息接收者并没有充分理解和领会,这还不能算是交流。真正的交流是从信息被传达后,信息传递者从信息接受者处得到相应的回答或反馈的那一刻开始的。

在护理服务中,护理人员与老人之间的交流要注意以下几点内容(图4-3):

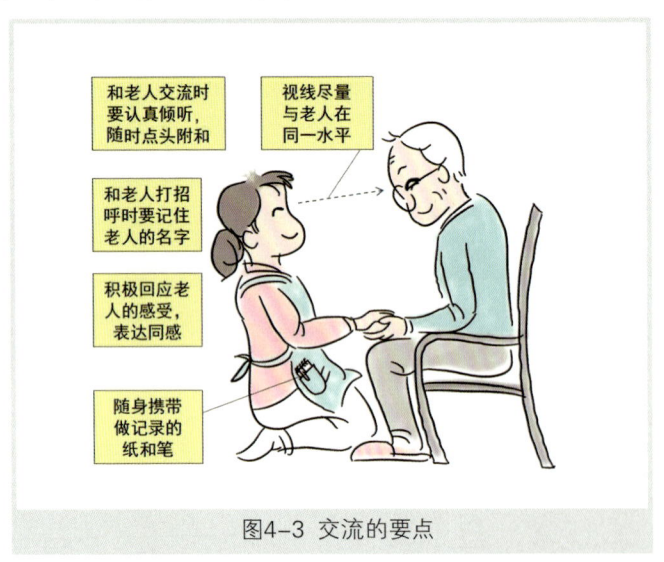

图4-3 交流的要点

小心谨慎打招呼:不管在什么地方与场合,护理人员在与老人交流前应该先寒暄搭话,在确认老人有进一步交流的意愿时,才能开始与之交流,这样可以让老人安心。

视线在同一高度:与老人交流时,双方的视线尽量保持在同一水平线上。护理人员要特别注意,不要站着与坐在轮椅上的老人对话,这样会让对方感到威压感。

吐字清晰、语速缓慢:与老人交流时,护理人员要做到吐字清晰且语速缓慢。说话过快或者声音嗓门过高,常常会让对方感到不快,所以护理人员在交流时,应该吐字清楚、口型突出,便于老人准确理解想要表达的意思,让老人听清楚避免产生误解和歧义。

配合对方的节奏:交流是双向互动的行为,因此在与老人交流时,即使对方没有立刻回应,也不要着急，护理人员要适当放慢自己的节奏，耐心等待对方的反应。

关系平等、态度尊敬：需要护理的老人都是我们的长辈，在交流时护理人员应该保持谦虚的态度和尊敬的语气，即使对方有认知上的障碍，也必须和老人以平等的关系相处，并随时保持尊敬的态度。

准确称呼其名字：即使是罹患失智症的老人，一般也不会忘记自己的名字，所以在与老人进行交流时，护理人员应该准确牢记老人的姓名，并亲切温柔地称呼他们的名字。

表示同感与倾听：当老年人开始诉说心事、告知身体不适、表达情绪与不满时，护理人员应当保持十分好的耐心，仔细倾听，并不时回应，以表达理解、同感和共鸣。即使是面对失智症的老人，护理人员耐心倾听的姿态和愿意理解的态度也必定会传递到他们的内心深处。

温馨适当的接触：当老人需要获得宽解和安慰时，肌肤接触有时会起到很好的效果。譬如，可以将手轻轻地搭在老人的肩头或手上等。但是，也有人不喜欢甚至排斥肌肤接触等较为亲密的行为，因此护理人员要仔细观察老人的性格，并见机行事。

非语言系统的交流：美国心理学家梅拉宾通过实验证明，人与人交流的三要素为语言、声调（听觉）、肢体语言（视觉）。在交流的过程中一方判断另一方谈话内容时，约有7%取决于语言；38%取决于声调；而通过视觉获取的肢体语言信息所占的比例最高为55%。所以，护理人员在和老人交流时，一定要注意自己的表情、态度、手势、声调等。此外，通过眼睛的转动或是表情等也可以获知一个人的想法，所以在和老人交谈时一定要注视对方的眼睛，即使不说话，也要仔细观察老人表情的变化和情绪的波动等。

2）日常沟通技巧

在日常生活中，护理人员应该设身处地为老人着想，理解与包容他们的感受，尊重其人格尊严，并维护其应有的权利。护理人员平时可能会很忙，这时候应该随身携带纸笔工具，随时记录下观察到和需要特别留意的情况，以及受老人所托的待办事宜等，并且要时刻翻阅备忘，在完成后要立刻向老人反馈和确认。在进行日常交流时，切记不要使用对待小孩时使用的语言，而应该以对等的方式与老人交流沟通。

在面对不同情况的老人时，注意使用不同的方式与之交流。

处于愤怒的老人：当老人知道自己换上严重疾病，感到身心痛苦，并以愤怒来发泄自己的恐惧、悲哀、焦虑或不安的情绪的时候，护理人员要尽量鼓励老人发泄内心的压抑，并耐心地倾听，待老人的情绪尽情地表达与发泄之后，再对其进行劝说与安慰。

不愿意合作的老人：当老人拒绝配合接受服务或有抵触情绪时，护理人员要认真了解老人不予合作的真实原因，并积极想办法解决问题，提供切实可行的合理化建议。

有感知障碍和抑郁的老人：当面对有感知障碍的老人或者情绪低落有抑郁症的老人时，护理人员更要注意自己的表达方式和情绪，要有耐心、真诚和蔼，多使用文字、绘画、肢体语言等非口头语言的沟通方式和老人进行交流。

总之，护理人员在与老年人沟通时，态度要真诚、友善；倾听要专心、耐心；沟通语言要简洁扼要、言语清晰、语调温和、措辞真确，必要时可借助手势、眼神等肢体语言。与老人视线保持在同一水平，交谈中要不断核实、确认、再确认。当老人心情不好、生病或恐惧时，护理人员应适当运用触摸的沟通方式，但要避免摸头等不尊重的行为。交流时，要保持微笑、点头、回应，但要注意不能在老人可见的范围内窃窃私语。与老人的意见不一致时，护理人员不要立即反驳和与之争论，切记要耐心倾听、换位思考和保持同感心。交谈时，老人忘记的部分内容，护理人员可适当提醒，帮助回想。

2. 更衣护理

1）衣服的选择

穿衣、更衣是日常生活的基本内容，同时它也关系到个人社会性的维系。虽然失能老人待在床上的时间相对变长，但也不能总是穿着睡衣生活。

老年人也要注意根据不同的时间和场合，更换不同的装束。睡觉时，换上睡衣；白天穿上家居服；外出时则要穿上适合不同天气与场合的外出服装……

更衣，不仅利于帮助老人区分白天和夜晚，而且是保证其规律生活的基本要素。同时，更衣也是帮助老人维持其社会性特征最方便、最简单的一种方法。

护理人员可以根据老人的爱好，帮助老人挑选一些时尚漂亮的衣服，通过装扮，帮助老人保持心情的愉悦，也会让他们的生活变得张弛有度、丰富多彩，从而激发老人对生活的热爱。家人也应该积极地鼓励老人穿着打扮得更加时尚优雅，并且真诚地称赞，使老人精神振奋，从而充满自信。

对于长期卧床的失能老人，穿衣行为也是一项简单易行的康复训练。为了帮助老人早日康复，护理人员应该尽量鼓励老人独立完成该动作。为此，护理人员应该帮助老人选择一些易于穿脱的衣物，这样不仅穿脱起来较为方便，而且安全性也较高。在材质上要注意选择触感较好、对身体刺激小，同时伸缩性好的衣服。

如果是肢体有障碍的老人，最好选择不带纽扣和拉链，且简单、宽松、肥大的款式，便于穿着。为了方便更换尿不湿，下身最好选择侧开的裤子或者专为外出所设计的护理套装，这些在市面上都有出售。但一般来说，只要使用老人习惯的、长期穿着的衣物便可以。如果袖口或者腰部的纽扣难扣的话，可以想办法将其换成尼龙拉链或者粘黏扣带等。

在寒冷的季节，与其仅穿着一件厚外衣，不如多穿几件较薄的衣物。这样，不仅保暖效果好，还有利于根据温度随时调节更换。在季节更替期，为了预防气温的急剧变化，最好随时准备一件保暖衣物放在身边。另外，盖膝毛毯、披肩、长筒针织暖腿套等，使用起来也都十分方便。

关于内衣的选择，一般情况下，穿着普通内衣就可以了。虽然普通内衣穿脱起来比较麻烦，但在更换时的身体活动却有利于老人机体的康复，只要老人穿脱时不觉得痛苦吃力，这也不失为一个值得推荐的选择。但如果老人在穿脱内衣时感到很痛苦，或者忍不住想要排便的话，最好使用市面上出售的、经过合理设计并便于穿脱的术后康复专用内衣。内衣的材质，最好是吸湿性较好，且触感柔软的棉质面料。

根据老人失能的程度，选择不同款式的睡衣也是一个减轻护理者负担的好方法。市场上出售有各种不同款式的睡衣，所以护理人员可以根据老人的身体状态来为他们选择适合的睡衣。

如果老人能够独立穿衣的话，拉链式睡衣更加适合老人；如果睡衣采取的是前开襟式、宽松肥大的设计，且袖口和下摆处是紧口式设计的话，则更便于老人活动；在老人可以独立行走的情况下，如果选择连体裙式睡衣或者短裙式睡衣，则一定要注意不要让睡裙的下摆超过老人的脚踝处，以免老人不慎踩到裙摆，发生跌倒意外等。

如果是长期卧床不起的老人，最好选择穿脱方便的前开襟式睡衣。因为前开襟式睡衣不仅便于老人接受各种检查和治疗，同时也方便护理人员进行护理。睡衣面料要选择柔软吸汗的，如纯棉、竹纤维等。为了让老人更加舒适，避免对身体造成束缚，选择睡衣时最好挑选样式简单、没有多余装饰物、没有大针脚、同时不易出现褶皱的睡衣。另外，为了保持舒适清洁，夏天，睡衣最好每天更换一次；冬天，至少也要隔一天换一次。进入秋天，天气稍稍变冷时，护理人员还要提前为老人准备好长外衣和披肩等保暖备用品。

如果老人能够独立坐起，并且上半身可以自由活动的话，最好让老人坐着更衣；反之，如果老人无法坐立，需要保持卧姿为其更衣的话，为了不过分影响老人的休息，更衣护理应该尽量快速而有序地进行。

如果老人有手脚疼痛、外伤、麻痹等症状的话，要遵循"患穿健脱"（从患侧开始穿衣，从健侧开始脱衣）的原则，在更换睡衣时要从无症状一侧开始帮老人脱衣，而穿衣时则要从有症状一侧开始穿。

如果老人出汗或者弄脏了睡衣的话，一定要立刻更换。冬天，在给老人更换睡衣时，室内温度要保持在20℃以上，同时注意不要忘了先为老人披上毛毯，然后再开始换睡衣。此外，刚取出的睡衣温度和护理人员的手温也要适宜，不要让老人突然感到冰冷，要尽量在老人感到舒适的状态下，快速为其换好衣服。

2）坐姿更衣护理

当采用坐姿更换衣物时，有两种情况：前开襟衣服的脱衣护理（见图4-4）和穿衣护理（见图4-5）；套头式衣服的脱衣护理和穿衣护理（见图4-6）。

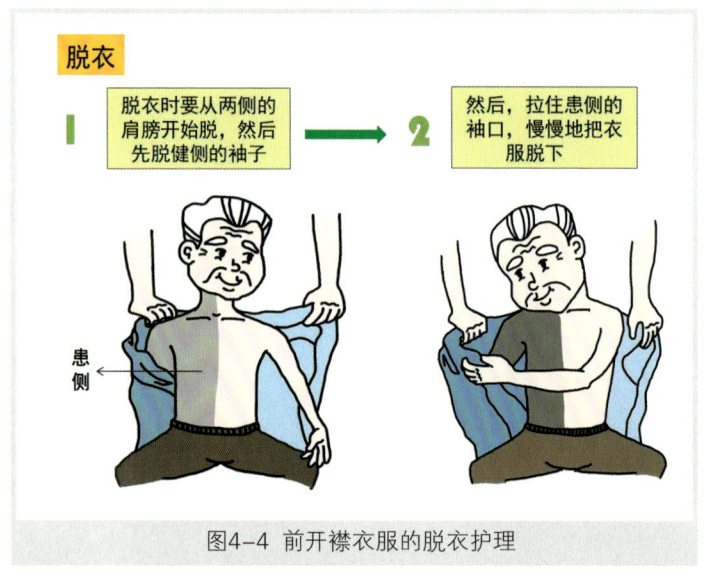

图4-4 前开襟衣服的脱衣护理

对于前开襟衣服，从康复作用的角度来说，最好能让老人自己解开或扣上纽扣，再从两侧肩膀开始脱，更衣时要遵循"患穿健脱"的原则，先将健康一侧的袖子脱下，再脱有麻痹、障碍等患侧的袖子。穿衣时则先将患侧的袖子套上，然后再穿健康一侧，最后将衣服上提，扣上纽扣并帮助老人整理好衣服上的皱褶（防止褥疮）后即可。

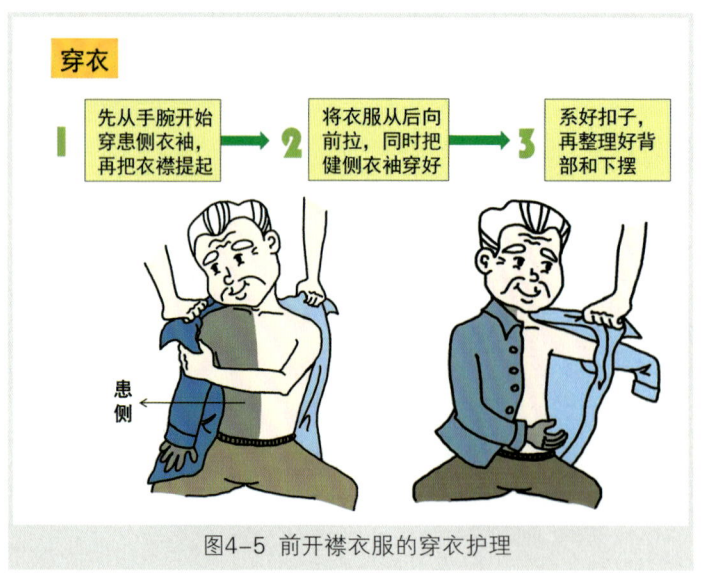

图4-5 前开襟衣服的穿衣护理

对于套头式的上衣，脱衣时可以先将上衣向上卷至胸部，拽住健康一侧的袖子和肩部，帮助老人先将健侧手臂取出，再让头部从健侧钻出，最后轻轻脱下患侧的袖子。穿衣时同样遵循"患穿健脱"的原则，按照先穿患侧，再穿健侧的顺序帮助老人穿上袖子，再向上让其头部穿出，最后帮助老人整理衣服，并抹平衣服上的皱褶即可。

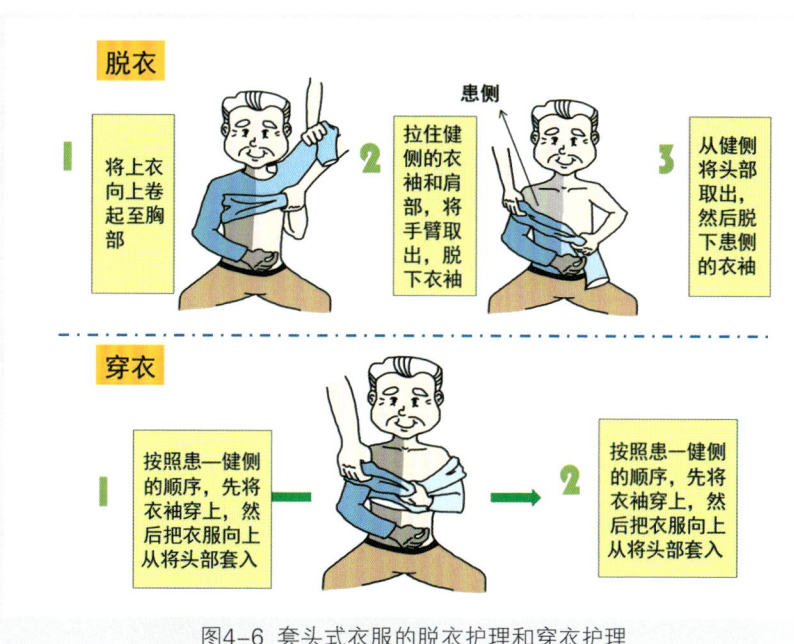

图4-6 套头式衣服的脱衣护理和穿衣护理

3）卧姿更衣护理

身体不能坐立的老人最好穿开襟的上衣，便于在卧床时更换衣物。对于上衣的更换，脱衣时（见图4-7），首先将健侧的袖子脱下；然后将健侧移至下方，呈患侧在上的侧卧位姿势；再将已经脱下的部分卷起后塞入老人的身体下方，在脱去老人患侧衣袖后，顺手将衣服从该侧取出。

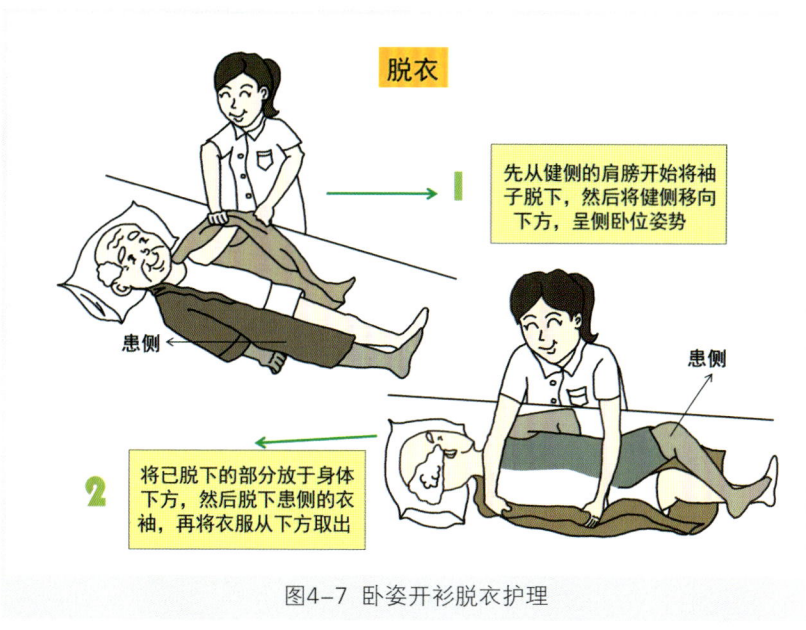

图4-7 卧姿开衫脱衣护理

穿衣时（见图4-8），先让老人保持患侧在上的侧卧位姿势，再将干净的衣服从上侧（患侧）手腕处开始穿上，并将衣服的其他部分放到老人身后并整理平整（注意使背后身下部分平整无皱褶），接着将剩下的部分卷好塞入身体的下方，同时帮助老人平躺呈仰卧姿势，随后将剩余部分衣服从其身体下方抽取出来，再让其弯曲健侧胳膊，帮助老人将健侧的袖子穿好。

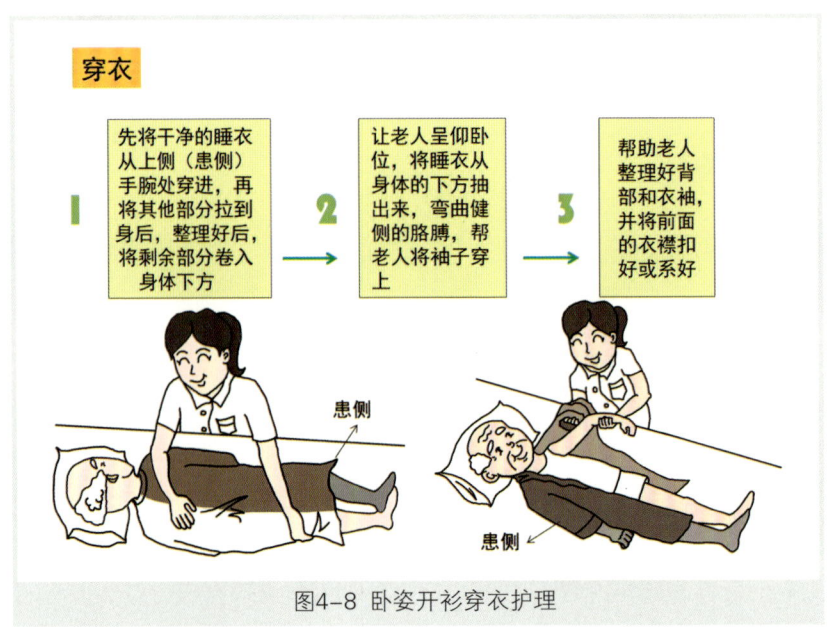

图4-8 卧姿开衫穿衣护理

裤子的更换方法为：脱裤时（见图4-9），先将老人膝盖弯曲，然后护理人员将双手伸入老人的腰部下方，并将腰部托起，将裤子脱至膝盖处，再抬起老人健侧的脚，将裤子脱下，患侧也按照同样的方式进行即可。

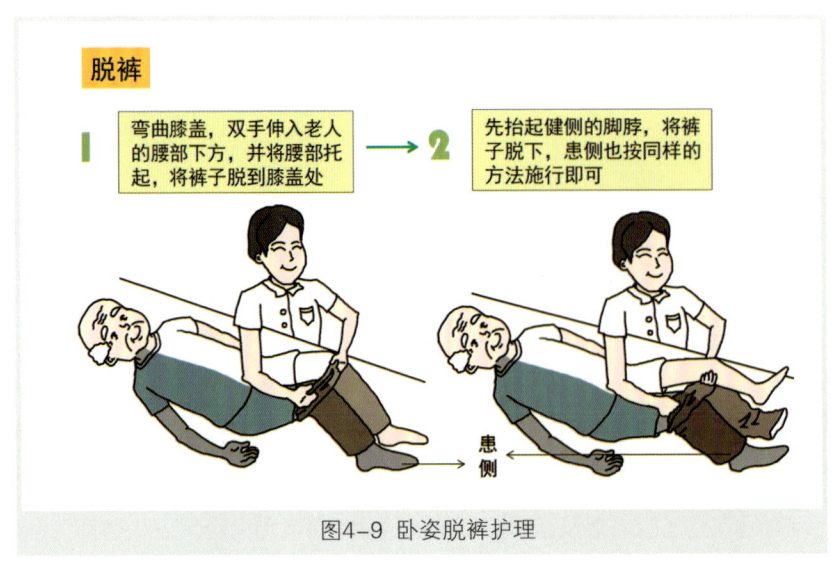

图4-9 卧姿脱裤护理

穿裤时（见图4-10），首先将一侧的裤子卷起，然后从患侧开始穿，健侧也按照同样的方式进行。随后弯曲老人的膝盖，护理人员将双手伸入老人的腰部下方，托起老人的腰，将裤子提至腰部，并帮助老人将裤腿整理平整，避免出现皱褶。

图4-10 卧姿穿裤护理

3. 饮食护理

1）饮食护理

由于老年人的生活较为单调，所以能和家人一起用餐对老人来说是一件十分开心的事情。尤其是长期卧床的老人，每当吃饭或者喝下午茶的时候，能帮助他们从卧室移动到客厅，类似的简单活动对于老人心情的转换都十分有益。

老人用餐的时间一定要固定，且最好和家人在一起。老人应该尽量独立用餐，这样有利于机能康复，并且能够在一定程度上增强老人的自立自主意识。对于独立用餐困难的老人，护理人员可以帮助老人挑选一些适合老人使用的辅助器具，例如：以叉、匙代替筷子；粗手柄的匙羹；改良后的筷子；高身弯边的碗等。

对于身体能够移动的老年人，只要条件允许，应该尽可能地到餐桌旁用餐。这样既可以活动肢体，又可以与家人共享美食和交流团聚的时光。

用餐前，护理人员应做好充分的餐前准备。第一，提前半小时打扫餐厅卫生，清除垃圾污物，并保持室内通风，排除异味等；第二，调节室内照明，保证充足的自然光或可促进食欲的暖色调黄光的照明环境；第三，根据老人需要，为其准备好碗、筷等餐具及辅助器具等；第四，为老人准备高度适宜且有靠背、扶手的椅子（对于有些驼背的老人，要选择坐面较深的椅子；如果老人是坐在轮椅上进餐，则要确保轮椅车闸闭合，安全稳定），并且要保证老人的双足跟能够着地，坐稳坐实；第五，帮助老人用肥皂和暖水洗手，确认戴上假牙，同时可以做一些简单易行的口腔周围肌肉扩展操，以便老人能够更好地进食。（见图4-11）

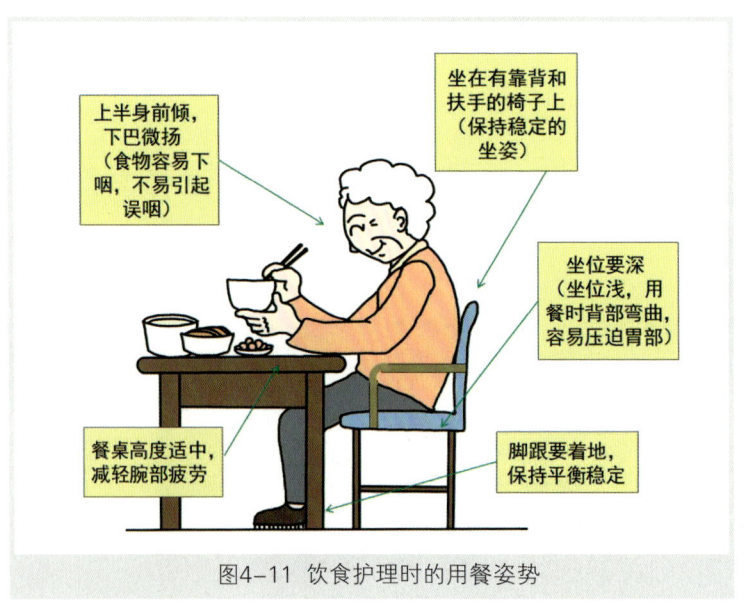

图4-11 饮食护理时的用餐姿势

有些老人虽然能够起来，但由于双手麻痹，或者视力衰退等，还需要人来护理。如果起不来的话，可以通过调节自动床的角度，来帮助老人轻松地坐起来。如果老人是半边麻痹的话，最好将不麻痹的一侧放在下面，这样更方便老人进餐。

用餐时，护理人员要坐在老年人身旁，从斜下方送餐或喂食。（见图4-12）老年人要上半身前倾，下巴微微上扬，这样比较容易下咽，也不易引起误咽。护理人员在给老人喂食时，要按照老人平时进食的习惯和想要吃的食物的顺序，依次慢慢地喂给老人。同时，护理人员还要仔细观察老人吞咽时的状态：口唇开关的情况、咀嚼情况、有无呛咳、喉部有无不适、食物和水有无逆流现象

图4-12 喂食护理

等。此外，还要注意食物要一勺一勺地喂给老人，在确认其已将先前喂入的食物咽下，并且口中没有残留食物后，再接着喂下一口。

豆类等不易吞咽的食物，要碾碎后再喂老人。在喝汤时，一定要注意食物的温度，避免烫伤；同时，护理人员要提醒老人张大嘴，然后慢慢将汤水送入老人口中。

如果老人睡觉时口中有残留食物的话，可能会导致误咽。所以，护理人员一定要记得让老人喝茶，茶水可以帮助老人将口中残留的食物完全咽下。用完餐后，还要记得帮老人把嘴边擦拭干净，然后在护理日记中记录下老人所吃的食物及其食欲状况等内容。

2）常见问题的处理

（1）食欲不振。老年人常常会因为使用不合适的假牙，或是口腔疾病，或者情绪低落等原因导致食欲下降。出现这种情况时，护理人员要仔细观察，一方面要检查老人是否存在虫牙、口腔炎症等口腔不适；另一方面要帮助老年人调整情绪。同时可以通过准备老年人平常偏好的食物、调整食物大小、盛盘方式和配色等方式，来增进老人的食欲。

（2）难以下咽。老年人由于唾液分泌减少，常常导致食物的吞咽困难。所以，护理人员可以在用餐前，和老人一起做利于唾液分泌的体操来刺激耳下腺、舌下腺、颚下腺等唾液腺，以促进唾液的分泌。另外，由于块状食物容易夹在假牙里，导致误咽，所以护理人员应该尽量将食物煮烂，或者通过勾芡的方式将食物处理成容易吞咽的状态，以免老人误咽。进餐和喂食时，每次放入老人口中的食物分量要少，速度要慢。

（3）肢体不便。肢体特别是上肢不便的老年人用餐时，护理人员可以将食物切成小块或制作成糊状，方便老年人自己使用勺子进餐，这样可以起到康复锻炼的目的。另外，肢体有半边麻痹的老人在进餐时，患侧的口腔内容易有残余食物，所以餐后护理人员要仔细确认老人患侧的脸颊是否有膨胀感等。

（4）视觉障碍。存在视觉障碍的老年人在进餐时，护理人员可以选择色彩鲜艳的餐具，食物的选材上也可以有一些鲜艳的搭配，便于老年人辨识，也有助于增进食欲。同时，护理人员可以将老人的碗、筷子、茶杯、菜肴等按照传统饮食习惯，分别放置于时钟数字的三点、六点、九点和十二点的位置上，以便老人识别和取用。

（5）酒水偏好。有些老年人常年嗜酒或者过分偏好某种不利于健康的东西，护理人员应当帮助其控制每日的摄取量，在老年人能够接受的前提下劝说其使用健康的替代品。例如，用糖果代替香烟、用茶水饮料代替酒水等。

3）服药护理

由于老年人的生理机能下降，所以服药后，药物有时不能在体内顺利代谢，或者需要较长时间才能被吸收，然后作为尿液排出来。因此，老年人在服药后，更容易出现一些副作用。此外，有些老人患有多种疾病，所以常常会同时服用几种不同的药物，在各种药物的相互作用下，也可能会出现不良反应。

因此，在服用药物前，护理人员一定要向医生或者药剂师仔细认真确认清楚，老人服用药物后会有哪些副作用或不良反应，出现这些情况时是否应该立即停止服用等。

此外，护理人员或者家属可以帮助老人准备一本药物手册。药物手册的作用是用来记录患者所用药物的种类，以及是否有副作用等，即使老人所服用的药物不是在医院取得的，而是市场上购买的，也要将药物使用情况正确地记录在同一本药物手册上，便于就医时与医生沟通，有利于预防由于药物的副作用或药物间的相互作用所引发的医疗事故等。

让老人服用药物时，一定要记得先让老人坐立起来或者扶起老人的上半身后，再让其服用。因为躺着服用药物，老人不易吞咽，可能会卡在喉咙处，严重时会导致窒息或食道堵塞。由于老人的吞咽能力逐渐衰退，所以在服药护理时一定要多加注意：如果药剂或者胶囊过大老人无法吞咽的话，护理人员可以试着向医生咨询是否有同样成分和效果的液体药剂或者粉剂可以替代。

关于内服药物，一定要谨遵医嘱，按时服用。顿服药物可以在疼痛等症状出现时，随时服用。但如果是明确标明饭前服用的药物，则应该在老人饭前30分钟之前服用；而如果是饭后服用的药物，则要在饭后30分钟以内服用。但是由于饭后服用的药物，如果空腹时服用的话，则容易给胃肠带来伤害，所以给老人服用此类药物时应该让老人先吃点如点心之类的东西。

此外，不同的药物，情况也各不相同：譬如，有些药物少服一次无关紧要，但有些药物则不行，即使过了规定的时间，也一定要服用。因此，护理人员应该事先向医生或者药剂师确认一下，如果老人在规定的时间忘记服药的话，应该如何处理等。

4. 排泄护理

人类要想生存，就必须把废弃的东西排出体外。从这一点来看，排泄对每个人都有着重要的意义。偶尔饿饿肚子人们还可以忍受，但是却不能忍着大小便而不去排泄。

同时，排泄又是一项私密性很强的行为，每个人都希望在自己的一生中，到死为止该行为都可以不用依靠他人的帮助，由自己独立完成。所以，护理人员在对老人进行排泄护理时应该严格遵循以下原则：

（1）保护隐私：尊重老人不愿被他人看到、听到、觉察到的想法，护理时要小心留意，避免出现不必要的裸露。

（2）安全：为老人选择适当的排泄方法、排泄用品，注意防止老人出现滑倒、跌倒等意外。随时观察排泄物，以便及早发现其身体的不适和病灶。

（3）迅速敏捷：护理人员在排泄护理时要采用正确的姿势，迅速敏捷，技法娴熟，尽量不让老人等待，并应亲切应对。

（4）观察：排泄结束后，护理人员要仔细观察排泄物（颜色、形状、气味）。在帮助排泄时，也要留意老人阴部、臀部、腰椎等部位是否有异常等，并认真做好排泄日记的记录工作。

一般来讲，在AIP护理中最常见的排泄护理有下列四种（见图4-13）：

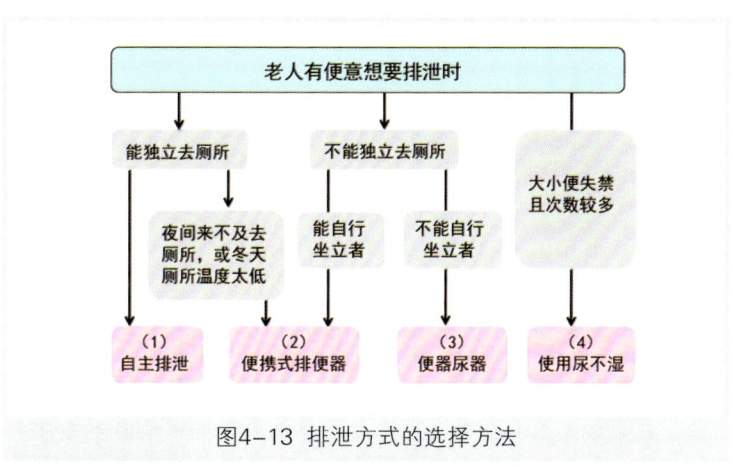

图4-13 排泄方式的选择方法

1）自主排泄

即使需要借助他人从旁协助，只要老人可以自己走到厕所，或者可以通过轮椅移动到厕所的话，护理人员就应该尽量鼓励老人自主排泄。这时，护理人员尽量做到只帮助老人完成一些老人自己无法自立完成的动作即可。

当老人身体移动不便需要帮助时，护理人员应首先让老年人抓住扶手，然后一边支撑着身体一边为老人脱下裤子和内衣，让老年人用双臂抱住护理人员的颈部，护理人员则牢牢扶住老人的腰部，慢慢帮其坐下。排泄期间，护理人员应在卫生间外等候，预计老人排泄结束后，护理人员可在门外呼唤确认，如果老人无法自行清洁擦拭，护理人员再进入，并先让老人抓住扶手慢慢抬起腰部，然后帮助老人从阴部往后擦拭干净。最后，护理人员还要帮助老人穿好裤子并整理好衣服。具体的操作方法如图4-14所示。

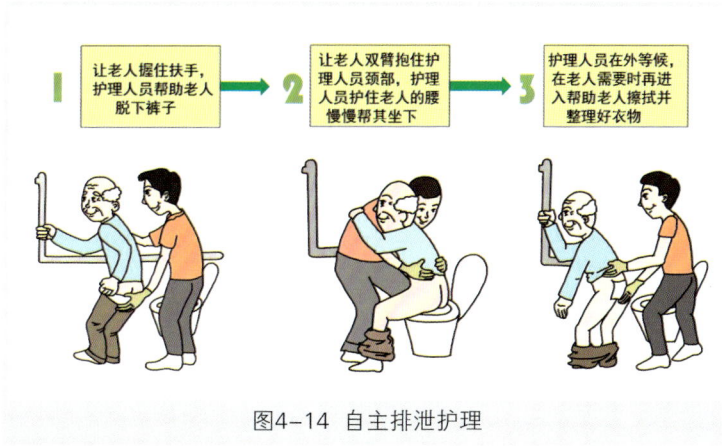

图4-14 自主排泄护理

2）使用便携式马桶

便携式马桶适用于移动困难，或者坐立困难的老人。理想的便携式马桶应该使用柔软且易清洁的材质，稳定结实，而且带有靠背和扶手。对于外出活动的老人，还可以携带"折叠便携式马桶"。

便携式马桶由于轻便简洁，可以直接放在老人的床边，所以最好通过隔帘或者屏风与床头隔开，旁边可以放上消臭剂或者空气清新剂，方便排便后使用。冬天为了减少温差，护理人员在排泄护理前应先将座便器和自己的双手暖热后，再帮助老人进行排泄护理。具体的操作方法如图4-15所示。

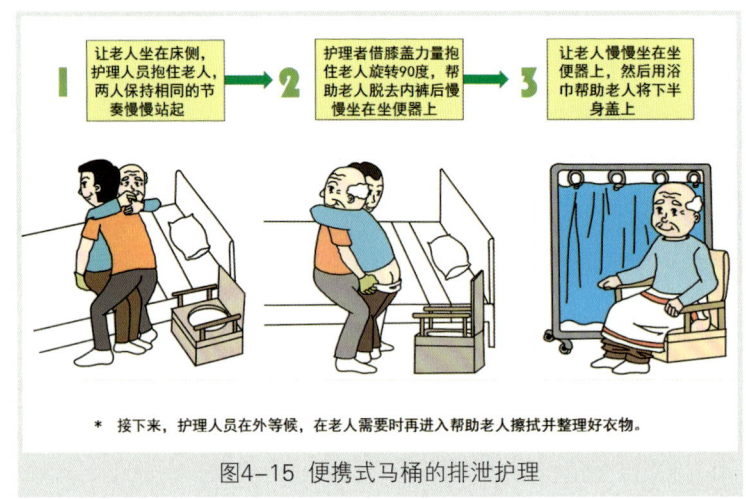

图4-15 便携式马桶的排泄护理

3）使用排便器、排尿器

对于长期卧床无法坐立的老人，可以考虑使用插入式便器（排便、排尿两用型）。虽然使用插入式便器对护理者和老人来说，有些尴尬，但老人会比护理者更加在意，觉得很不好意思或难为情，所以，护理人员在进行护理时，一定要充分考虑到老人的心情，尽量耐心、温和地对待老人。男性在使用排尿器时，会更加简单方便，不受体位的限制。如果能够自己使用的话，最好使用塑料制品，因为塑料制品比玻璃制品更加轻便好用。

而女性，由于不习惯使用排尿器，所以很多人都以排便器代替排尿器使用。但与排便器相比，专用的排尿器对人的身体更好，因为长期使用排便器有可能会导致老人臀部骨骼疼痛等。如果躺着排尿困难的话，护理人员可以将老人的床靠背适当升高，以增加腹压促进排泄。另外，护理人员在进行护理时，要注意尽量减少老人私密部位不必要的裸露，同时，动作要敏捷熟练。

4）使用尿不湿

当老人感觉不到尿意和便意时，会不自觉地排出大小便，该状态被称为失禁。其中，尿失禁的情况比较多见。特别是在老年人中，极易出现这种症状。此外，处在生病疗养期的老人，由于不能正确传达想要排尿的意愿，或者在去厕所的途中由于时间来不及等也会导致尿失禁。

出现上述情况时，只有让老人使用成人或老人专用尿不湿。但护理人员应该根据老人的体型为其选择尺寸适宜的尿不湿，而且要选择吸收量大，吸收速度快，且通气性好的产品。同时，护理人员还应该根据不同的使用情况，为老人选择不同类型的尿不湿。譬如，对于可以自立行走的老人推荐选用普通成人尿不湿；对行动困难或者坐轮椅的老人，可以选择能长时间使用的纸尿裤；对于长期卧床的老人，则建议使用便于更换且防侧漏效果良好的T字形双翼胶带式尿不湿。尿不湿脏了以后，护理人员一定要帮助老人及时更换并将周围皮肤清理干净。使用尿不湿可以防止房间出现异味，而且还清洁、干燥。在为老人更换尿不湿时或者在日常生活中，周围人一定要多加注意自己的言行，以免伤害到老人的自尊心。

护理人员在为老人更换尿不湿时，首先应该准备好新的尿不湿、擦拭阴部专用手纸或者一次性免洗布、热毛巾、浴巾、塑料袋、手套、口罩等；然后将尿不湿打开，让老人双膝弯曲，并用纸巾和热毛巾擦拭阴部，接着让老人呈侧卧位，为其擦拭骶骨和臀部；其次将用脏的尿不湿卷至臀部下方，同时将新尿不湿卷好放置于旁边；接着帮助老人转换身体方向，向另一侧呈侧卧位，将脏尿不湿取出，展开新尿不湿，再帮助老人呈仰卧位，将新的尿不湿调整后，放置于合适位置并将其固定好。（见图4-16）

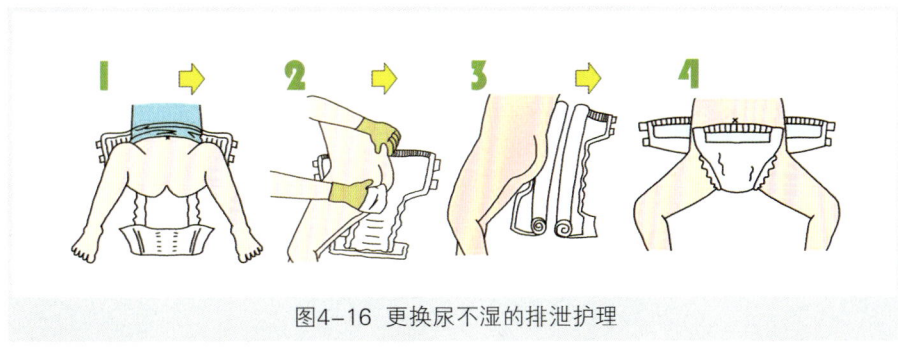

图4-16 更换尿不湿的排泄护理

大小便失禁，有时是可以通过治疗或者康复训练得到改善的，因病卧床而用尿不湿时，在病情稳定、逐渐恢复的情况下，护理人员要鼓励老人边用尿不湿边进行自立排尿的训练。同时，有失禁症状的老人自身也要克服心理压力，有毅力和耐心，坚持不懈地进行强化盆底肌、腹部肌肉、背部肌肉的康复训练。

5. 洗浴及清洁护理

1) 入浴护理

洗澡也是一项非常私密的个人行为，因此，如果可能还是应该在尽力改善浴室设施设备的前提下，让老人自行洗澡。当然当老人身体条件确实不允许时，还是应该由护理人员帮助老人入浴，而且护理人员与老人最好应该是同性。

入浴护理是一项繁重的体力劳动。在浴室的设计上不仅要考虑老人入浴的安全舒适性，还要考虑护理人员的操作便捷性和省力性，老人能够独立完成的部分尽量让老人自立入浴，护理者起辅助和监护的作用。

冬天，适当地泡澡不但可以促进血液循环，迅速温暖全身，而且可以消除疲劳，促进睡眠。特别是对于有慢性关节炎、风湿病、深部淤血和风湿麻痹等症状的老年人，有较好的治疗效果，而且还有利于发汗与止疼。但是老年人泡澡时水温不宜过高，要控制在38℃~40℃。

入浴前，护理人员要提前将浴室的地板和淋浴椅温热，淋浴椅与浴缸要保持相同的高度，以便老人移动。用餐前后1小时内，最好不要入浴，入浴前后一定要注意帮助老人摄取水分。同时，为了避免血压的急剧上升，泡澡时浴缸内的水深最好不要越过肩膀，且入浴时老人要先从脚开始慢慢放入热水中，让身体逐渐适应。

帮助老人泡澡时，第一步，护理人员要让老年人坐在和浴缸等高的淋浴椅上，并用毛巾遮住其下腹部，然后让老人用手抓住浴缸的边缘，再慢慢地将健侧的腿迈入浴缸中；第二步，护理人员边扶着老人的背部，边将其患侧的腿轻轻地放入浴缸之中；第三步，当老人双脚平稳地踩在浴缸底部时，再让老人将手的位置慢慢向前移动，这时护理人员要双手用力地牢牢托住老人的臀部；第四步，让老人的身体呈前倾姿势，护理人员托住老人臀部并慢慢向前推移；第五步，让老人的身体浸入浴缸之中，并使其臀部平稳地坐在浴缸的底部。（见图4-17）

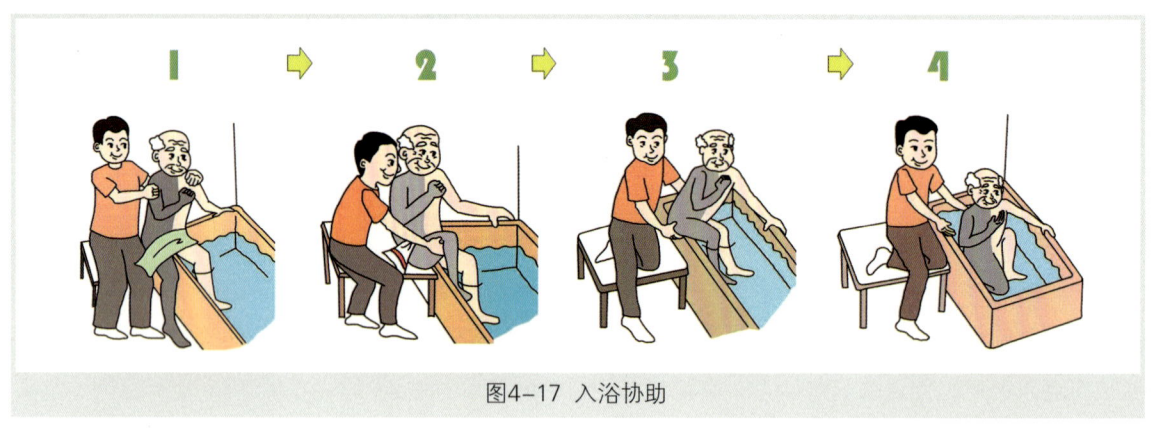

图4-17 入浴协助

泡完澡出浴时，第一步，护理人员单膝跪在淋浴椅上，让老人将健侧的腿弯曲，并用手抓住面前浴缸的边缘处；第二步，让老年人身体前倾，护理人员用双手微微向前牢牢地将老人的臀部托起（但注意不要强行用力）；第三步，护理人员用双手托住老人的臀部，并慢慢将其移动至淋浴椅上坐稳；第四步，老人双脚踩稳后，再让其慢慢地将手移动到身旁；第五步，护理人员用力扶住老年人的背部，然后按照患侧、健侧的顺序依次帮助老人将双腿拿出。

但是，由于一次性的全身清洗和泡澡需要较长的时间，容易导致老人和护理人员的疲劳。所以，最好的方法是每天进行局部清洗，并且偶尔也可以用泡脚、擦拭或者淋浴等方式来代替泡澡。

2）洗 头

对于不能每天沐浴的老人，护理人员应当经常帮助老年人进行洗头等局部清洁。在洗头前，护理人员要先做好准备：第一步，在老人的双膝下垫上垫子，肩部周围搭上毛巾；第二步，在老人的身体下方铺上塑料薄膜（下）和浴巾（上）；第三步，准备好盛热水的容器、水桶、洗发水与护发素等洗发用品、洗发垫（如图4-18所示，将浴巾卷成棒状置于塑料袋中，再用洗发夹将其夹住固定好。在家操作时也可以用纸尿布替代）、梳子、毛巾（数张）、浴巾、塑料袋、塑料薄膜、吹风、坐垫（靠背）、手套、口罩等。

另外，护理人员还要先调节好室温（22℃~26℃）、水温（38℃~40℃），关闭好门窗，询问老人是否需要大小便等。一切准备就绪开始洗头时：第一步，协助老人斜角平躺在床上，头部置于床边，并在其头部下方垫上洗发垫；第二步，护理人员先将老人的头发润湿，再将洗发水挤入手掌中，揉出泡沫，用手指肚轻柔地清洗头发，再用温水一点点将头发冲洗干净（护理人员可以如图4-19所示，利用废弃的矿泉水塑料瓶，在瓶盖处扎满小孔，自制成简易的淋浴头来使用）；第三步，取出洗发垫，用搭在老人肩上的毛巾将头发上的水气擦干后，再用吹风吹干。

在洗头护理时，护理人员要注意，老人在用餐前后1小时内应该尽量避免洗发，以免导致血压上升。洗发时，护理人员要认真观察老人的头发和颈部周围皮肤有无变化，并询问老人身体感受，仔细观察其反应，如果发现老人出现不适，应立刻停止洗头。

3）擦浴护理

卧床不起的老人不能入浴时，护理人员可以用蒸热的毛巾（先用热水洗净，拧干后用保鲜膜或塑料袋包好，8张小毛巾放进微波炉微热4分钟左右即可）为其擦拭身体，哪怕只是每天的局部擦拭，也会让老人感觉很舒服。而且，擦拭和清洗身体，不仅有利于促进长期卧床者的血液循环，还可以有效地预防褥疮和细菌感染等。市场上有各种各样的清洁洗浴露出售，护理人员可以根据老人的喜好和皮肤状况等具体的情况来酌情选择。在为老人擦拭身体时，室温最好保持在22℃~26℃，其间护理人员要用浴巾将老人不需要暴露部分的身体盖好，尽量降低其身体的裸露程度。

在进行擦拭护理前，护理人员要事先准备好沐浴液、毛巾6~8张（用不同颜色区分开：会阴部专用、脸部专用、身体专用）、浴巾2~3张、盛水容器（脸盆、塑料桶）、替换尿不湿、清洁衣裤、手套、口罩等用具。然后按照由脸部双臂胸腹部背部上肢臀部下肢、足底会阴部的顺序来进行擦浴。

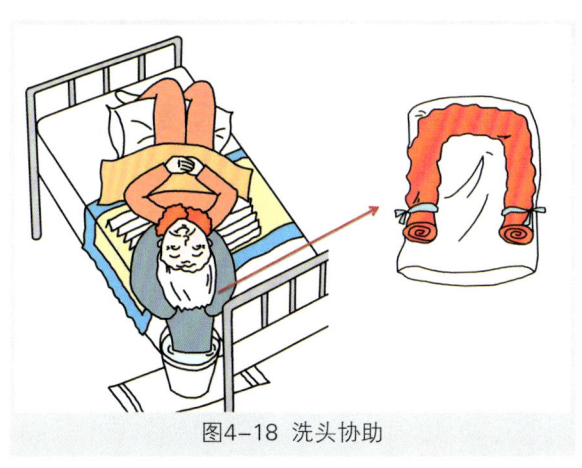

图4-18 洗头协助

图4-19 DIY的洗头用具

首先是脸部擦拭（见图4-20），在擦拭面部眼睛周围的左右两边时，要使用不同的毛巾或者交替不同的毛巾面擦拭。同时，不要忘记擦拭和清洁发际线周围和耳朵的后面。

其次是上半身和下半身（见图4-21）。上半身在擦拭腹部时，要将热毛巾缠在手上，按照顺时针方向画圆圈的轨迹来擦拭；四肢及其他部位擦拭时，为了促进血液循环，最好都朝着心脏的方向进行擦拭。另外，会阴部的清洁最好交由老人自己来完成，护理人员将清洁的毛巾交给老人，嘱咐他们由上至下擦拭，女性要从阴部开始依次向后擦拭，男性则不要忘记擦拭内侧和皮肤皱褶处。

同样，清洁擦拭的护理也要注意，考虑到可能会引发老人的血压上升，所以应该避免在用餐前后1小时内进行，而且要等老人排泄完成后再开始。另外，如果护理人员发现老人的皮肤十分干燥、粗糙，最好不要使用沐浴液，只用温水进行清洗或者用毛巾轻轻擦拭即可。擦拭护理后，还要给皮肤涂上乳液等进行保湿。

4）口腔护理

护理人员在进行口腔护理时，首先要准备好牙刷、牙膏（或漱口液）、漱口杯、塑料布、毛巾、污物盘、手套、口罩等物品。第一步，先用温水让老年人漱口，将口腔润湿。第二步，铺好塑料布和毛巾，将污物盘放到老人口角旁。第三步，用牙刷帮助老人清洁牙齿，注意一定要把握力度，避免用力过猛导致牙龈出血。刷牙时，要由内到外，牙刷保持垂直地纵向刷到门牙和牙龈处，在刷牙齿和牙龈交界处时牙刷应略微倾斜呈45度角。第四步，撤去污物盘，用毛巾为老人擦拭口角等。

对于口腔周围肌肉活动受限而张不开嘴的老人，护理人员可以套上蘸有漱口液的橡胶指套来进行擦拭；对于使用假牙的老人，护理人员要先用流动的自来水刷洗，再用清水浸泡后使用，并且一周一次用专用的假牙清洗剂彻底浸泡一夜后用清水洗净。在为老人进行口腔护理时，要仔细观察检查老人的口腔内有无感染等症状。

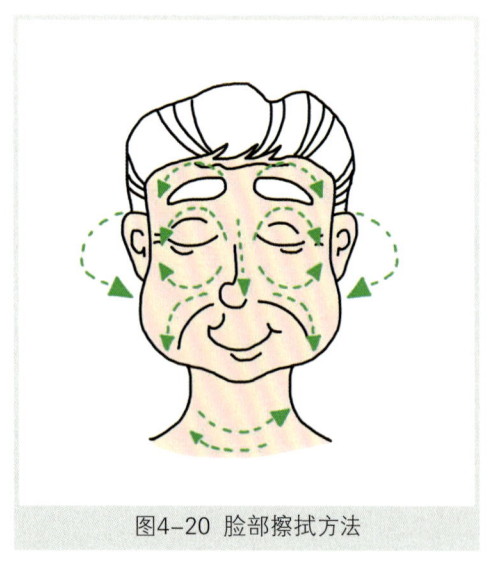

图4-20 脸部擦拭方法

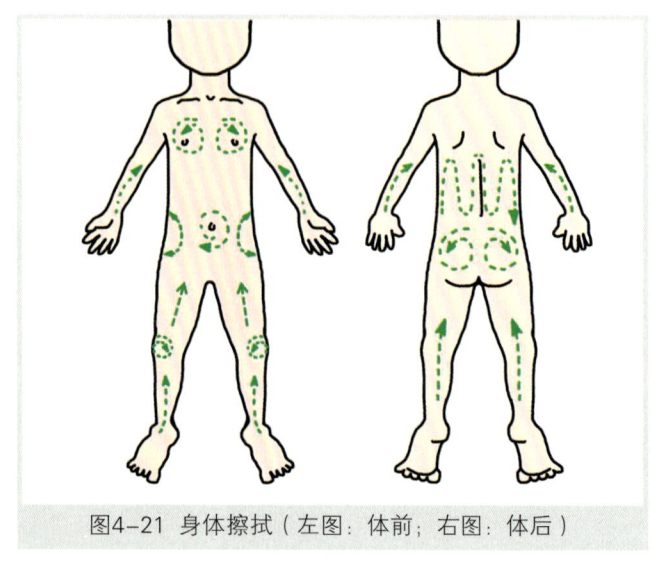

图4-21 身体擦拭（左图：体前；右图：体后）

6. 褥疮护理及体位变换

褥疮又称压疮或压力性溃疡，是长期卧床不起或者瘫痪的老人，由于体重的压迫使其局部组织长期受压，发生持续缺血、缺氧、营养不良，而导致局部组织溃烂坏死的症状。

1）褥疮护理

褥疮，会使老人感到疼痛难忍，如果放置不管会继续恶化，严重时甚至危及生命。引发褥疮，主要有生活和疾病两个方面的原因。（见图4-22）

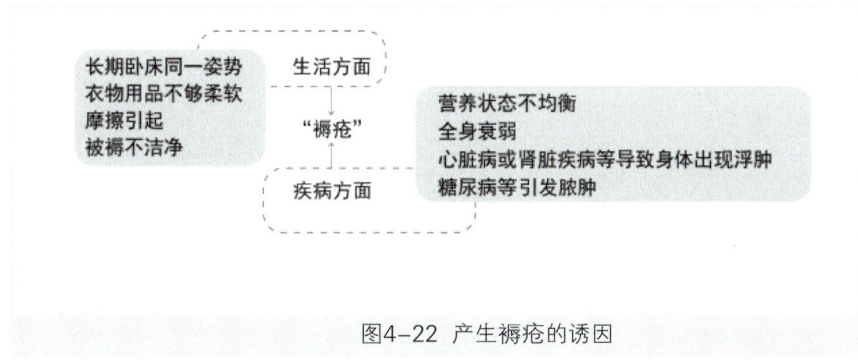

图4-22 产生褥疮的诱因

生活方面的原因主要是老人长期卧床保持同一个姿势，这时，如果睡衣和床上用品不够柔软，或者针脚和褶皱等相互摩擦，天气潮湿，被褥不洁净的话，老人的皮肤受到摩擦，较容易产生褥疮。此外，如果护理人员没有及时清洁老人身体上残留的汗液、大便、尿液等，导致其生活环境不洁净的话，也容易产生褥疮。

疾病方面，如果老人营养不良，全身功能衰弱，也较容易引发褥疮。此外，如果老人有心脏、肾脏等疾病并出现身体浮肿，或者由于糖尿病引发的脓肿，护理人员对褥疮的产生更要特别留意。

褥疮比较容易出现在腰骨、尾骨、肩胛骨、肘部、膝盖等骨骼突出的部位。因此，在日常生活中，护理人员要特别留意，并认真检查以上各部位，争取早期发现，及时治疗。

褥疮初期时，主要表现为皮肤变红，接着会生出水泡，然后皮肤开始糜烂溃疡。这时，如果细菌进一步繁殖的话，就会化脓，最严重的后果是患部腐烂，引发败血症，有时甚至会危及生命。

在临床上，褥疮又以其各阶段表现出的不同颜色状态被分成："白色期"（指皮肤的表皮发白的时期）、"红色期"（指皮肤泛红，肉芽组织增加时期，这时轻微的摩擦皮肤就会出血）、"黄色期"（指皮肤上有黄色的坏死组织、脓等渗出物的时期）、"黑色期"（指坏死组织逐渐干燥、凝固后变黑的时期）（见图4-23）。

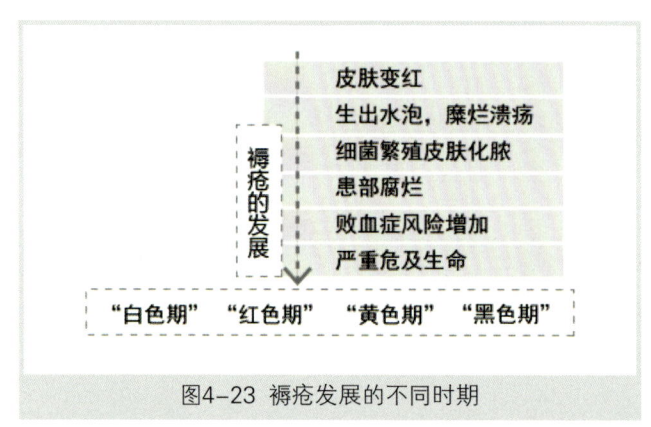

图4-23 褥疮发展的不同时期

护理人员一旦发现老年人褥疮的易发部位（身体上突出部位）的皮肤开始变红，就是褥疮的前兆。如果进行体位变换，消除压迫后，发红部位仍没有改善的话，最好及早就医，咨询相关的处理方法。局部按摩虽然对预防褥疮非常有用，但是对于已经发现变红的患处，是绝对不能进行按揉的。此时进行按摩，不但会弄伤皮肤，而且会使症状进一步恶化。这时候，护理人员可以用热毛巾轻敷患处，以促进血液循环，而且热敷结束后，要轻轻地擦干水汽保持该处皮肤的清洁与干燥。此外，为了及早恢复，护理人员还要多注意老人的饮食，让老人多摄取富含蛋白质的鱼、肉、豆腐、鸡蛋等食物，并补充维生素A、B、C等，以增强老人的免疫力。

预防褥疮，最有效的方法就是延长坐立的时间，不要过于集中地压迫身体的某一个部位。保持坐姿时，老人的视野开阔，也方便交流、用餐、洗脸、换衣服等日常活动。坐姿不仅能锻炼老人的腰部力量，还可以减轻护理人员的工作负担。护理人员应该抓住每一个可以使卧床不起的老人坐立起来的机会，譬如，用餐时，可以尽量让老人多坐一会儿等。对于实在无法保持坐姿的老人，护理人员要常常帮助老人进行体位变换，一般情况下，两个小时就需要变换一次。另外，按摩可以促进血液循环，也是一种有效预防褥疮的办法，但是一定要注意，对于已经发现变红的患处，是绝对不能进行按揉的。此外，护理人员还要注意常常为老人进行身体的清洁护理，保持皮肤的清洁、干爽等。

2）体位变换

行动不便的老年人如果长期卧床，且保持固定的姿势不变，是十分痛苦的。这不但会加剧疲劳，还会导致其肢体麻木，产生褥疮等，非常不利于老人的康复。这时，护理人员要想办法经常协助老人变换姿势，离床活动。这样可以促进血液循环，减少局部皮肤长期受压和提高肺活量，使老年人更加舒适和放松，对其身体和心理都有很大的益处。

体位变换的护理一般包括以下五种常见形式：

第一种：协助老人翻身，即从仰卧位变为侧卧位。首先，让老人双臂交叉置于胸前，双膝弯曲。如果老人单边麻痹，则让其将患侧膝部弯曲，置于健侧腿上方。其次，护理人员将手放置于老年人的肩胛骨和腰部，然后放低自己的腰，双膝顶住床边，用力将老人的身体向自己面前搬动。如果老人是单边麻痹的话，要使其健侧置于下方。最后，护理人员可以在老人的背部或胸前各放一个质地柔软舒适的抱枕，并帮助老人整理好床单和衣服。（见图4-24）

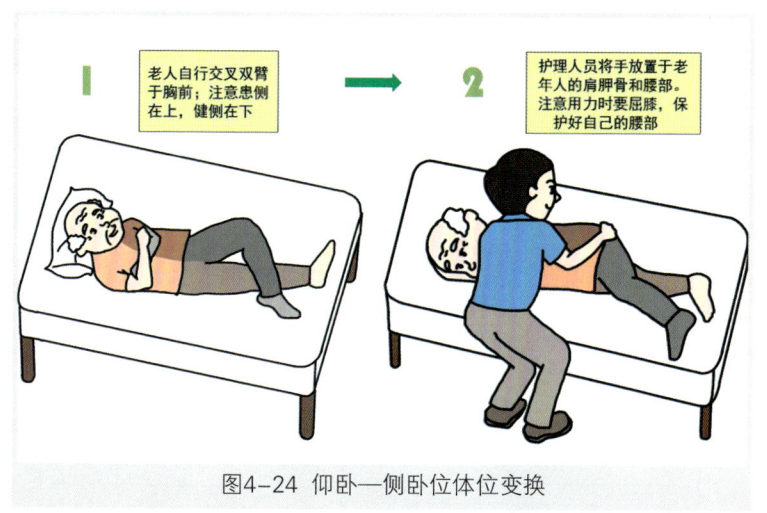

图4-24 仰卧—侧卧位体位变换

第二种：协助老人坐到床边，即从仰卧位变换为床边坐立位。首先，通过上述"协助老人翻身"的操作，协助老人从床中间移至床边；其次，使老人两腿膝盖弯曲，护理人员一只手抱住老人的肩部，另一只手放置于老年人的膝盖下方，将老人的腿移至床边；最后，以老人的臀部为支撑点将其上半身扶起，同时将其双腿向斜下方移动，再调整老人端坐的体态直至其双脚平稳地踩在地板上为止。（见图4-25）

图4-25 仰卧位至床边坐立位变换

第三种：协助老人在床上坐起，即从仰卧位变换为床上的坐立位。首先，让老人双臂交叉置于胸前，护理人员左臂伸入老人的左肩下方，用手肘支撑住其肩膀；其次，以护理人员的左肘为支撑点，将老人的左肩向护理人员一侧搬动，再用右手托起老人的右手，同时将老人的身体呈半圆形弧

度扶起。对于身体右侧麻痹的老年人，在进行护理时，要从相反方向进行。（见图4-26）

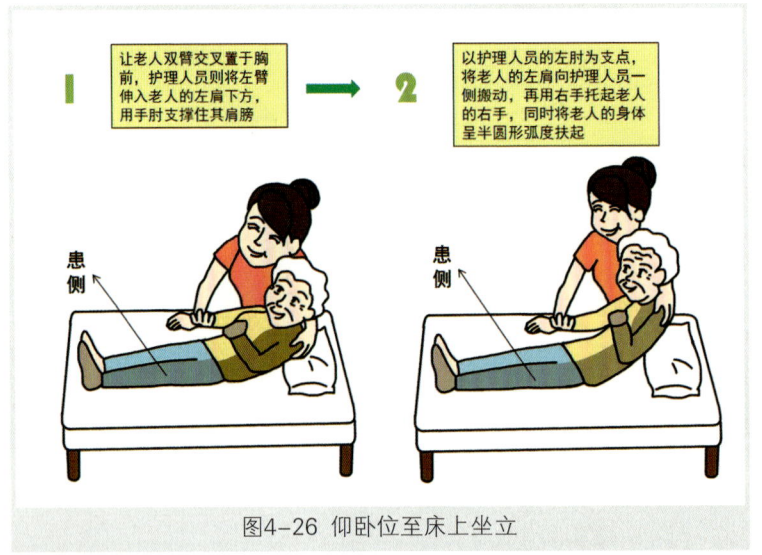

图4-26 仰卧位至床上坐立

第四种：协助老人移向床头。首先，让老年人双臂交叉置于胸前，且双膝弯曲（如果老人单侧麻痹，可如"协助老人翻身"时一样，使其两腿合并在一起，并将患侧的腿置于健侧之上）；其次，护理人员将一只手伸入老人的肩部下方，另一只手置于其腰部附近，支撑起老人的身体；最后，让老年人双脚用力蹬住床，护理人员则同时趁势用力，将老人的身体向上移动。

第五种：协助老人移向床边。首先，护理人员用右手托住老年人的头部，同时将枕头向护理人员一侧移动；其次，让老人双臂交叉置于胸前，同时弯曲双膝（如果老人单侧麻痹，可如"协助老人翻身"时一样，使其两腿合并在一起，并将患侧的腿置于健侧之上）；再次，护理人员将左手伸入老人的肩部下方，右臂张开支撑在老人身体另一侧的床上，同时向护理人员自己一侧移动老人的上半身；最后，护理人员将双膝紧贴床边，待腰腿稳定好后，将双手放入老人的腰部和大腿下方，并用力把老人的下半身也移动过来。如果老人的体型较大或体重过重，护理人员可以在老人的身体下方铺上光滑的塑料布来帮助移动。并且在移动的过程中，要用口头和肢体语言告知老年人进行力所能及的配合，这也是一种帮助老人锻炼身体筋骨的康复练习。

护理人员在帮助老年人进行体位变化时，要注意用力技巧。首先，注意不要只用腕力，要学会微微下蹲，巧妙地使用腰部的力量。其次，为了减少反作用力和摩擦，应该尽量使老人的身体集中和缩小。另外，如果护理人员需要老人配合身体的某一部位用力时，不仅要口头告知，还要触摸一下该部位来提醒老人。

7. 外出移动护理

在日常生活中，步行不仅是为了满足人们吃饭、排泄、清洁、更衣等基本生活需求的必不可少的行动环节，而且是人们自由外出移动和参与社会活动时不可或缺的必要条件。即使老人无法独立行走，但是如果借助拐杖等其他辅助工具或在护理人员的协助下，可以进行外出散步、购物等自主行动的话，老人的行动范围和生活圈将会扩大，而且心情也会有很大的改善。所以助行是日常护理工作中一个重要的组成部分。

在帮助老人外出之前，第一，护理人员要确认老人的体温、血压、脉搏、呼吸等各项生命体征是否正常；第二，要弄清楚往返路程和所需要的时间，保持和老人的步调一致，并随时提醒老人路途中的潜在危险；第三，如果需要乘坐公共交通，护理人员需要帮助老人选择乘客较少的车辆，并把握好上下车的时机和方式；第四，在外出前，护理人员要事先确认好路途中是否有卫生间（可供残疾人使用的多功能厕所）和休息的场所，并随身携带喝的水和急救药品等；第五，返回后护理人员需要再次查看老人的各项生命体征是否正常。

由于外出时环境的变化，加上途中的劳累和颠簸，老人很可能会出现血压上升、心跳加快等现象，因此，护理人员一定要注意让老人在中途休息和补充水分；同时，在外出时一定要做好紧急情况应对预案，随身携带家人、医生和急救车辆等的联系方式。

以下是不同状态老人外出时的具体护理操作方法：

1）步行护理的方法

对于使用拐杖或步行辅助器就可以自立行走的老人，护理人员主要是扶住老人的腰部，从后面为其提供支撑。而且，护理人员要确认拐杖的高度是否适合老人的身高，并定期对拐杖的节点和底部防滑橡胶等进行检查。另外，护理人员要和老人保持一样的行进速度。在室外行走时，护理人员要走在车道一侧，以确保老人的安全。

老人行走时拐杖要放在其健侧，并应根据其行走习惯，遵循"拐杖→患侧→健侧"三节拍的顺序或"拐杖+患侧→健侧"二节拍的顺序迈步。护理人员则要站在老人的患侧，并确保自己处于无论老人前倾或后倒时，都可以及时伸手搀扶的位置。

使用拐杖上楼时，如果楼梯有扶手，应让老人的健侧自行握住扶手，由健侧起步，按照"拐杖（无扶手时）→健侧→患侧"的顺序迈步。护理人员应在老人身后低一步台阶的位置上给予适当的支撑，避免老人身体后仰。

使用拐杖下楼时，老人应按照"拐杖→患侧→健侧"的顺序迈步，护理人员要站在老人前方低一步台阶的位置上，避免老人身体前倾，并在老人行走的过程中给予必要的语言说明和引导。上下楼梯时，护理人员都要在起步和最后一步台阶时提醒老人注意。

另外，护理人员要尊重老人自己的意愿，不能机械地按照步骤操作，要根据老人的习惯和实际情况随时进行调整。

2）换乘轮椅的方法

轮椅不仅可以作为步行困难者的代步工具，而且它还是身体虚弱和瘫痪者自立生活中不可或缺的重要工具。但是，长时间持续使用轮椅，容易产生褥疮。所以长期使用轮椅的人，要注意使腰、膝、脚脖子三点保持90度角，并在其背部放上柔软的靠垫。

在使用轮椅时，护理人员需要帮助老人进行从床到轮椅的换乘。以右半身麻痹的老人为例，具体的操作方法如下（见图4-27）：

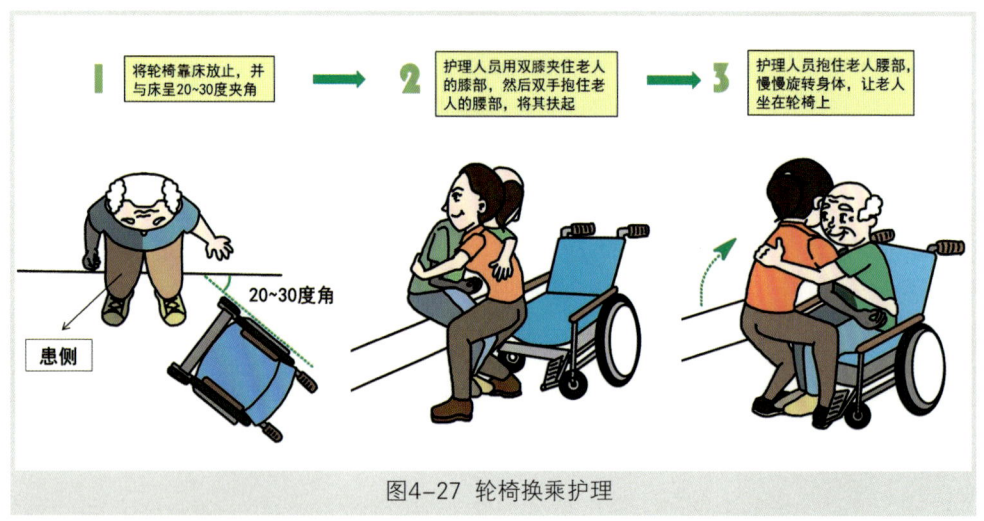

图4-27 轮椅换乘护理

第一步，换乘前，护理人员要提前做好准备活动，保护好自己的腰部，以防在操作过程中腰部负担过重；然后护理人员要先确认停稳轮椅拉好车闸，收好踏板，并去除轮椅上的盖被等物品。第二步，将轮椅放置于与床呈20~30度角的位置。老年人保持坐立姿势，并让其健侧手臂搂住护理人员的肩部。第三步，护理人员用双膝夹住老人的膝部，然后双手抱住老人的腰部，将其扶起。第四步，护理人员抱住老人腰部，慢慢旋转身体，让老人坐在轮椅上。

如果觉得坐轮椅时坐得太浅，护理人员可以一只手扶住老人的右肩，另一只手放在其左侧的骨盆处，然后慢慢向里移动老人的身体（反侧相同）。护理人员在进行护理时，为了防止跌倒，最好保持双腿张开与肩同宽的半蹲姿势，将重心置于腰部，待调整稳自己的姿势后再开始进行护理。换乘操作结束后，护理人员一定要重新帮老人整理好衣服，抚平褶皱，然后调整好座位姿势。另外，为了防止拉伤老人出现脱臼和骨折的情况，在护理时，护理人员一定要扶好老人的手腕和关节处，不要强行和随意拉扯。

3）轮椅移动护理

护理人员在协助坐轮椅的老人移动时一定要注意：在起步和停止时，要仔细确认轮椅的车闸是否拉好、老人的双脚是否在踏板上、双肘是否在扶手上，不能因为一时疏忽造成老人的双脚或双手被夹的情况。

在上坡时，护理人员身体上半身要略微前倾，全身用力向上推行。下坡时，护理人员则要转过身，背向下坡，逆向退行，并轻轻拉住车闸，缓慢地向下移动。除

非是非常平缓的坡度，才可以选择谨慎地正向下行。（见图4-28）

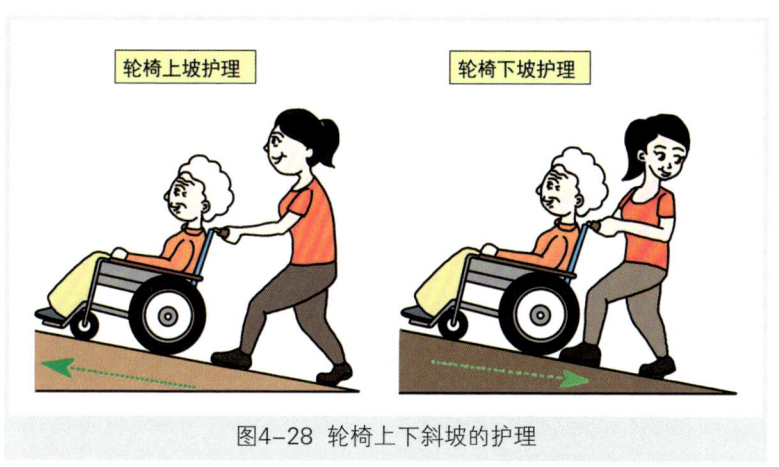

图4-28 轮椅上下斜坡的护理

上台阶时，护理人员首先要踩住轮椅后侧的横杆，将轮椅把手向后拉，同时将前轮轻轻地至于台阶上面。然后稍微向前推，使后轮紧贴台阶，再用力向上抬起把手，将后轮抬至台阶上面。下台阶时，护理人员要背向逆行，先将后轮抬到台阶下面，然后踩住轮椅后侧的横杆，同时向后拉稳把手，最后慢慢地将前轮放下。（见图4-29）

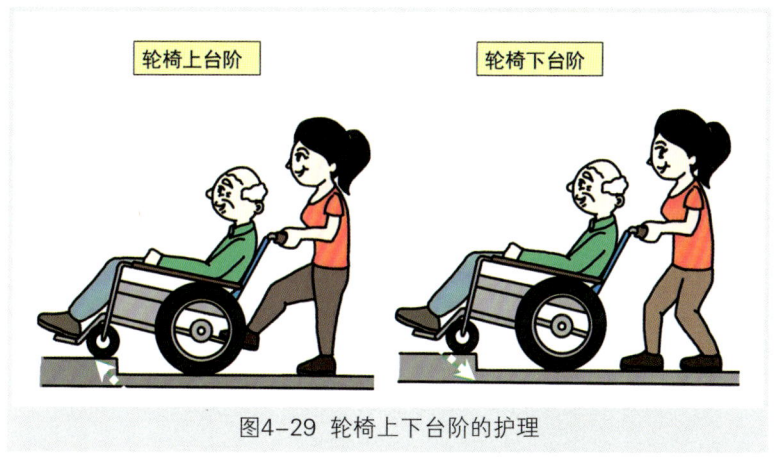

图4-29 轮椅上下台阶的护理

由于半身麻痹的人姿势容易向一侧倾斜，所以在轮椅移动护理时，护理人员要随时注意老人患侧的手腕是否容易滑落或被夹到，最好能给老人垫上一个软垫等，以支撑老人的身体，防止倾斜。

4.4 临终关怀技术

临终关怀（hospitalpice）是指对生存时间有限（6个月或更少）的患者进行适当的医院或家庭的医疗及护理，以减轻其疾病的症状、延缓疾病发展的护理行为。临终关怀不追求猛烈的、可能给病人增添痛苦的或无意义的治疗，但要求医务人员和护理人员以熟练的业务和良好的服务来控制病人的症状。①

每个人都会有面对"死亡"的这一天，当人们不得不直面这一刻时，不安、恐惧、绝望、生气、无助等负面情绪也会随之而来，这些恐惧与不安伴随着身体上的痛苦与不适，会对老人终末期的生活质量带来很大的影响。

临终关怀的主要内容包括：身体关怀、心理关怀和灵性关怀。②

身体关怀是通过医护人员及家属的悉心照顾，再辅以健康饮食和特效药物等，减轻患者身体上的痛苦；心理关怀是通过朋友、家人和护理人员的交流、陪伴、安慰等行为来缓解患者面对死亡的恐惧、不安和焦虑的心情；灵性关怀（佛教认为是道业关怀）是指透过宗教的方式帮助老人回顾人生探寻生命的真谛，建立诸如"永生""升天堂""往西方极乐世界"等带有宗教色彩的生命价值观，使老人对死后的未来世界充满信心与希望。

临终关怀的主要目的就是，尽可能地缓解患者身体上和精神上的痛苦，让他们能够平静安详地度过剩下来的日子，也让每一个生命都能够带着尊严圆满地谢幕。

1. 在哪里度过终末期

在老人弥留之际，最重要的就是，事先由老人、家属、护理人员等一同商议，决定老人是在家里还是在医院度过最后的时光。如果在此之前，老人一直接受住院治疗，那么老人和家人就必须共同做出最后的抉择，是继续待在医院，还是回到家里由家人亲自照顾。

作为家人，常常可能会由于不想看着老人忍受病痛的折磨，或者希望老人能够尽可能多活一段时间，而期望老人选择继续住院接受治疗。然而老人的心里，却未必希望如此。在最后的日子里，他们可能会更想留在家里，在自己熟悉的环境中，

---

① http://baike.haosou.com/doc/5412426-5650552.html。
② http://baike.baidu.com/link?url=v8iHhC25XrUkriJsi5eyqTS9VFyW_GLmpMcKG2CSguLHy4dK42kc3s8rL_M8hppRAL3TrJ9iRBC5U1hue-fr_。

在家人的陪伴下，迎接生命的终点。

有时，老人选择住院，并非出自本意，而是不想成为累赘，给家人增添麻烦。因此，在做决定之前，家人要认真和医生进行沟通交流，向医生咨询继续住院接受治疗对老人来说是否有效，并尊重老人自身的意愿，在综合评价的基础之上再做出最后的判断，决定让老人在哪里度过其终末期。

如果老人希望选择在家里度过终末期，需要满足下面的条件：

首先，要认真反复地与老人沟通，确认老人的真实想法。同时，还要与家人进行沟通，包括由谁主要负责照顾老人等。

其次，要确保有24小时可以出诊应对或者电话咨询的医生或护士。另外，由于需要接受临终关怀服务的老人中，很多是罹患癌症的患者，对于他们，在护理工作中最重要的是控制和减轻老人肉体上的痛苦，如果这些问题都需要依靠医院的大型设备来解决的话，老人就不太适合在家接受临终关怀的护理服务。

再次，因为这时的护理工作常常需要24小时持续进行，所以一个人是无法胜任的，至少需要两个人轮流替换完成。如果家人和亲戚都抽不开身的话，可以雇佣护工或求得社区志愿者的帮助。

最后，还要考虑居住的环境是否适合临终关怀的老人和提供服务的人员。譬如，终末期的老人更需要一个清洁卫生而且相对安静祥和的环境，同时，还要考虑医生、护士、亲属等常常会频繁地出入等，所以最好能够给老人提供一个相对安静舒适、适合休养的独立房间。

2. 临终关怀的基础护理

终末期的老人由于身体老化和长期疾病的困扰，他们对环境的适应力相对低下，身心担负的压力也会加剧。护理人员应该理解，终末期既是老人人生最脆弱的时期，也是最重要的时期。

为了减轻终末期老人的痛苦和不安，护理人员要从调整室内温度、湿度，避免噪音干扰，到选择软硬适宜的床垫、透气性能良好的寝具等细节入手，为老人打造一个舒适宜人的休养环境。

另外，即使是到了终末期，老人还是希望自己的身体和各项生理功能像平时一样，正常地活动。所以，这时候家人最好能和护理人员、专家等建立起一个相互合作、共同帮助老人排忧解难的协作机制。

这段时间老人需要的护理包括：由护理人员提供的"普通护理"和由医生、护士等专业人士负责的"专业护理"两个部分（见图4-30）。

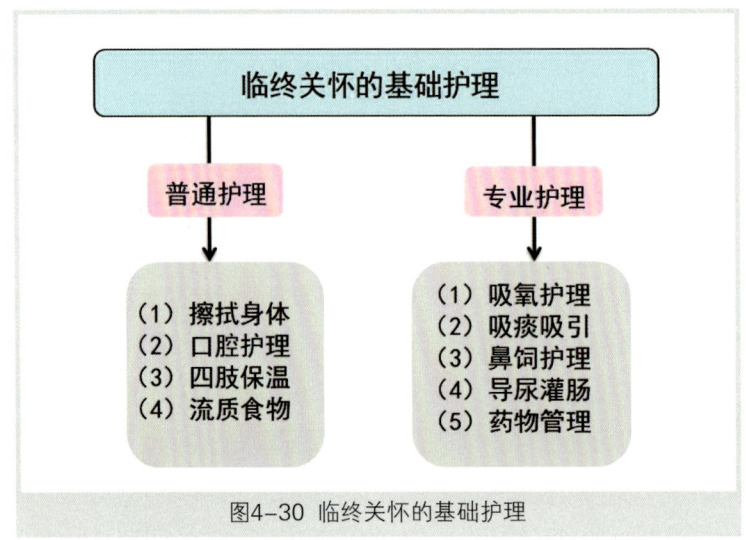

图4-30 临终关怀的基础护理

由护理人员提供的"普通护理"包括以下内容:

第一,擦拭身体。沐浴或泡澡不仅会导致老人身体的疲劳,还难于进行护理。所以在终末期的护理阶段,最好以为老人擦拭身体为主,而且擦拭身体也有利于老人精神的安定。譬如,可以将蒸热的毛巾在老人身体上慢慢地擦拭。为了减缓疲劳,护理人员还可以进行部分的清洁,避免一次性擦拭全身所带来的疲劳和负担。另外,为了防止老人皮肤干燥,擦拭后护理人员还可以为老人涂上橄榄油等护肤保湿品。当然也要因人而异,有些老人可能会讨厌擦拭身体,遇到这样的情况,护理人员要尽量想办法减少擦拭身体给老人所带来的痛苦,争取让老人从中感到满足。

第二,口腔护理。要注意随时保持老人口腔的清洁。护理人员可以将纱布缠在手指上,然后轻轻地将老人口中的黏液等擦干净。如果老人嘴唇发干,护理人员可以将纱布或者脱脂棉沾上水,帮助老人润湿嘴唇。也可以让老人在口中含一点小冰块等来缓解嘴唇的干燥。

第三,注意手脚的保温。终末期的老人,由于血液循环会逐渐变得不畅通,所以老人的手脚容易变凉。护理人员可以通过在老人的脚旁放上热水袋,或者进行手脚按摩等,为老人的手脚保温。

第四,提供流质的食物。当老人食欲下降,不能进食固体食物时,可以将食物换成液体状。例如,可以让老人食用市场上出售的口服流质食物,或者用机器将食物打成糊状给老人食用。但在服用前,要认真地向医生和护士仔细咨询后再做决定。

在终末期的阶段,"专业护理"是普通护理人员无法进行的,要由医生、护士等专业人士负责提供。它主要包括如下内容:

第一,吸氧。在老人呼吸困难时,需要让老人通过吸氧来缓解症状。

第二,吸痰吸引。老人常常会因为排痰困难而感到很痛苦难受。所以一定要让有经验的人为老人做吸痰吸引的护理。

第三,鼻饲护理。当老人无法进食时,可以把胃管通过鼻腔送到患者胃中,再通过胃管往老人的胃中打入水和食物。

第四，导尿和灌肠。当老人无法独自排尿、排便时，要为其进行导尿和灌肠等护理。

第五，药物的管理和使用。终末期的病人更要谨慎用药，当疾病导致身体局部疼痛时，护理人员应反复向医生确认镇痛药的服用方法后，再让老人服用。此外，如果老人出现发烧等症状时，要及时及早就诊，而且就诊后一定要遵循医嘱给老人服用药物。同时，在服用药物时，还要注意其是否有副作用。当然，护理人员利用冰枕等来帮助发烧的老人物理退热也是一种十分安全有效的方法。

3. 临终时的心理关怀

美国一位临终关怀的专家认为"人在濒临死亡时，精神上的痛苦会远远大于肉体上的痛苦"。的确，人在临终阶段身心都会承受巨大的痛苦，因此护理人员一定要在控制和减轻患者身体上的痛苦的同时，做好临终患者的心理关怀。

首先，护理人员要充分理解濒死阶段老人心理的变化过程。

一般来说，当老人得知病情确实无挽救希望，并预感到已经面临死亡时，会很难接受这个事实。这时老人往往不承认自己病情严重，会经历最初的"心理否定"阶段。随后，当老人渐渐地意识到事情已成定局，无法改变时，他们又会变得烦躁、愤怒，常常想"为什么这样的事情会发生在自己身上"，进而对现实、对周围的人和事充满敌意和不满，进入第二个"心理恐惧"阶段。然而，当老人逐渐意识到发怒与否定都无济于事，死亡可能瞬间即来时，他们会慢慢地开始妥协与接受，并努力争取在最后的时间里做一点自己想做的事情，这是第三个阶段，即是被称为"心理接受期"阶段。

经历了这些心理变化后，老人最终又会因为各自人生观、价值观的差异，表现出两种截然不同的面对死亡的态度：一种是因为无限的失望与绝望而使自身陷于抑郁状态无法自拔；另一种是渐渐开始接受事实，坦然而从容地面对死亡。

虽然具体情况有时会因人而异，但一般情况下，处于终末期老人的心情变化，都大致如此，只是表现的顺序不同或者更加错综复杂而已。作为家人和护理人员，要关注老人的心理变化，多加开导，尽量给予他们精神上的安慰和鼓励，使他们没有痛苦、不留遗憾地度过人生最后的时刻。

处于终末期的老人，如果没能得到精心的照顾，常常会有一种被"抛弃"的感觉，产生强烈的孤独感。而由这种孤独感所造成的精神上的痛苦，又会加剧其身体上的疼痛，形成恶性循环，使疾病变得更加难以忍受。所以，这时候家人的陪伴就变得

非常重要,只要家人或亲友一直陪伴在老人身边,老人就会感到十分安心。家人要多体谅老人的心情,陪伴老人时,可以温柔地抚摸着老人的双手;和老人聊天;认真倾听老人说的每一句话;积极开导和帮助老人做好面对死亡的心理准备等。

在和老人聊天的时候,护理人员要认真关注临终老人的心情变化。很多老人在临终时,会有自己一直放不下的事情或者想要见到的人,这时候,家人和亲友应该尽可能地满足老人的愿望。当然,有时老人也可能会提出一些无理的要求,或者说一些任性的话,对护理人员和家人随便发脾气时,家人和护理人员千万不要跟老人计较,要理解同时面对着精神上的痛苦和身体上的疼痛的老人,他们的内心其实更加痛苦。所以,周围的人要试着去包容和理解,并以温和的态度去对待老人。对于老人提出的任性无理的要求,不要反驳,而是要认真地倾听,并尽最大的努力去满足。

护理人员在和老人聊天时,可能会刻意回避谈到"死亡"这一话题。但这种做法其实是消极而错误的,因为一味地回避并无益于帮助老人打开心结。护理人员自身也要敢于面对死亡,认清"人终有一死"这一客观事实。只有这样护理人员才能更好地理解老人面对死亡时的心境,才能用更强大的内心感染老人,帮助他们战胜心理上对于死亡的恐惧。譬如,当老人问道"我是不是马上就要死了"时,护理人员可以轻轻地握着老人的手说:"不久的将来我也会随您而去的。"这样的回答,不仅可以让老人意识到,在死亡面前人人平等,任何人都逃不过去,而且可以减轻老人的孤独感,使老人能够渐渐地增强面对死亡的勇气。同时,护理人员还可以满怀尊敬和热爱的心情,感叹老人充实而美好的一生是多么地让人羡慕,并且相信在老人去世之后,爱他的亲人和朋友们一定会非常地遗憾和不舍,并常常怀念他。

4. 临终前兆和终末期护理

当老人濒临死亡时,会表现出一些特有的前兆。护理者要根据具体情况,做好临终的护理和关怀。

譬如,临终前老人的睡眠时间会逐渐变长。每次呼唤老人时,老人只会出现如微微睁开眼睛、轻轻活动一下手指等微弱的反应。渐渐的,老人的呼吸方式也开始发生变化,老人的鼻孔开始扩展收缩,下巴上下活动,并且开始用嘴呼吸。当老人的呼吸开始变得紊乱,喉咙处堆积的痰有时会伴随着呼吸,发出咕噜咕噜的声音。虽然看起来老人好像由于呼吸不畅感到很不舒服,但其实此刻老人已经感觉不到痛苦了。一般认为,当老人出现上述症状时,可能几个小时内就会停止呼吸,离开人世。

接下来,老人的脉搏也会随之变得紊乱而虚弱,常常很难感觉到脉搏的跳动。不久,老人的呼吸就会停止,心脏也开始停止跳动。这一瞬间,死亡已经悄悄地降临了。

在这段时间,最好能有人一直陪伴在老人身边,握着老人的双手,轻轻地和老人说说话。当然,老人不会有什么回应,但据说人的听力会一直保持到最后,所以虽然老人没有反应,但他却可以听到我们的声音。所以，亲人和护理人员可以试着在老人耳边轻轻地说"是不是感觉很不舒服"或者"谢谢你一直以来对大家的爱和付出""大家都在你的身边"等。但注意不要在老人枕边大声地随意哭泣抱怨，或者一直沉默不语。

对终末期老人最后的护理，需要注意以下几个方面：

（1）对老人的奇怪言辞不要反驳。

临终前，老人意识渐渐模糊，与人沟通也常常会出现问题，有时甚至还会说已经去世的父母、祖父母来接自己等一些奇怪的话语。这时，周围的人最好不要反驳，尽量要顺着老人的话去说。

（2）保持使呼吸顺畅的侧卧体位。

当然，临终前老人身体活动也会逐渐减少，慢慢地就无法自己变换体位。但如果一直保持一个固定的姿势，老人会感觉很痛苦，尤其是仰卧体位，容易导致老人呼吸困难，同时也不利于口鼻中分泌物的排出。所以，这时护理人员最好帮助老人变换侧卧体位，同时要将老人的肩部和头部稍稍垫高。

（3）及时为老人补充水分。

由于身体各功能的衰弱，临终前老人多需要借助口来呼吸，这样一呼吸口中就会变得干燥。所以，护理人员要多用水为老人润口。但是，此时的老人由于十分虚弱，已经不能自行喝水了，如果护理者强行给老人喂水的话，还可能会导致老人窒息。所以这种情况下，可以采取以下方法来为老人补充水分：将很小的碎冰块放到老人嘴里或者用纱布将冰块包裹起来，滋润老人的脸颊和嘴唇等，让老人可以将一点一点自然融化的少量水分随唾液一起咽下。此外，如果发现老人嘴唇干燥的话，还可以用水将纱布沾湿，然后轻轻地帮老人润唇。如果有棉棒的话，会更加方便。

（4）将痰吸出，防止窒息。

如果有痰堵塞在咽喉处，可能会导致老人窒息。由于此时的老人已经没有能力自己排痰，所以护理人员要想办法帮助老人将痰排出来。譬如，护理人员可以将纱布缠在手指或者筷子上，然后将痰带出，或者可以直接用吸引器，这样会更加方便。

（5）为老人擦汗，保持室温偏低。

濒临死亡时，老人会变得容易出汗，有时甚至会说自己热得受不了。这时，可以用温热的毛巾为老人擦汗。当睡衣被汗液打湿时，护理人员要及时为老人更换。如果出汗量大，需要频繁为老人更换衣物，而且老人穿衣袖比较困难时，可以不穿衣袖直接将睡衣罩在老人的身体上即可，这样就可以随时为老人更换，多少次都无所谓，既方便，又干净。

（6）注意大小便失禁，保持清洁。

最后老人的意识状态会变得模糊不清，同时，其肛门和尿路的括约肌变得松弛，所以老人比较容易出现大小便失禁。这个时候，护理人员更要注意，一旦发现老人大小便失禁，便要立刻为其清理干净并换上干净的内衣裤，尽量保持老人的阴部清洁，避免让老人感到任何的不适感。

第5章 失智老人的AIP护理

5.1 了解失智症

1. 失智症的原因

在第1章中曾经提到，老化的过程，是从婴儿出生的那一天就开始悄悄进行的，并且从不间断。人类身体上的老化往往从循环系统、呼吸系统、运动系统等老化开始，并且随着年龄的不断增长（特别是在45岁以后），所有脏器的功能也会相应退化，老化的现象变得越来越明显。

与此同时，大脑的老化也是不可避免的。在正常老化的情况下，大脑会随着年龄的增长，变得越来越小、越来越轻，功能也会随之减退，呈现出相对平衡稳定的萎缩。例如，位于脑外侧，主管记忆、思考、学习功能的大脑皮层上的神经细胞会以几乎相同的比例萎缩变薄，这自然就会影响到老人的记忆力，导致老人出现健忘等记忆力减退的情况；另外，与记忆力关系密切的大脑中前顶叶部分的老化，会影响老人对突发事件的反应以及对抽象事物的判断与分析等。这些都主要是由大脑功能老化而引起的精神功能的退化。

一般情况下，在正常老化时，大脑是从70岁开始出现全面萎缩的，这时候如果反复对老人进行大脑的康复训练，是可以在一定程度上维持其记忆力和对于空间、方位、时间等的认知能力的。而且，还有一些功能是不易受到老化影响的，譬如，语言能力、对知识的理解能力、常年习得的技能等。

然而，"失智症"不同于正常情况下的老化，它是由于脑细胞受损而引起的各类症状的总称。引发并最终导致失智的主要原因为：渐进性中枢神经退化（阿尔茨海默症等）、脑血管疾病、内分泌/代谢/中毒症、中枢神经系统肿瘤、感染性疾病、外伤型疾病等。其中最常见的是："阿尔茨海默型""脑血管障碍型""路易氏体型"三种类型的失智症。

无论是正常情况下的老化，还是失智症老人的初期特征，"健忘"是一个极具共性又各有差异的表现症状。下面，让我们以"阿尔茨海默型"失智症为例，通过对正常老化和失智症的记忆结构的比较来进一步了解两者之间的区别。

假设在我们的大脑中有一个"记忆之瓶"①，它主要负责接收和存放由海马体（如图5-1左图所示，瓶口触角状物）通过感官系统获取的外界信息。"记忆之瓶"的底部装满了大量的、从我们出生至今的被称为"长期记忆"的重要信息（见图5-1右图）。

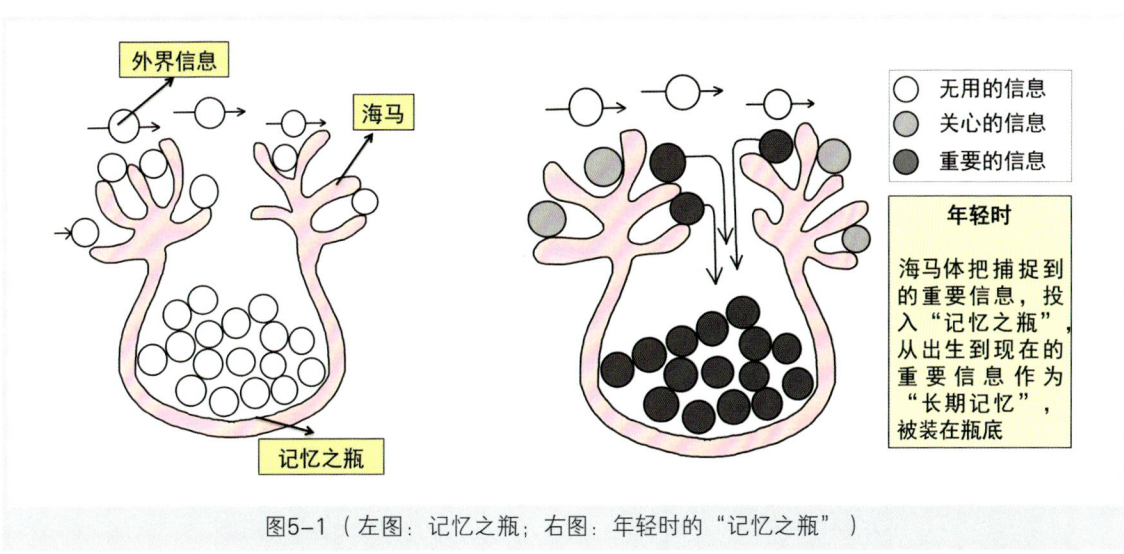

图5-1（左图：记忆之瓶；右图：年轻时的"记忆之瓶"）

随着年龄的增长，海马体本身也会老化（触角状物变短），其捕捉、判断、收集信息的能力下降，这样就不能一次性把重要信息装入"记忆之瓶"。但是，尽管功能有所减退，海马体仍然还是具备一定程度的捕捉、判断、收集信息的能力，所以只要经过反复的确认，海马体还是可以把需要的信息装入"记忆之瓶"。而且只要让老人看看记录用的备忘便条，一般都会很容易地回忆起曾经被海马体捕捉到的相关信息。（见图5-2）

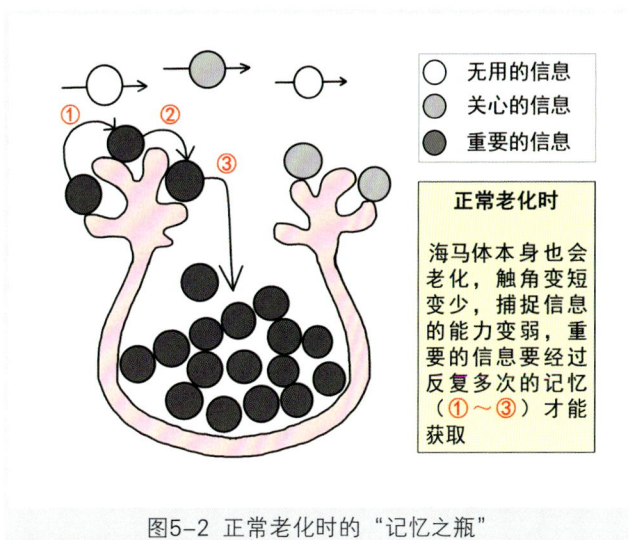

图5-2 正常老化时的"记忆之瓶"

① "记忆之瓶"参考《家族の認知症に気づいて支える本》（齐藤正彦著）做成。

但是，失智症患者的情况就大不一样了。这时候，海马体的功能退化更为严重，以至于患者完全丧失了对新信息的捕捉、判断和收集能力。所以常常会对刚刚说过的话没有印象、反复确认的事情也无法记住、看了便条和备忘录也想不起来。但是，由于"记忆之瓶"的信息还在，所以会出现人们常说的"对刚刚发生的事情没有记忆，却对儿时的记忆保存完好"的情况。

到了失智症的晚期，"记忆之瓶"也开始受到损害，原本储存在里面的"长期记忆"开始慢慢丢失。这一阶段，患者对儿时的记忆也开始渐渐模糊，不认识亲人，不知自己身在何处，变得更加无助而惶恐。（见图5-3）

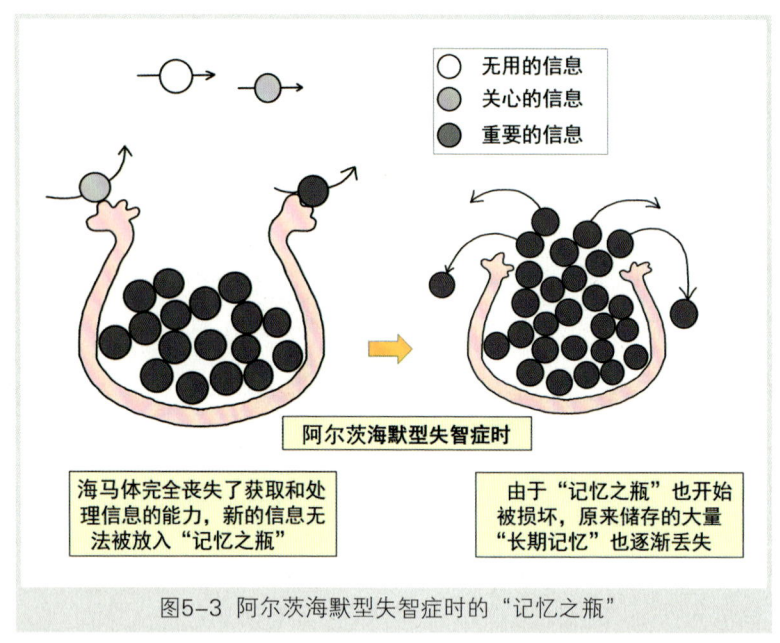

图5-3 阿尔茨海默型失智症时的"记忆之瓶"

理解了失智症与普通老化在"健忘结构"上的区别，我们就比较容易判断两者在本质上的区别。譬如，失智症的健忘是一种疾病，有迅速恶化的趋势，而且对日常生活会产生很大的影响，没有自觉反应不知道自己"忘事儿"的事实，渐渐失去自我；而正常老化的健忘不是病，不会迅速恶化，也不影响日常生活，了解自己容易"忘事儿"的情况等。（见表5-1）

表5-1 失智症与正常老化"健忘"的区别

失智症的"健忘"	正常老化的"健忘"
是一种疾病	不是疾病
有迅速恶化的趋势	不会迅速恶化
经历的所有过程都被遗忘	经历事件的个别部分被遗忘
记忆力、判断力都会恶化	只是记忆力退化
对日常生活产生影响	对日常生活没有影响
伴随其他精神问题	无其他精神问题
不知道自己容易"忘事儿"的事情	知道自己容易"忘事儿"的事情

2. 不同类型失智症的特征

如上一节所述，目前临床上最常见的失智症是："阿尔茨海默型""脑血管障碍型""路易氏体型"三种。日本厚生省2009年统计显示：日本老年人失智症患者中，"阿尔茨海默型"占60%；"脑血管障碍型"占15%；"路易氏体型"及其他占25%。（见图5-4）

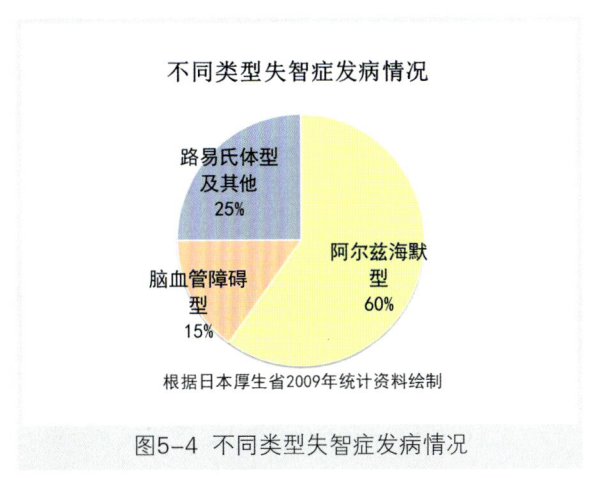

图5-4 不同类型失智症发病情况

1）阿尔茨海默型

阿尔茨海默型失智症（alzheimer disease，AD），是一种中枢神经系统变性病，也是失智症中最常见的一种类型。虽然AD症的病因和发病机制目前尚不明了，但其特征性病理改变为，大脑内部的β淀粉样蛋白沉淀形成的细胞外老年斑，和tau蛋白过度磷酸化形成的神经细胞内神经原纤维缠结等。

β淀粉样蛋白是脑细胞活动所产生的废弃物，通常会被人体自身的酵素所清理，但是因为某种不可知的原因人体自身的这种酵素突然大量减少，使β淀粉样蛋白在大脑中产生沉淀。由于这种β淀粉样蛋白沉淀物多呈茶色斑状，它又被称为"老年斑"。临床诊断发现，大脑内存在大量的"老年斑"，是AD症患者一个最显著的特征。

β淀粉样蛋白首先侵蚀的是大脑中主管记忆的海马体，随后渐渐损害到整个大脑，并且会随着"老年斑"的增多形成很多空洞造成大脑的整体萎缩。譬如，正常情况下成人的大脑约重1 400 g，AD症发病约10年后，大脑的重量会减少至800～900 g。

如前图5-3所示，AD症患者在发病初期表现出来的是不同于普通老化的，近期记忆障碍型"健忘"，并且渐渐地对时间的概念也变得模糊，常常无法准确地判断日常生活的时间。不久，一旦在AD症患者的身上出现了语言交流的障碍，情况会变得更加复杂，患者对儿时陈旧型的记忆也开始逐渐消失，对自己和家人的认知出现障碍，继续恶化后，其记忆力、判断力也会完全丧失，不能做家务，不能分辨自己身在何处，并会伴随着出现暴怒、徘徊、幻觉、妄想等精神症状。到了终末期，患者将完全丧失正常生活的一切能力，过上终日卧床不起神智不清的完全失能生活。据日本对AD症患者的临床统计数据显示，普通情况下患者从患病开始到其死亡一般会持续约8年的时间。而且AD症患者以老年人居多，年龄越大患病的几率就越高，加之患者没有自觉症状，不知道自己患病，其人格个性上的变化较为明显。

近年来，AD症的患病年龄也有年轻化的趋势。64岁之前发病的情况，被称为"年轻型阿尔茨海默症"或"中青年型阿尔茨海默症"，它不同于老年AD症，其病情发展和恶化的速度十分迅速。由于其发病年龄较早，且患者正处于肢体活动、社会活动较为频繁的壮年及盛年期，所以对家庭造成的经济负担和精神负担都非常沉重。

2）脑血管障碍型失智症

脑血管障碍型失智症，是由于一系列多次的轻微脑缺血发作、多次积累造成脑实质性梗死，或者急性发作的由脑出血、脑栓塞引发的脑卒中所造成的。它会导致大脑局部出现障碍。由于大脑各部分所管功能不同，所以出现的失智症状也各有不同。譬如，如果掌控语言机能的部位出现障碍的话，会引发失语症；掌握运动机能的部位出现障碍的话，就会导致身体麻痹或者运动障碍等。由于其表现的症状比较单一，一般情况下初期仅是受损部位控制的功能出现障碍，所以也被称为"斑点症状"①。

根据有关报道显示，我国每年死于心脑血管疾病的人数接近300万，占我国每年死亡病因的51%。而幸存下来的患者有75%不同程度丧失劳动能力，40%重度残疾。而且，我国脑中风病人出院后第一年复发率为30%，第五年的复发率高达59%（而二级预防做得较好的美国仅为10%），我国脑中风病人的复发率与国际平均水平相比要高出1倍。②

由此可见，脑血管疾病是一种较为常见的生活习惯病，控制不好的话很容易复发。而由脑血管疾病引发的老年失智症恶化程度，是随着脑血管疾病的复发次数呈阶段性递增的，即脑血管疾病每发作一次，患者的认知能力将整体降低一个台阶（见图5-5）。因此，对于脑血管障碍型失智症患者来说，准确诊断出其脑部的受损部位，及早发现及时治疗；调整日常生活习惯和饮食结构，进行严格的健康管理，防止再次复发；对已经受损并形成障碍的功能进行有计划的康复训练，就显得极其重要。

① 在日本，常常把由脑血管障碍引发的失智症中这种不同受损部分产生的局部障碍和由于发生受损时间的不确定性产生的时好时坏的症状，称为"まだら症状"（斑点症状）。参考日本厚生劳动省（关于认知症）的网址：http://www.mhlw.go.jp/kokoro/know/disease_recog.html。

② http://baike.haosou.com/doc/5379105-5615336.html。

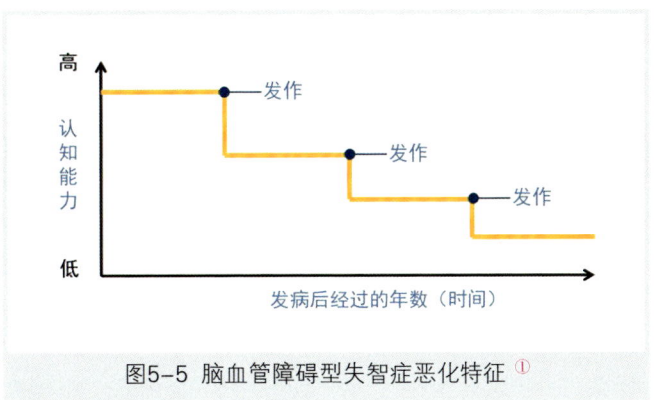

图5-5 脑血管障碍型失智症恶化特征 ①

3）路易氏体型失智症

路易氏体型失智症（dementia with Lewy bodies，DLB）是由于在患者大脑皮层的神经细胞内产生了广泛性的"路易氏体"而引发的。在临床上，它的症状多表现为：明显的视幻觉、波动性认知障碍、轻度的帕金森症。

DLB失智症自1980年开始被认为是老年人智能退化的重要原因，并且发现，此病是继阿尔茨海默症后第二常见的退化性失智症。"此病在英国研究发现，约占失智症患者中65岁以上的11%（Stevens,et al., 2002），芬兰在老年人口调查统计中发现，超过75岁以上的人口中约5%得到失智症，其中22%属于路易氏体失智症（Rahkonen,et al.,2003）。"②

DLB失智症在初期较容易呈现出与帕金森症相同的，诸如行动迟缓、步行不稳定、身体僵硬等症状。而且这些症状还会根据不同个体，表现出"日间变动""周间变动""月间变动"等时好时坏的波动情况。

DLB失智症最大的特征是，患者在发病初期不会表现出明显的"记忆障碍"，但是会出现较为严重的幻视、错视的现象：譬如，眼前看到原本不存在的人（婴儿、小孩）、动物（猫、狗、飞虫）等。出现这些情况，本人虽然也会觉得很奇怪或者不可思议，但是由于幻视内容过于真切，常常使患者在惊恐之中又产生强烈的被害妄想，并做出激烈的反抗和攻击行为，同时还会伴随着出现睡眠障碍等情况。由于患者出现的这些反常行为，常常会被误以为是罹患了精神疾病，而去医院的精神科就诊。但是不久后，一旦患者又出现了与帕金森症或阿尔茨海默症相同的症状，就可以确诊其实患者患上的是DLB失智症。

---

① 高室成幸，奥田亚由子：《認知症の家族を介護するときに読む本》，自由国民社出版，第43页。
② 黄楚云，黄锦章：《巴金森失智症与路易氏体失智症》，载《应用心理研究》2012年第55期，第69页。

3. 早期诊断及时治疗

无论是老人或者家属，一旦产生"自己可能患上了失智症"的疑虑，就应该尽可能及早到正规的医院检查就诊，弄清"失智症"的诱发要因，再对症下药，并及时预防和延缓症状的迅速恶化。

如图5-6所示，失智症的类型，除了上节提到的阿尔茨海默、脑血管障碍、路易氏体三种最为常见的类型之外，还有少数因为其他疾病的原因而引发的疾病：

（1）外科疾病：脑肿瘤、脑内出血、慢性硬膜下血肿等；

（2）内科疾病：感染性脑炎、甲状腺疾病、肾功能不全、肝功能不全、维他命缺乏症等；

（3）精神科疾病：老年抑郁症（假性失智症）等，由其他疾病而产生的老人失智现象。

由于这些疾病所引发的失智症状在早期是可以通过一些相应的诸如手术、药物、心理干预等治疗手段缓解或者治愈的，所以如果可以早期确诊，并对原发疾病进行彻底的治疗，将会有效控制病情，避免或者减缓失智症恶化的进程。

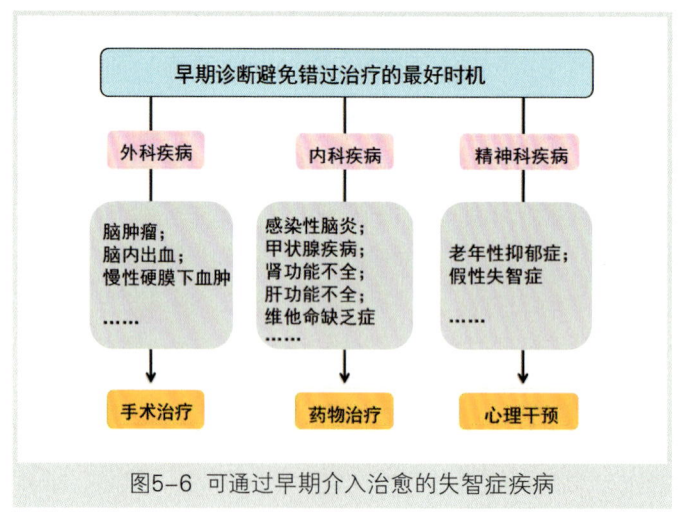

图5-6 可通过早期介入治愈的失智症疾病

而对于诸如阿尔茨海默型、路易氏体型等不可预防也无法治愈的退化性失智症患者，如果可以及早确诊，也有利于家人对疾病的理解，并对将来的应对及护理工作等做好较为充分的准备。同时，对于老年人自身来说，也可以在病情比较轻微，老人可以自主思考、自主判断的初期阶段，为其病情发展后的中晚期失智生活做好充分的心理准备，以便在和家人充分的交流与沟通下，按照自己的意愿为以后的生活做好安排等。

在日本，对于失智症的早期发现，有一套比较系统和完善的就诊流程建议及社

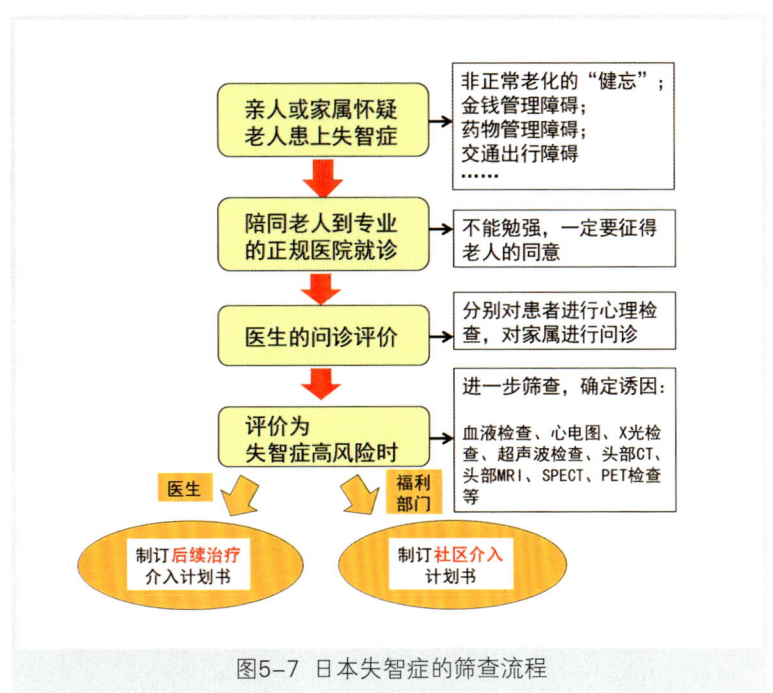

图5-7 日本失智症的筛查流程

区援助方法值得我们参考（见图5-7）。

首先，当我们发现身边的老人出现不同于正常老化的"健忘"（见表5-1）症状，或者出现诸如"金钱管理障碍"（出门购物时常常给错钱、收错钱、算错钱）、"药物管理障碍"（忘记服药时间、服药方法、服药次数）、"交通出行障碍"（记不清路线、搞不清方向、搭错车）等情况时，可以先给老人做下面三个类似游戏的简单测试：①给老人说三个简单但毫无关联的东西（譬如，红色、快乐、自行车），请老人记住，大约3分钟后再确认老人是否全部记住了。②画时钟测试，让老人画时钟，能画出一个圆得1分，数字写得对得1分，指定时间画得对得1分。得4分正常，3分轻度失智，2分中度失智，1分重度失智。③请老人在1分钟内说出12种4只脚的动物，再根据老人说出的动物个数判断其罹患失智症的风险。

一旦上述自查测试结果不理想时，家人就会劝说并陪同老人到正规医院就诊。而医生在给病人诊断之前，一般会先分别对老人及老人家属进行例行的问诊。问诊结束后，如果医生也认为，老人罹患失智症的风险较大时，就会对老人继续进行全面的检查，找出诱发老人失智的根本原因，以便进一步对症治疗。

最后，通过检查结果确诊并评价，老人所患的失智症类型与病情发展的阶段特征后，医生会帮助患者及患者家属，共同制订一套切实可行的后续治疗介入计划书。同时，患者可以根据诊断情况，到政府福利部门申请社区援助，制订另一套社区援助介入计划书，享受由政府或社区提供的关于失智症患者及其家属的相关援助服务。

5.2 失智症的症状与发展阶段

失智症所表现出的症状大致可以被分为"核心症状"和"伴随症状"两大类型（见图5-8）。"核心症状"是指无论哪种类型的失智症患者都一定会表现出来的具有共性的基本症状；"伴随症状"则是根据患者的患病类型、个性差异、成长经历及所处环境的不同，而表现出来的有个性化差异的症状。

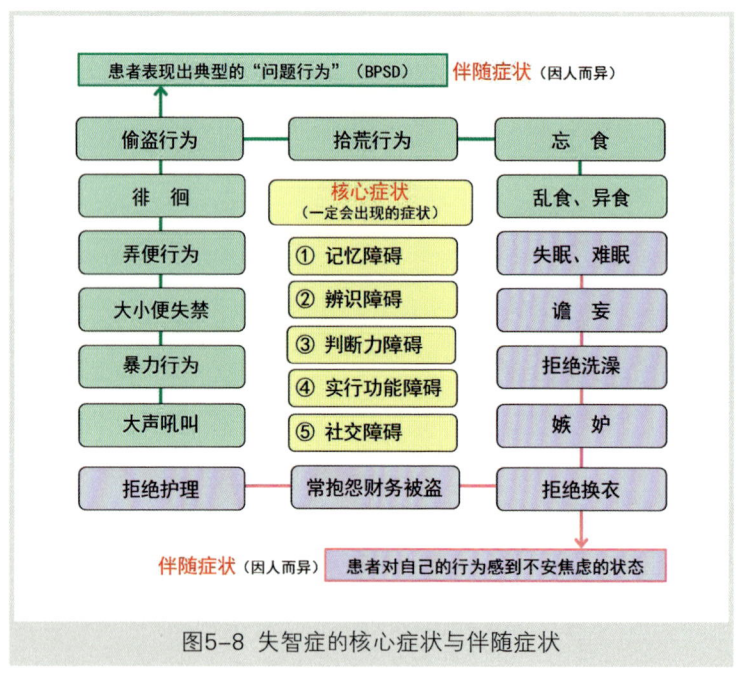

图5-8 失智症的核心症状与伴随症状

1. 核心症状

如图5-9所示，失智症患者所表现出来的，具有共性特征的"核心症状"包括：记忆障碍、辨识障碍、判断力障碍、实行功能障碍、社交障碍。

（1）记忆障碍。失智症患者的记忆机制比较复杂，简单来说如5.1.1节和模式图5-1~5-3所示，初期阶段患者很难记住刚刚发生的事情，却对很久以前发生的事情念念不忘。然而随着病情的进一步恶化，这些对陈年往事的记忆也会被渐渐地丢失。但是，其中部分由身体掌握的技能记忆却不会随之消失，

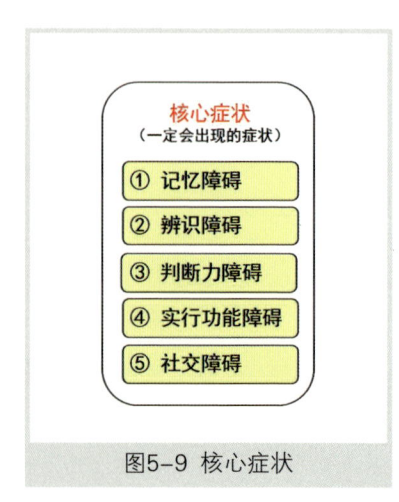

图5-9 核心症状

如骑自行车的方法、使用菜刀切菜的方法等。

（2）辨识障碍。辨识上的障碍主要是指，老人无法辨别现在的年、月、日、时刻、所处的位置等日常生活的基本状况。首先，老人由于无法判断时间所以常常会出现无法和朋友约时间外出、无法做较长时间的等待等情况，病情进一步恶化后，老人会弄不清当前的日期、季节，甚至不知道自己的年龄；其次，由于对位置的辨别能力降低，老人会很容易迷路，刚开始还只是在辨识度原本较低的夜晚，渐渐的白天也会摸不清方向，甚至在自己家中也会找不到厕所的位置等；最后，由于记忆障碍导致老人对自己及家人的基本状态（年龄、相貌、生死情况等）模糊淡忘，无法辨别，所以常常出现不认识家人或者把女儿错当成妻子等人际关系辨识混乱的情况。

（3）理解与判断力障碍。与老化现象中的理解判断力退化比较相似，但是程度和恶化的发展速度都要高于普通老化情况。例如，首先，老人的思考能力下降、反应速度变慢，而且语言组织能力降低，心里想说的话也很难准确地表达；其次，对信息的处理能力降低，无法同时处理两个以上的事物；再次，机械操作能力减退，无法正确使用诸如自动贩卖机、银行ATM机、洗衣机等操作流程较为复杂的机器；最后，随着病情的加重，老人的计算能力、对危险的判断能力、对突发事件的处理能力等都会全方位减弱，甚至消失。

（4）实行功能障碍。正常情况下，我们在完成一项任务时，心中会有一个计划或者步骤流程。但是，对于失智症的老人，这种依照正确流程来完成工作的能力会日益减退，并最终逐步消失。例如，做饭时，我们会想：先用电饭煲煮饭，再煮汤，接着准备好荤素材料炒菜等。但是由于老人无法完成这种复杂流程的工作，所以护理人员或家人应该用非常简单的语言，逐项（或者一个动作接一个动作地）对工作流程进行适当的提示。

（5）社交障碍。在上述各种症状的影响下，老人在与人（特别是陌生人）沟通和交流时常常会发生一些诸如无法正确理解对方意图或者无法准确判断现场的氛围等问题。因此，常常出现老人看到别人低声交谈时，误以为他们是在议论自己而生气、愤怒，甚至出现与人发生争吵的情况，这些都会严重影响其正常的社交生活。

2. 伴随症状

如前文所述，"伴随症状"是除具有共性的"核心症状"之外，根据患者的患病类型、个性差异、成长经历及所处环境的不同，而表现出来的有个性化差异的症状。

这些患者表现出来在行为和精神上的异常状态（即"伴随症状"），在医学上被称为BPSD（Behavioral & Psychological Symptoms of Dementia）。在1996年的国际老年精神病学会上，BPSD的概念才被正式提出，它将老年失智症的行为和精神症状指定为患者经常出现的紊乱的幻觉、思维内容、心境或行为等，并认为这些症状主要是由患者周围所处的环境、人际关系、性格和身体状况等综合作用所引发的。

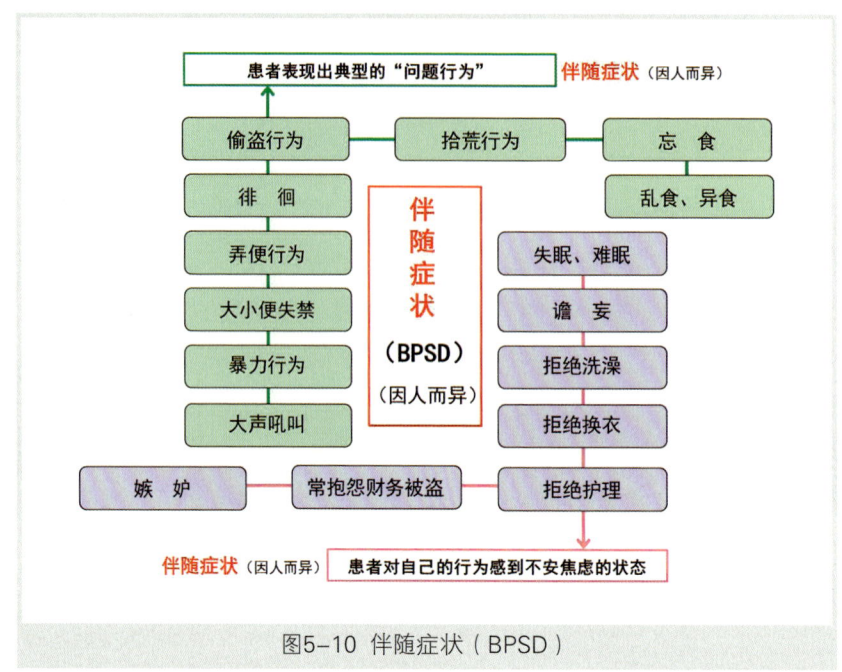

图5-10 伴随症状（BPSD）

"伴随症状"包含了患者所表现出典型的"问题行为"，以及由这些行为而表现出的焦虑不安的状态。（见图5-10）

一旦患上了失智症，患者就会因为自己日渐衰退的记忆和时常出现的失败行为而产生强烈的焦虑和不安。这些负面的情绪和日常生活中不断出现的挫败感会使老人渐渐失去自信，变得抑郁、焦躁而愤怒，进而出现谵妄（意识模糊、语无伦次、神志不清）、幻觉（看到并不存在的人和物品）、妄想（和已故者交谈；常常抱怨财务被盗；退休后仍坚持每天上下班等）、情绪障碍（如没有情绪上的起伏变动，对周围的人和事物漠不关心；拒绝洗澡、换衣、护理；无端的妒忌）、睡眠障碍（失眠、难眠）等症状。

"问题行为"是失智症患者所特有的伴随症状，它主要包括患者时常表现出的：漫无目的的徘徊；对身边的人施以暴力；无力自控而产生的大小便失禁；无法正确分辨食物而出现的异食与乱食行为；由于情绪失控突然大声吼叫或发出奇怪声音等异常行动……

（1）徘徊：漫无目的四处乱走，并到处寻找家人，声称"想要回家"。（多发生于傍晚）

（2）弄便：玩弄粪便，直接用手擦拭粪便，或者将粪便弄到墙和寝具上。

（3）失禁：无法控制自己的大小便。

（4）暴力：突然暴怒，偶尔还会实施暴力。

（5）吼叫：突然大声吼叫或发出奇怪的声音。

（6）拾荒：挑选、收集垃圾或废弃物品，并认定这些是对自己非常重要的东西。

（7）忘食：忘记自己已经吃过饭，而反复大量地进食；或忘记吃饭的方法、不进食等。

（8）异食：无法正确分辨食物，吃非食物类物品。

上述诸症状的具体护理方法和重点，将在后文中进行详细的说明。

3. 失智症的发展阶段

阿尔茨海默症是失智症患者中最常见的发病诱因，渐进性的病情发展又是它的主要特征。在护理工作中，如果能够详细地掌握其各阶段的发病状态及特点，不仅有利于预测患者下一阶段病情的发展趋势，同时也能为今后的护理工作做好充分的心理准备。

例如，当病情从轻度向中度发展时，患者会出现"被盗妄想"，总觉得自己的东西不见了，并怀疑是周围人所为。如果护理人员了解在这种情况下，患者总是首先会怀疑和自己最亲近的并总是照顾自己的人，那么我们就能提前做好充分的思想准备，即使有一天突然被患者指责，把自己说成是行窃的小偷，也不至于使护理人员和老人之间的关系急速恶化。

失智症的发展一般可以分为：轻度（早期、初期）、中度（中期）、重度（末期）三个阶段。

（1）轻度（早期、初期）。

该阶段，失智症的恶化速度相对较慢，只要家人能时刻留意及时提醒，患者对日常的家务活动仍然可以胜任，但是在金钱管理或需要去银行办理的事务上却困难重重。该阶段的患者主要表现的症状：①频繁出现较为明显的"健忘"情况，如忘记东西被放在哪儿了，忘记对手头上的事情进行收尾和善后清理；②患者会反反复复地说同样的话、问同样的问题、做同样的事情（如反复洗手、不停地吃饭、购物时总是购买相同的东西）等；③患者对年、月、日、时刻等的记忆模糊，常常弄错，并且时常感觉倦怠，怕麻烦，对任何事情都提不起兴趣。

这时候，作为家庭成员，应该在老人"健忘"频发的第一时间，努力劝说其到正规医院的专科积极就诊，并且家属也必须陪同前往。另外，家属或护理人员要鼓励老人保持合理健康的饮食习惯、进行适当的室内外运动、发现和培养自己的兴趣爱好，并时常从事各类手工活动以延缓失智症的恶化速度。有可能的话，在取得老人同意的前提下，和老人共同规划未来生活（病情进一步恶化后），并通过共同协商让老人能在意识较为清晰的阶段，自主选择其失智症重度恶化阶段最适宜的护理方式。另外，在症状初期，周围的人要特别留意观察老人的行为，并时刻提醒，在必要的时候给予帮助，以防发生意外事故。与老人相处时，护理人员要保持耐心，尽量使用平缓温和的语气，避免过激的言语使老人感到不安、紧张和恐惧。

（2）中度（中期）。

与轻度阶段相比，中期，失智症的恶化速度逐渐加快，这时候失智症中具有共性的"中核症状"表现得最为明显：首先，"记忆障碍"中健忘的症状进一步恶化，患者的药物管理能力显著下降，常常忘记吃药或者不记得自己是否已经吃过药了。其次，由于"辨识障碍"患者弄不清楚当前是什么季节，无法根据季节冷暖正确地添减衣物；同时，对于位置的辨识能力的降低，也会导致

老人常常出现走失或迷路等情况。再次，"实行功能障碍"使患者处理复杂流程工作的能力大幅降低，原来轻而易举就能做好的，诸如熬汤、煮饭等简单的家务也会渐渐变得力不从心。最后，由于"理解与判断力障碍"，患者会出现思考能力下降、反应速度变慢、语言组织能力减弱的情况，使患者与人沟通交流的综合行为能力降低，并最终表现出"中核症状"中的"社交障碍"。

另外，徘徊、夜间谵妄、吼叫等失智症的"伴随症状"也开始相继出现，这些情况因人而异，与患者的个人经历及生活背景密切相关，但这并不是失智患者病情恶化的必然表现。该阶段，随着"问题行为"的出现，护理人员的工作量也大幅增加。简单地观察与提醒已经远远不够，为了避免患者出现跌倒、徘徊、走失、误饮、异食等危急情况，护理工作人员应该密切注意患者的日常行为，并适时提供必要的帮助。当家庭护理力量不足时，家人也应该及早考虑并积极地为老人寻找病情进一步恶化时适合入住的专业社区护理机构。

（3）重度（末期）。

当失智症到了终末期阶段，病情的发展速度会相对放缓。患者逐渐出现不认识家人、在家也找不到厕所、大小便失禁、失语无法正常沟通、卧床不起、闭门不出等相对严重的情况。并且日常生活中，几乎所有的事情，患者都必须在别人的帮助下才能完成，但是典型的阿尔茨海默症患者，到这一阶段的身体自立状况比其他类型的失智患者稍好。

这时候，日常护理的工作量陡增：护理人员每天都要帮助老人测量体温、血压、脉搏，密切注意老人的生命体征变化；预防各种可能出现的感染；按时按剂量护理老人用药；注意老人是否出现便秘或脱水的情况；经常为卧床不起的老人擦拭和翻身，避免出现褥疮等。

这一阶段，护理工作的强度和难度都逐渐增强，这时护理人员不仅面临着大量繁重的工作任务，同时在应对患者的"问题行为"时还要承受巨大的心理压力，身心上的双重重担很容易使护理人员自身患上"耗损综合症"。因此，护理人员在认真护理老人的同时，必须注意对自己身心健康的积极维护（具体方法将在"5.4 护理人员的自我维护"中做详细的介绍）。

5.3 失智症的AIP护理方法

1. 护理中沟通与交流的重点

失智症老人在疾病时期都会出现"记忆障碍""辨识障碍""理解与判断力障碍""实行功能障碍"等核心症状。在这些症状的综合影响下，老人在与人（特别是陌生人）沟通和交流时常常无法正确理解对方的意图，所以当他们看到周围的人低声交谈或窃窃私语的时候，总会以为别人是在议论自己，因此变得生气、愤怒，甚至与人发生争执，最终导致其出现"社交障碍"，使老人无法进行正常的社交与生活，严重影响患者的日常生活品质。

曾经某养老机构的负责人问过这样一个问题："我到欧洲各国、日本等很多地方看到过许许多多的失智症患者，觉得他们很少发脾气、吵闹、吼叫，虽然患病但生活得还是很平和、很快乐，不知是什么原因？"

其实，虽然表现情况各不相同，失智症中"问题行为"的出现却是无可避免的。这倒无关患者的种族与国籍，失智老人表现出平和与快乐状态的根本原因是，当"问题行为"出现时，护理人员应给予极大的包容和尊重；因为这个时候，护理人员的愤怒、指责、呵斥与质问，根本毫无意义。首先，患者由于自身的认知识别能力较低，所以并不知道自己"为什么这么做"及"为什么不能这样做"等；其次，患者对于否定、批评、呵斥自己的人抱有强烈的不信任感，长此积累的负面情绪将直接损害到在护理工作中尤其重要的患者与护理人员间的"互信关系"；最后，责备与呵斥甚至还会成为患者病情加速恶化的诱因，使老人出现新的问题，也会进一步加大护理工作的难度。

对失智症老人的护理，是一项长期而艰巨的工作。为了使护理人员和患者随时都能够保持轻松愉快的心情，在与失智症老人交流时要注意以下几点：

1）随时保持初次见面时的问候与寒暄

即使患上了失智症，老人作为社会个体，仍然保持着每天与人接触与沟通的社会属性。但是，由于失智症具有典型的"健忘""认知能力日趋丧失"等特点，随着患者病情的逐步加重，即使是天天见面的家人，患者也会完全认不出来。因此，护理人员应该充分理解，并且努力配合患者的反应，不要否认、质疑，更不能取笑。因为否定的负面压力不仅会伤害彼此间的互信关系，而且会导致患者的病情加重。明白了这一点，不妨让繁重的护理工作，从每一天的自我介绍和初次见面的问候与寒暄开始，让我们以"一期一会"的朴实心意，珍惜彼此间每一次珍贵的"相逢"与"初遇"吧。

2）尽量使用简洁易懂的语言

失智症患者如果还伴有听力下降的话，"耳背"的情况会更加严重，一定要引起重视。一般情况下，对于耳背的老人，低音比高音听起来更加清楚。所以，在和这类老人说话时，护理人员要注视着老人的眼睛，以沉稳的声调，缓慢清晰地讲述，并且表达一定要简洁明了。

对于因失智症而变得沉默寡言的老人，使用言简意赅的用语是护理人员与之交流时的基本原则。因为失智症患者都会出现不同程度上的实行功能障碍，这使老人依照某种正确流程来完成工作的能力日益减退，并最终逐步消失。因此，老人渐渐无法完成诸如做饭、炒菜等看似简单但流程复杂的日常工作。这时候，如果一次性说很多内容，反而会使老人混乱，所以护理人员最好把要传达的内容进行整理，然后用非常简单的语言逐项（或者一个动作接一个动作的）对流程进行适时的提示。

另外，"辨识障碍"使失智症患者对时间的感觉比较混乱，常常都生活在茫然无助的不安中。一个月后的事、明天的事、一小时后的事，对他们来讲无一例外，都是遥不可及的"未来"。失智症患者很难区别时间的长短，如果护理人员想让老人开心，而把一个月以后的活动计划告诉老人的话，他们会想"糟糕，我还没准备好呢"，反而弄得他们手足无措。所以向失智症老人告知计划时，不用太提早通知。

3）运用方言进行交流

积极普及并大力推广普通话在全国的使用，有利于消除语言隔阂，促进社会交往，对社会经济、政治、文化的建设与发展有着重要的作用和意义。但是在以老年人为主要服务对象的护理工作现场，"方言"的作用不可忽视。从小长大的地方所用的语言，一般都与无忧无虑的童年时光有密切的关联，所以护理人员在与老人交流时，积极使用老人家乡的方言，能使他们迅速回忆起儿时那段最幸福快乐的日子，倍感亲切与温暖；同时还可以使护理时的交流变得更加顺畅。

当然，在幅员辽阔的中国，要求护理人员掌握所有老人的方言并不现实。但至少对于每天都要见面的老人，护理人员可以努力学习老人家乡话的基本问候语，譬如"您好""早上好""晚安""谢谢"等，积极用方言与老人进行日常的寒暄问候。

此外，失智症患者多会把曾经辉煌生活的时代，当作当下的现实生活。护理人员在沟通交流时要理解这一特点，并尽量了解在那些富含老人回忆的年代里所发生的事件、趣闻、流行歌曲等，找到共同话题，以丰富彼此交流的内容；寻求精神共鸣，深化和患者间的情感交流，巩固强化相互之间的信赖关系。

4）不使用否定、命令、训斥的语言

前面提到，在护理工作中对失智症患者使用否定、责备和训斥的语言，是有害无益的。"不行""不要""不许"之类带有强烈禁止和命令的话语，会让老人十分紧张，也会使原本衰弱的患者更加没有自信，最后连本来还能做的事情也做不了了。同时，被训斥的阴影如果一直挥洒不去的话，患者会陷入抑郁与恐慌，甚至由于强烈的反感而拒绝接受来自训斥者的护理。所以，家人和护理人员需要怀着一颗包容和感恩的心，多对老人说鼓励的话才行。

譬如，当患者出现"问题行为"时，护理人员如果说"哎呀，你怎么这样，让人头疼，下次不要再这样了"这样的话，老人心里就会想："那个人老说我，我也很讨厌他。"但是，如果护理人员能换个说法："哎呀，下次我们不如试试这样做吧。"这时，老人就不会有抗拒和排斥，而会想："是呀，下次这样试试也未尝不可呢。"良性的沟通是繁重而艰巨的护理工作顺利进行的重要保障。

当然，回避否定和训斥的言行，并不是纵容或无视老人的"问题行为"。如果老人在日常生活中出错的话，护理人员应该首先冷静地提醒老人，然后再给予适当的劝慰。例如，可以告诉老人："如果不拿稳碗的话，汤汁就溢出来了哦。糟糕，把衣服弄脏了，我们去换一身干净的衣服，好不好？"

5）接受现状改变自己

随着患者病情的发展恶化，有时候即使是一些简单的事情，老人也会渐渐变得无法理解和判断。这时，如果简洁易懂的反复说明，老人都无法理解的话，护理人员最好接受这一现状，并试着通过改变自己或者改变环境来解决问题。

例如，护理人员与其反复对老人说"这里危险，请坐到对面去"，还不如自己动手把危险的地方清理、改造一下，让老人可以继续安全地坐在原地。同时，如果可以通过护理者的让步来解决问题的话，护理者应该主动改变自己，多体谅多包容老人，以缓解护理人员自身和老人的焦躁与不安。

2."问题行为"的护理重点

前面提到，在失智症中"问题行为"的出现无可避免，护理人员对患者的愤怒、指责、呵斥以及无休止的质问其实都毫无意义。原因是患者由于自身认知识别能力较低，并不理解"为什么不能这样做"。而且患者对于否定、批评、呵斥自己的人抱有强烈的不信任感，这样将直接损害患者与护理人员之间的"互信关系"，使本来就困难重重的护理工作难上加难；同时，护理人员的责备与呵斥还会成为患者病情恶化的诱因，使患者出现新的问题，也使本就棘手的护理工作变得越来越难。

所以，无论患者出现了什么问题，保持冷静，以理智的态度接受现状，才是护理失智症患者时彻底解决问题的关键所在。此外，护理人员在日常生活中还要做好"看、听、查"三步曲的基础工作：看，指护理人员要仔细观察患者一般是在什么时间带、什么情况下容易出现哪些"问题行为"，以及这些行为可能会造成什么危害等；听，指护理人员应该耐心仔细地倾听患者的心声，在态度上保持积极的认同感、同理心，并且努力使患者保持心理上的安宁与平静；查，指通过"自查"与"他查"找出造成"问题行为"的真实原因，并积极着手帮助患者排除这些不安（心理）、不满（环境）、不适（身体）的生活隐患。

按照以上内容，完成了"看、听、查"的三步曲之后，根据失智症患者每次注意力只能专注在一件事情上的病情特征，护理人员应该想办法在其"问题行为"进一步升级之前，巧妙地把老人的注意力诱导到其他事情上去。同时，仔细观察周围环境，排除一切可能导致老人跌倒、走失、受伤和引发火灾等意外的环境安全隐患。

以下是针对几种较为常见"问题行为"的具体应对方法。

（1）拒绝更衣。

不久前老人还可以自己独立更衣，可是最近渐渐变得力不从心，无法完成。护理人员试图前去帮忙，却遭到断然的拒绝，如若勉强为之，还会引得老人勃然大怒。然而，老人身上的衣服已经穿了很多天，出现异味了，护理人员究竟要怎么办才好呢？

其实，抗拒更衣并非老人的无端任性，而是"实行功能障碍"导致老人不知道应该如何更衣穿衣，即使看见衣服，也不能正确理解穿衣的意义，更不明白为何还需要进行更换。老人不知道为什么衣服会变脏发臭，也不知道更换衣服的顺序、方法和步骤，每当自己的身体被他人触摸到时，还以为对方意欲侵犯自己，于是就会由于害怕和惶恐而心生抗拒。

这时，如果通过介绍穿衣方法，就可以使老人独立更衣的话，应该尽量让其独立完成。只是在换衣服的过程中，不要单纯地只说"这是衬衣""这是裤子"，最好能够拆解更衣的步骤，并配合老人更衣时的进度一一地进行指导。例如，一边看着老人穿衣一边说"穿衬衣时要先把双手伸进来"，等等。这会比我们主动动手去帮助他们的效果更好。

也有些时候，老人会在脱衣时感到不安，害怕自己的东西被人拿走，于是拒绝更衣。这时，我们可以试着换个办法，如对老人说"今天天气真好。我们换身衣服，出去散散步吧……"借此把老人的注意力转移到"散步"上，使老人忘记之前的担心，愉快地接受更衣建议。当然，如果老人并不反感入浴洗澡的话，护理人员就可以趁机在不经意间完成更衣护理的服务。

（2）拒绝洗澡。

原本喜欢洗澡的老人突然开始拒绝洗澡，而且当护理人员想要试图劝说他入浴，或帮助其脱去衣物时，老人还会大发脾气。发生这种情况的原因，其实是"健忘"和"实行功能障碍"使老人不知道穿脱衣物和洗澡的方法，也不知道衣服被脱去之后究竟会发生什么，感到不安与惶恐而做出的一系列反应。

这时，护理人员首先应该想办法缓和老人对于被脱光衣服的恐惧心理。譬如，护理人员可以试着和老人一起洗澡或同时入浴，这种伙伴式的护理方法比较有效。另外，每天例行的活动比较不容易引发老人的不安与抗拒，所以也可以有意识地将洗澡融入老人的日常生活模式之中，变成一种生活习惯。虽然刚开始时老人会比较抗拒，但是洗完澡后，老人的心情一般会比较愉快，情绪也会相对稳定，所以积极地劝说与助浴是很有必要的。

当然，如果老人表现出强烈抗拒的话，也可以采用擦拭身体的方法来保持清洁，或者交给更加专业的助浴护理人员来完成。护理人员也要调整心态，不必强求老人每天洗澡，有时根据天气与老人的状况，两三天一次或者一周一次的频率也没什么不好。

（3）嫉妒妄想。

某位身患失智症的母亲逢人便说提供上门服务的护理人员和自己的丈夫之间有暧昧的关系。母亲的行为不但给护理人员带来了不必要的麻烦，也让子女们感到生气懊恼，无地自容。这种情况通常和老人的经历背景有关，也许母亲认为自己的丈夫从前就是一个对感情不专一的人，所以总是觉得他和年轻漂亮的护理人员之间关系暧昧，希望可以换一个人来照顾自己。

其实，发生这种情况，往往是由于患者对自己丧失了信心，总担心有一天自己会被配偶抛弃，内心充满了不安与惶恐，导致其产生嫉妒与妄想。如果是男性的话，有时可能还会强迫配偶与自己发生性行为，甚至进一步演化为家庭暴力。此时，一味地去否定、训斥，事情都不会得到解决。家属和护理人员，首先应该认真倾听老人的心声，不否定、不打断、不评判、不讨论，耐心仔细地倾听，直到情绪激动的老人渐渐平静下来……

只要不会产生实际意义上的伤害，即使老人到处乱说，作为家人也无需过分在意。另外，如果是多位家人共同护理的话，彼此之间一定要做到互通有无，情报共享，努力掌握老人的行为习惯，并实行统一连贯的护理方式。当发现患者出现暴力倾向时，护理人员应该及时向专业人士咨询，或者陪同患者直接到专科医院就诊。

（4）被害妄想（怀疑钱、存折等被盗）。

常常都会听到护理人员委屈地抱怨："失智症的婆婆，一找不到钱包就怀疑是我偷的。不仅怀疑我，还会和街坊邻居、家人朋友们说，时间一久，周围的人也会以半信半疑的眼光来看待我。"

其实，老人出现被害妄想，总觉得自己的钱包、存折等被人偷走的主要原因是失智引发的"健忘"，并且随着"健忘"症状日趋严重，老人出现错觉的情况也会随之增多。因为接触密切，所以越是老人身边亲近的人，越容易被怀疑成小偷。

当老人出现被害妄想时，最重要的是先让患者平静下来，不要去怀疑和训斥他，最好能帮着老人一起去寻找。一般钱包被藏匿和丢失的场所大概都是一个地方，所以其实很容易找到。但是，护理人员找到时最好先不要声张，而是试着提示老人"看看这里有没有呢"，尽量让老人自己发现，这样本人更容易接受。

如果是无中生有的东西，本来就不存在丢失这一事实，护理人员也可以先陪着老人寻找一会儿，然后寻找机会转变话题："差不多该吃饭了，我们去餐厅吧"或者"不如我们先去散散步吧"，先借此转移老人的注意力。对于偶尔前来探望老人的其他亲朋好友，如果误将老人的怀疑和指责信以为真，护理人员可以试着向他们讲解失智症症状的相关知识，以取得大家的理解和信任。在对失智症患者的护理工作中，"情报共享、互通有无"与"坚持统一连贯的护理方式"非常重要。

（5）无法辨识家人。

"罹患失智症的父亲惶恐地透过猫眼，看着忘带钥匙焦急叫门的儿子却不敢开门。因为门外那个口口声声叫着自己父亲的，是一个在残缺的记忆中已无法寻觅的陌生人。"中央电视台的这则公益广告，曾经感动了很多忙碌在外的子女。

"记忆障碍""辨识障碍"会直接导致患者无法辨识自己的亲人，这也是失智症患者在终末期最常见的症状之一。作为患者家属要提前做好心理准备，趁老人的意识与判断力还没有完全退化时，多与老人交流沟通。因为辨识障碍的情况一旦恶化，任何的努力都将无济于事。这时，越是平日亲近的人，受到的打击也会越大。

虽然道理非常简单，但是做起来却并不容易：最为首要的是，家属要提前做好心理准备，这样的话，在"辨识障碍"导致老人"无法辨识家人"时，才能有效地减少精神上受到的打击。不管怎样，当事情发生时，不要慌张，也不要焦虑，我们所能做的就是平静地接受这个现实。

（6）拒绝接受护理。

有时候，明明是老人自己做不了的事情，子女或家人想要试着帮忙时，还是会遭到老人的极力拒绝。但是眼看着老人即将摔倒或遇到危险困难，作为护理人员却又不能袖手旁观，坐视不管。

即使是罹患失智症，认知能力也日趋恶化，但是老人的自尊心与情感是不会随之发生变化的。有的老人对护理的抗拒，恰恰是由于过度护理产生的自我否定，或不当护理带来的精神压力。

这种情况下，护理人员首先应该仔细观察老人的生活状态，并在认真谨慎的自立能力评估后，制定出个性化的护理解决方案。因为很多事实证明，生活能够自立的老人，常常在护理现场被给予了过度的照护。

对于的确需要护理的失智老人，护理人员在试图说服老人接受护理的过程之中，千万注意不要伤害到老人的自尊心。因为老人对护理的抗拒常常是出于对护理含义的不解，故而没有安全感。当然，也有些老人是由于护理人员采用的方法不当而抗拒的。这时，护理人员应该积极向专业人士请教咨询，努力改善原有的护理方式和方法。

（7）失眠、夜间谵妄。

夜间谵妄，是指老人到了晚上睡不着觉，伴随着失眠出现的谵妄。出现这一问题的主要原因是，"睡眠障碍"和"辨识障碍"使老人无法正确判断昼夜的时间。此时，全然无视和夜晚监视都很难解决实际问题。护理人员应该分配好老人白天活动与休息时间的比例，在不会让老人感到太累的前提下，利用休闲娱乐、泡澡入浴等活动，让老人获得适当的疲劳感，有利于夜晚入睡。同时，白天外出晒太阳可以很好地调节自律神经，这也有助于老人的一夜安睡。另外，如果是因为太早入睡使老人深夜清醒，护理人员就应该适当地延迟老人就寝的时间。

当老人夜晚过于兴奋时，护理人员首先要观察老人的兴奋程度和具体表现，判断其行为等是否会出现危险，如果并没有什么安全隐患，那么护理人员在确认门禁安全后，对其放置不管也不失为一个有效可行的方法。

（8）暴力行为。

罹患失智症的老人一焦虑，就会变得兴奋，甚至出现施暴行为。家人可能会觉得："性格原本沉稳的父亲，从来没有和人红过脸，虽说现在患上了失智症，但也不应该有这么大变化，对家人大打出手吧？"

其实，这是由于病情的发展偏离了患者预想的方向，超越了其自以为可以接受的范围，使老人的情绪变得完全无法自控。同时，病情的发展也阻碍了患者与周围人的正常交流与沟通，使老人总是以为旁人都在取笑自己，把自己当成傻瓜，故而激愤不已。另外，路易氏体型失智症老人还经常会由于幻视、幻觉引发极度的亢奋，并最终导致施暴行为的出现。

这时，护理人员首先要确保由暴力导致的伤害不能扩大。如果患者身边有诸如菜刀、棍棒等危险物品，一定要提前藏匿起来。对于出其不意的施暴行为，强行的压制反而有可能进一步刺激到患者，所以当发现老人处于亢奋之中，开始乱扔东西并可能出现危险时，可以尽可能多地找一些身边的人一起帮忙安抚老人，直到患者的暴力行为平息下来为止。

接下来，护理人员还必须认真思考："老人究竟为什么会亢奋？什么是引发暴力行为的诱因呢？"我们可以试着从日常生活的各个方面仔细寻找，并将不利的因素逐个排除。例如，改善日常生活环境、去除噪音、避免人际冲突和外界的干扰等。另外，当发现导致患者施暴行为的原因是其身体上的不适时，护理人员应该通过治疗老人的便秘、瘙痒、疼痛等身体不适来缓解其紧张或亢奋的情绪。但是，如果患者的暴力行为无法停止且一直持续的话，护理人员就应该向专业的医生咨询，帮助患者接受相应的治疗。

（9）大小便失禁。

这里的"大小便失禁"有别于生理及病理上的"失禁"，它主要指失智症患者由于心理上的原因所导致的大小便排泄失败。发生这种情况，并不是患者故意而为的恶作剧，主要原因有：①"辨识功能障碍"导致患者根本找不到厕所在哪儿；②"感知功能障碍"使患者无法感觉到尿意和便意；③"实行功能障碍"使患者不知道该如何脱掉衣裤等。

第一种情况，为了防止"辨识功能障碍"引发的排泄失败，在空间设计上应该将老人的房间设置在卫生间的附近，并且在卫生间的入口处配上较为醒目的标识；另外，对于因"感知功能障碍"及"实行功能障碍"引发的失禁，护理人员首先不能训斥老人，因为"被训斥"的记忆一旦产生，将很难被抹去，这样会直接影响到双方的互信关系，对以后的护理工作极其不利。护理人员应该在每天的餐后、睡前等相对固定的时间段，主动诱导老人上卫生间，以减少患者出现排泄失败的情况；另外，也可以给老人使用纸尿裤，或者在卫生间的地板上面铺上垫子等，为防止发生排泄失败而提前做好准备。良好的护理方法可以改善或者直接减少老人排泄失败的次数，所以应该常常向专业人士学习更多更好的护理方法。

（10）弄便行为。

有的老人一感到便意，就会立刻变得坐立不安；或者在卫生间用手指将大便抠出来，又将手指上的大便胡乱地涂抹在墙上；有时还会将马桶里的大便捞出来，藏在碗里放进橱柜等。其实，罹患失智症的老人随着病情的恶化，五感体验会渐渐变得迟钝，无法感知和辨识气味，也不认为粪便是不干净的东西，只是觉得如果不小心弄到手上，擦干净就好了。所以，老人把粪便抹到墙上并不是恶作剧或者想要故意为难谁，只是想要把粘在自己手上的大便弄掉而已。

因此，遇到这种情况，护理人员应该仔细观察患者出现弄便行为的频率与周期，当感到下一次的弄便行为可能马上就要发生时，及时地对老人进行排便引导或者如厕护理即可。

其实，弄便行为常常是由便秘而引发的，所以护理人员可以通过补充水分、改善饮食、腹部按摩、积极锻炼等方法来帮助老人缓解便秘的情况。此外，脱水、失眠、皮肤瘙痒等身体原因，以及压力、对家人不满等心理因素，也有可能导致老人出现弄便行为，所以当护理人员发现老人常常坐立不安时，要引起重视并及时找到原因，从根本上为老人排忧解难。

大多数情况下，当出现排泄失败时，老人常常会试图自己想办法解决问题，试着偷偷地独自清理收拾，但结果常常是将大便藏到了让人啼笑皆非、意想不到的地方。

（11）徘徊。

徘徊是失智症患者BPSD伴随症状中极具代表性的一个问题行为。它并不是没有目的的到处乱走，反而是目的明确的四处寻觅徘徊。

大多数情况下，这都是由于"辨识障碍"或者"记忆障碍"使老人容易迷路，甚至完全无法识别哪里才是自己的家。于是，患者常常在强烈的"想要回家"的愿望驱动之下，从自家房门出发，踏上了茫茫的寻家之旅。

而且，越是身体健康的老人，越容易出现徘徊的症状，尤其是夜间徘徊，更是让护理人员防不胜防。这时，在入户门处上锁、设置门禁、安装感应设备及呼叫装置等，就变得非常重要。必要时可以让老人配合使用与社区失智老人紧急联络中心或110报警系统等联网的穿戴设备，以便能在第一时间及时找到走失的老人。

一般情况下，失智症老人容易在傍晚时分出现焦躁不安的情绪。护理人员在日常生活中要仔细观察老人情绪波动的周期与频率，了解一般在哪个时间患者的情绪相对安定，哪个时间其情绪波动较大，这样，当老人的情绪出现波动时，就可以提前警戒，避免危险的发生。

（12）偷窃行为。

有时失智症患者随便出去走走，随手就会把商店里的东西偷回来。虽然家人耐心解释、及时处理，商店一方也会理解与包容，但这还是会给大家增添许多不必要的麻烦。作为患者家属，又不能总是把老人关在家里不让他们出门，这的确是一件让人非常头疼的事情。

其实这种情况是"辨识障碍"所致，老人完全无法区别什么东西是自己的，什么东西是别人的。也正因为患者本人根本意识不到这一点，所以无论旁人怎样责备与呵斥，他都不会有任何反省的意识，反而会由于不理解周围人为什么会这样说自己，而对身边的人失去信任，变得更加孤僻和任信。

对于患者偷窃等反社会性异常行为，大多数家人会感到恐慌，不知该如何是好。作为家属或者护理人员，我们首先要接受这个现实，一定不能忘记这些问题都是由特殊的疾病所致，所以不能一味地责备和粗暴对待，而是要在耐心解释道歉，并争取到对方理解的同时，与其他的家人共同协商，积极寻找今后的对策。

（13）收集癖。

失智症患者常常会挑选、收集垃圾或废弃物品，并认定这些是对自己非常重要的东西。譬如，在家附近徘徊时，他们从垃圾堆里捡回各种各样的东西，有时还会藏在房间里，把房间弄得脏乱不堪；或者仅仅因为散落地上的落叶非常美丽，就把它们从行道树下捡回家里，并小心地收藏在柜子里等。

随着认知能力的减弱，老人的判断力也会逐渐衰退，对于别人来说可能是毫无价值的东西，在这些失智症老人看来，却可能是值得珍藏的宝贝。

其实，如果被捡回来的东西放在家里也不是很碍事儿的话，不如就随他喜欢，不要过分干预。当然，如果是影响家人生活且肮脏危险的物品的话，护理人员或者家人可以趁老人睡觉或不注意的时候，悄悄地把东西处理掉。但是，万一该举动不幸被老人发现，就要诚恳地向他道歉。

如果是需要立刻处理且非常危险的物品的话，我们也可以试着和老人商量，问问他们"能借我用一下吗""借我看一看吧"等，把东西"骗"过来后，偷偷地处理掉。

无论怎样，这些看似无用的东西，对失智症患者来说却是不能替代的宝贵财物，强行夺取反而可能招致老人的过度亢奋和激烈抗争，导致其症状的急速恶化，所以护理人员要特别注意。

（14）忘食。

忘食，是指患者饭后立刻忘记自己已经吃过饭的事实，并马上又想再吃而且反复大量地进食，或者因为忘记吃饭的方法而拒绝进食等情况。出现该症状的原因主要有两个：一个是由于患者的食欲中枢神经受损，无法体会饱腹的感觉；另一个是因为"辨识障碍"使老人无法正确判断吃饭的时间。这时候反复提醒和一再告知，其实都毫无用处，断然阻止和严厉呵斥反而会引发患者的抵触情绪。因此，护理人员不如对老人说"准备饭菜还要花点儿时间，咱们一起先看看电视吧"，以转移老人的注意力，并立刻将老人带离厨房或餐厅。这种方法可以有效地让老人忘却"饥饿感"，对于因食欲中枢受损导致的"忘食"症状非常有效。

针对"辨识障碍"对时间缺乏概念所导致的"忘食"症状，护理人员首先可以在交流上注意提醒老人，譬如在吃饭的时候尽量在语言上强调当下的时间："现在开始吃早饭（午饭、下午茶、晚饭）吧！"或者，饭后不立即收拾碗筷，让饭桌上零散的餐具，为老人留住已然进食的记忆。夜间还要注意清空橱柜，不要在冰箱内存放食物；反之，也可以有意摆放一点点低热量的食物，安抚一下老人"感到饥饿"的情绪。

另外，"实行功能障碍"会使老人忘记进食的方法，无助地呆坐在食物面前。怎样劝说都无济于事，最后面对拒绝进食的老人，护理人员只好无可奈何地将碗筷收拾走。

其实，这种情况下，我们首先要不厌其烦地为患者做示范，每次餐前都反复教老人使用碗筷的方法。另外，在食物的选择上也要下点功夫：为习惯用手吃饭的老人多准备一些可以用手拿着吃的食物（馒头、面包等）；为不会喝水的老人多准备一些富含水分的食品（水果、果冻等）；当然，为了摄取营养均衡的饮食，必要时还是要由护理人员帮助喂食。

（15）异食。

异食，是指患者无法正确分辨食物，纽扣、香烟、甚至粪便什么都要往嘴里放。出现该症状，主要是由于患者的认知功能受损，无法正确判断东西能吃与否。

这种情况下，护理人员要特别小心，仔细观察。去除一切老人有可能塞进嘴里的危险品（香烟、纽扣、药片等），把它们放到安全的地方。当然，有些护理时可能常常要使用的物品，如香皂、消毒液等，护理人员就要随时留意，看到老人好像想要吃的时候，趁其不备临时把它们藏起来。另外，对于夜间容易惊醒觅食的老人，护理人员可以考虑使用带锁的冰箱，或者采取将食物放入较难开启的瓶罐，清空生肉和冷冻食品等办法来应对处理。

3. 非药物疗法护理重点

对失智症患者的治疗，在进行药物疗法的同时，也常常要配合进行非药物疗法，即脑部康复训练或脑部活性化训练。其目的在于提高失智症患者的日常生活能力。其中，具体的干预方法有四种：行动疗法、情感疗法、现实认知疗法、艺术刺激疗法。

（1）行动疗法，是为失智症患者提供一个因人而异、可以顺应并符合个人能力的生存环境，活用他们既存的残余能力，在维持日常生活的同时，进行有效的康复活动。譬如，在诱导排尿时，尽量让患者自己操作，护理人员从旁指导；在协助烹饪时，让患者独立进行洗米、煮饭、切菜、盛盘等具体工作，护理人员只负责安全守护和流程提醒；在辅助穿衣时，可以完全让患者自行操作，护理人员根据情况按相应的步骤进行指导等。

（2）情感疗法又包括"往事回想疗法"和"共感认同疗法"两种。"往事回想法"是采用一对一或小团体的形式，让老人通过回忆和讲述美好往事的方法来消除患者自身的压力，放松身心，保持愉快的心情。但是该疗法对于"辨识障碍"和"判断力障碍"的患者来说，疗效却并不显著。

"共感认同疗法"是由美国社会工作者Naomi Feil女士开发的一种与失智症患者的沟通交流技术。该疗法自1963年以来，帮助了全球各地数以万计的患者，并在美国、加拿大、欧洲、澳洲等10 000多个失智症专业护理机构中被广泛应用至今。"共感认同疗法"是指护理人员应该以"确信""强调""认同"等积极的方式来理解，失智症患者所有的异常行为和伴随症状，均是在"失智"这一非常时期，对自己漫长人生的真切反映。故而，护理人员在日常的护理工作中，应常常换位思考，寻求与患者之间的情感共鸣并且在日常生活中对老人的行为宽容应对。该方法的护理重点是护理人员要从症状出发，仔细观察并认真思考引发异常行为的真实原因（生理原因、心理原因），努力为老人消除情绪上的障碍隐患，减轻和释放精神上的压力，帮助其保持平和满足的积极心态。

（3）现实认知疗法，是由Folsom在1968年提出的概念，并在美国阿拉巴马州（Alabama）一家退役军人管理局的医院开始试行应用。该方法是指护理人员以定时训练或随时训练的形式，在日常生活中有意识地帮助失智症患者认清现实状态的训练方法。该方法通过反复提示人物、场所、时间等生活基本信息为手段，以改善判断意识障碍为目的，是将行动修正法和环境疗法原理相结合的一种特殊技法。

现实认知疗法在失智症初期阶段的效果较为明显，但是对于中后期的患者效果却并不理想。相对于判断意识的改善，护理人员与老人之间由此产生的日常交流的意义则更加重要。

（4）艺术刺激疗法，能够有效地改善患者的认知识别能力，延缓其记忆、判断等基础功能的日益退化；同时，有益的刺激会长期发挥积极的作用。该方法主要是通过开展手工、园艺、料理等集体活动，组织日常的棋牌、游戏等休闲娱乐活动，以及鼓励发展音乐、舞蹈、插花、书法等伴随个人兴趣的艺术活动来刺激患者的各项功能，从而达到预防与治疗的效果。这些活动都能够活跃大脑，有效地维持与改善患者的认知识别能力。

第6章 AIP适老宜居环境设计

6.1 通用设计

1. 通用设计的由来

通用设计的概念可以追溯到20世纪50年代，第二次世界大战结束后不久。当时，世界各地涌现出了大量在战争中受伤致残的军人，这些曾经为了世界和平而勇敢奉献的残障人士所面临的社会生存问题，逐渐引起了社会各界的广泛关注，并最终在人道主义的呼唤和"平等参与"的国际化大背景下，于1961年由美国率先出台了世界上第一个《无障碍标准》，同时也正式提出了"无障碍空间设计"（barrier-free design）的概念，旨在为身体残障者除去存在于日常生活环境中的各种物理障碍。

然而，1987年美国北卡罗来纳州大学（North Carolina State University，NCSU）的著名教授，因自身为残障人士故同时身兼使用者与设计者的环境设计师朗·梅斯（Ron Mace），在"无障碍设计"概念被提出后不久，又开始频繁地使用"通用设计"（universal design）一词。他表示，"通用设计"不是一项新的学科领域，或者有什么特别的独到之处，它只是一种全新的设计理念，是在全方位、立体式地了解和掌握使用者与市场需求的情况下，以纵横纬度的弹性设计方法、温暖亲切的人性化设计尺度、简洁实用的美学设计标准，让设计及生产出的每件物品都能够最大限度地被每个人所使用。

区别于"无障碍设计"，"通用设计"属于先行设计，它是指在设计初期就应该考虑到所有人的使用需求，避免"专用型"或"特殊型"所带来的使用者局限。然而，这里提到的"所有人"（见图6-1），毕竟是个相对理想化的状态，它其实可以理解为，超过原有使用者群体，最大限度地满足尽可能多的使用者的需求。但是现代社会瞬息万变，无论是观念、方法，或者材料、技术，都在左右着使用者的需求和市场的变化，因此绝对的"通用设计"并不存在，它应该是一个建立在解决现

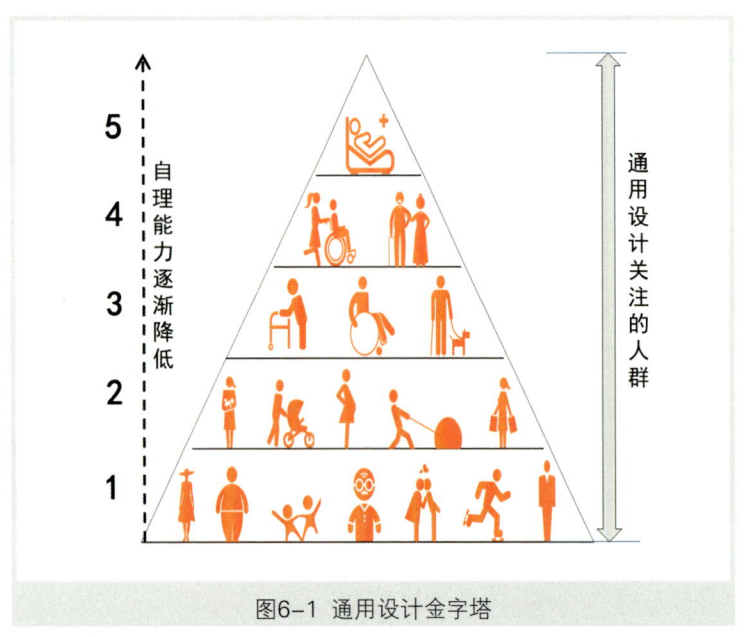

图6-1 通用设计金字塔

状问题的基础之上,不断改进、不断完善并随时都处于动态变化过程之中的优化设计的概念,即每个新的设计都是相对于传统设计的"通用设计"。譬如,随着时代的变迁,照明灯具的开关设计由原来的拉线或按钮式灯泡开启方式起(只适用于站立举手并可以操作拉线或按钮的人),逐渐过渡到指尖扳动式小按钮开关(使用者范围扩大到身材矮小或坐轮椅且可以用指尖操作按钮的人)、任意部位触压式大按钮开关(使用者范围继续扩大至手指有部分残疾的人,或手中持有物体的人群),再发展到无需接触的自动感应式照明开关(适用于理想中的"所有人")等,逐渐优化发展(见图6-2)。

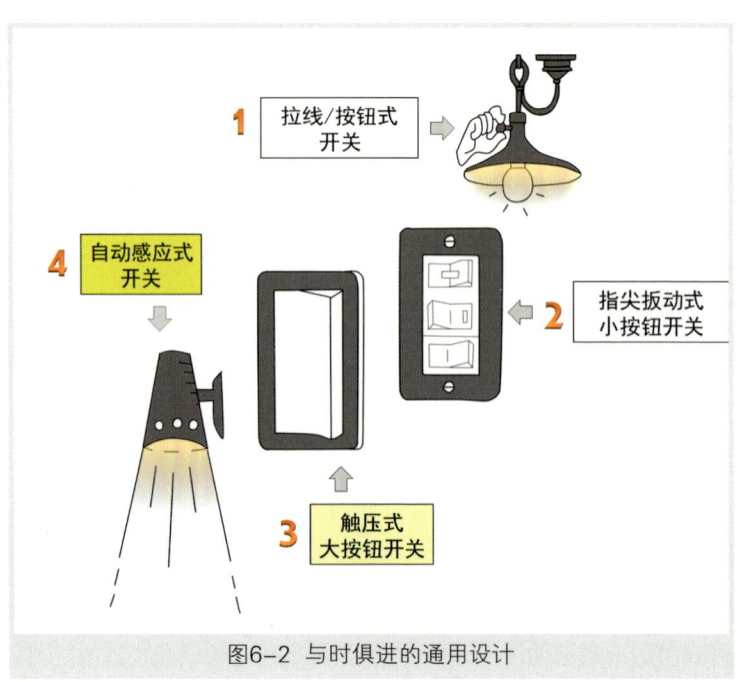

图6-2 与时俱进的通用设计

可见，"通用设计"与"无障碍设计"有紧密的联系，但两者之间也有本质上的区别。除此之外，在设计理念上与"通用设计"的概念相近，但所涉猎的领域范围等有所差异的相关概念还有：源自欧洲后又风靡世界的"全民设计"（design for all）；在交通、空间及信息化设计领域备受推崇的"畅达设计"（accessible design）；提前考虑到未来环境与身体情况变化的"适应性设计"（adaptable design）或"弹性设计"（elastic design）等。

2. 通用设计的原则

为了使上述"通用设计"的理念能够顺利施行，美国北卡罗来纳州大学通用设计中心的研究人员们还制定了"平等使用、灵活自由、简单易用、容差纳错、资讯畅明、省力易用、空间畅达"七项通用设计的基本原则。

（1）平等使用原则（见图6-3）。

平等使用原则，指设计应该具有"公平性"，要对于不同年龄、不同国籍、不同身体能力、不同状态及行为类型的各种人群都同样适用。譬如，在酒店或者便利店常见的自动门，无论是普通行人、持重物者、语言不通的国际友人、坐轮椅的人士或是其他各类型的残障人士等，在通行自动门的时候都能享受到其安全便捷的使用功能。所以，自动门的设计非常完美地体现了各类人群平等使用的原则。

（2）灵活自由原则（见图6-4）。

灵活自由原则，指设计应该适应广泛的个人偏好和个人能力，并根据使用者的不同需求，将各种类型的使用方式直接了当地展现出来，为使用者提供灵活多样的可选择性。譬如，设计左右手兼用型剪刀，使用者可根据自身的具体情况，选择用左手或者右手来使用；或者是在商业建筑中，把自动扶梯、电梯、楼梯等垂直交通设置在同一个视线通透的入口空间，以便使用者可以依据自己的喜好或当时的实际情况来选择上下通行的方式。

（3）简单易用原则（见图6-5）。

顾名思义，简单易用原则指设计应该操作简单、易懂易用，不会因为使用者的经验、知识、语言、技能或者当下的注意力集中程度不

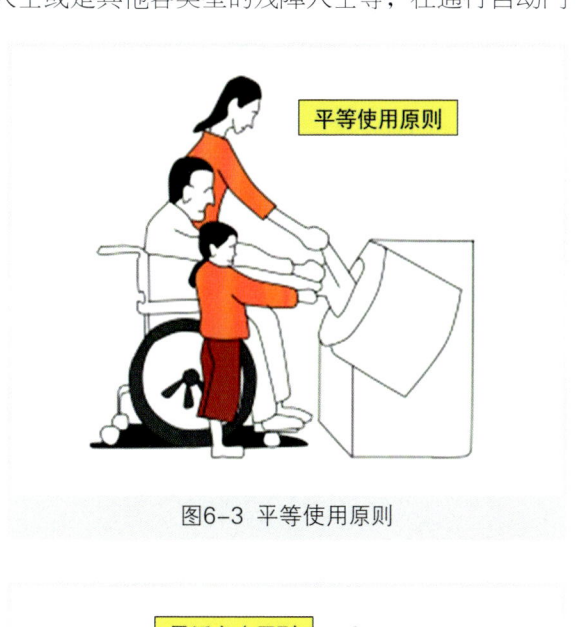

图6-3 平等使用原则

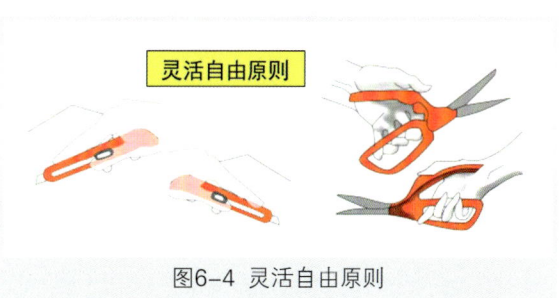

图6-4 灵活自由原则

同而有所差异。譬如，电源开关、相机、平板电脑（ipad）等的设计，使用者根本不用看说明书就能运用自如。该原则下的设计要求操作动作的设定与流程要尽量与使用者的操作习惯、直观判断或者理想预期相一致，设计应该简单易懂。另外，在操作流程的设计上，信息要具有一定的提示性，并与其重要性的秩序保持一致。

（4）容差纳错原则（见图6-5）。

设计中的"容差纳错原则"可以说是所有人的福音。在我们使用电脑时，常常会因为一时的疏忽输入了错误的信息，或者一不小心删除了重要的文档，这些因无意间的行动而产生的致命问题，都因为电脑中存在的"撤销"一键，瞬间变得轻松而安全。可见，从安全的角度出发，设计时遵循使危险、事故和误操作产生的危害及不良影响最小化的原则，在适老环境的设计中也非常重要。

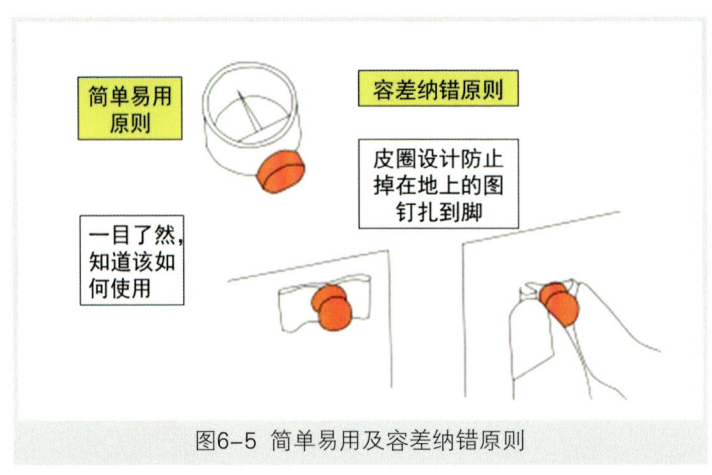

图6-5 简单易用及容差纳错原则

（5）资讯畅明原则。

随着城市交通的提速与发展，很多人在欣然受益的同时，也曾有过在拥挤的车厢中，由于没有听清车长报站名而惴惴不安的不快经历。如果车厢前后有根据行车路况而实时更新的电子指示牌，则会让我们安心许多；如果指示牌上除了中文，还附有英文的显示，则会让更多的人受益；如果除了车长报站名、指示牌显示，还伴有反复播放的普通话录音报站名设备，人们就不用担心由于一时走神而错过重要的报站信息了。这就是"资讯畅明原则"所涵盖的具体内容，即将重要的资讯通过图像、声音、触觉感知等多样性的手段，在互不影响的前提下，稍有重叠但又简洁明快地展现出来，以方便尽可能多的人随时随地进行确认和了解。

（6）省力易用原则。

该原则指使用者在操作或使用该设计时，不用采取易疲劳或难度较大的姿势，不用费力费劲艰难作业，不用复杂往返频繁操作，即可轻松省力高效地完成相关任务。譬如，我们在换乘利用公共交通时常用的"公交卡"，使用者在上下车或进出站时只需要将卡靠近特定的刷卡感应设备，即可完成原有"选站—付钱—找零—交付"的复杂购票流程，符合省力、省时、易用、易懂的设计原则，是通用设计的优秀实例。

（7）空间畅达原则。

该原则指设计应该尽可能为各种体型、姿态和不同活动能力的使用者提供便于靠近、抵达、操作和使用的空间尺寸。譬如，厨房水槽和操作台的下方应该留出尽可能多的空间，便于坐轮椅的使用者靠近使用；或者在日下流行的多功能厕所（见图6-6）中，有足够的空间，供不同情况的使用者都能够方便地使用厕所内设的各种设施设备。

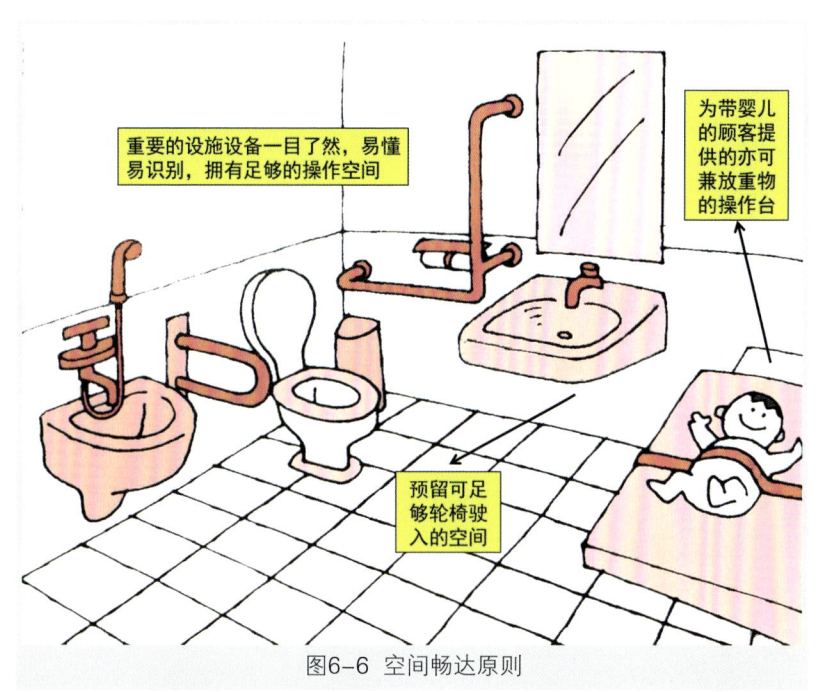

图6-6 空间畅达原则

正如前文所述，当今社会瞬息万变，通用设计应该是建立在解决现状问题的基础之上，不断改进、不断完善并随时都处于动态变化过程之中的优化设计的概念，即每个新的设计都是相对于传统设计的"通用设计"。"通用设计"一旦在日常生活中得以渗透，"无障碍设计"也能够自然而然地被实现。目前，尽管"通用设计"的普及的确还存在一定的难度，但其仍旧可以从"无障碍设计"的改善出发逐渐得以达成。

那么，究竟是"无障碍设计"比"通用设计"更好，还是"通用设计"比"无障碍设计"更重要呢？其实，作为通向人性化设计的必经之道，两者的争论毫无意义，而且也有一些设计是从"无障碍设计"的理念出发，但最终让人惊喜地得到了"通用设计"的结果。譬如，我们常用的打火机，设计最初的目的是为了让很多在第一次世界大战中上肢负伤、无法单手使用火柴的士兵能够更方便地用火而研发出的从"无障碍设计"理念出发的产品。但打火机的设计结果，却使更多的人获益，该设计最终意外地达到了"通用设计"的理想目标。由此可见，究竟是不是"通用设计"，不能简单的只由设计最初的理念来决定，而应该通过长期的使用者操作实践和该实践后严谨的使用后评估来进行综合判断，得到多数使用者好评的产品，才是真正意义上的"通用设计"杰作。

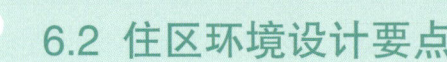
6.2 住区环境设计要点

1. 广义障碍的具体内容

某些时候，通用设计又被称为"广义无障碍设计"。其实，在我们的住区环境建设中存在的"障碍"范围非常广泛，这些广义上的"障碍"主要可以分成"可视障碍"与"不可视障碍"两种（见表6-1）。

表6-1 广义上的障碍（通用设计）

		可视障碍	不可视障碍
硬件		物理障碍	
		情报障碍	
软件		时间障碍	心灵障碍
		制度障碍	社会意识障碍
		道德障碍	

可视障碍主要指：物理障碍（高差、过于沉重不易被开启的大门、容易滑倒的路面等）；情报障碍（电梯或自动扶梯等设施设备的标识不清晰、说明文字过小等）；时间障碍（十字路口上红绿灯的间隔时间过短、上下车的等待时间不够等）；制度障碍（轮椅与公共交通混杂、拒绝老年人参加的社区活动等）；道德障碍（在盲道上设置障碍物、在坡道上堆放杂物、不给老人让座等）。

不可视障碍，首先是由于诸多城市问题及上述可视障碍给人们带来的心理抗拒所造成的心灵屏障和对城市产生的恐惧与防御，即心灵障碍；另外，过分的关注与怜悯，也会使人们产生心理障碍，形成对于社会参与的无端恐惧与排斥，这种情况，我们称之为社会意识障碍。

这些存在于住区环境中的各种障碍，使我们的居住环境充满了问题、麻烦，乃至危险，它们既限制了通畅便捷的社会出行，又破坏了原本可以温馨舒适的社区生活。与此同时，这些看似不经意的点点滴滴中，其实还隐藏了大量的社区安全隐患，如果不引起重视，它们将会给个人、家庭以及社会造成无法挽回的严重后果。

2. 住区环境通用设计

在老龄化程度不断加剧的今天，要以"通用设计"（universal design，UD）的先行理念打造亲老型优良住区的环境品质，我们必须先从去除上述这些影响着人们日常生活的"广义障碍"着手。

1）出入口处的UD设计

为了防止雨水倒灌和尘埃飞入，建筑物出入口的地面常常会被抬高，与室外形成一定的高差。

由于高差会给使用者特别是老年人造成不便，所以在无障碍设计中，常常会用带扶手的坡道和轮椅专用电梯等来解决该问题。

从UD视点来看，去除高差应该从整体设计入手，鼓励社区街道积极采用整体无高差化的解决方案。或者是在主要踏步旁显眼处（无障碍设计提倡在不显眼的位置），设置可供从老人、孕妇、儿童、手提重物者到一般行人均可方便使用的平坦缓坡。另外，如果住区中使用的是普通坡道，则应该注意避免坡道中途转向，要尽量使用诸如I字形（直线型）、L字形、U字形等简单形状的坡道，并且必须设置扶手和铺设盲道。对于既有的100 mm左右高差，可以采用搭设斜板的方式处理，但最好能确保斜板面宽达到1 500 mm，坡度小于1/12，且应做好斜板表面的防滑处理。

普通大门的开启方式多种多样，但其优缺点各有不同：平开门在一般建筑中被广泛使用，但缺点在于室内外缺乏通透性，容易在开启时撞到对侧的使用者；推拉门是在门扇的上下各设轨道，以左右滑行的方式开启，缺点是在滑动时容易伤到手；旋转门是设置在圆弧形的门套中水平旋转的大门，它对防止室内外空气对流、减小热损耗有一定的作用，但缺点是当老人、坐轮椅人士、大型重物携带者等行动不敏捷的人通行时却比较危险。

因此，从UD视点来看，建筑物出入口大门的设计应该注意：①室内外应采用整体无高差设计；②使用玻璃门，确保室内外视线的通透性；③门宽应大于1 200 mm，推荐使用全自动两侧开启式推拉玻璃门，并且建议楼栋大门，无论所在区域严寒与否，均宜使用兼具分隔、挡风、御寒等功能的门斗设计。

2）道路交通的UD设计

目前我国的公路等级一般按照其使用任务、功能和交通流量被分为高速公路、一级公路、二级公路、三级公路和四级公路五个等级。国际上按照城市骨架又可将道路分为：高速路、主干道、次干道、区间道路（支路、生活道路）等。

但是，从以人为本的UD视点出发，道路分类应该以使用对象的不同加以区分，譬如可分为：专用人行道（建议宽度在3.5 m以上）、自行车专用道（建议宽度在1.5 m以上）、机动车专用道等。同时，一般道路的组合方式也应根据通行功能的具体情况将其细分为：完全分离式、部分分离式、混合共用式。

在住区内建立普通人群与行为不便者均能使用、安全方便的复合多层次共用型交通系统是通用设计的目标。建议尽量在住区外围规划机动车道或使用直通式地下停车场，为自行车或电动车开辟专用的骑行路径，在面积允许的情况下做到人车分离；步行系统要考虑普通人群、坐轮椅人士、婴儿推车、拖拉重物者等都可方便舒适利用的铺设方式。另外，在人行道非常狭窄，没有足够的空间退让出路口转角缓冲带的地方，应该设置凸面镜，以帮助行人观察不同方向上车辆行驶的情况；在步行者较少的道路交叉口，应设置按键式红绿灯装置，便于需临时通行的路人使用。

3）住区公园的UD设计

作为城市开放空间，公园具有保护生态环境、保护城市景观、提供休闲设施和防灾保障等重要功能。而住区公园一般指服务半径 500 m 左右、占地规模 2 hm² 的"近邻公园"，和服务半径 250 m 左右、占地规模 0.25 hm² 的"街区公园"。

UD视点下住区公园中的道路可分为：按照UD标准设计的主要道路；仅供健康者使用的次要道路；供青少年儿童使用的探险道路三种。公园出入口处必须禁止机动车驶入，同时无障碍的标识要清楚明确（见图6-7）。

公园的休憩场所应配备的休息设施包括：可避免阳光照射的休息亭；与景观结合并可供游人休息的各种座椅；可供游客平躺休息和散步慢行的休息广场；兼顾攀登和休息等多重功能的休息台阶；有大树遮阳并可供游客席地跪坐的休息草坪等。

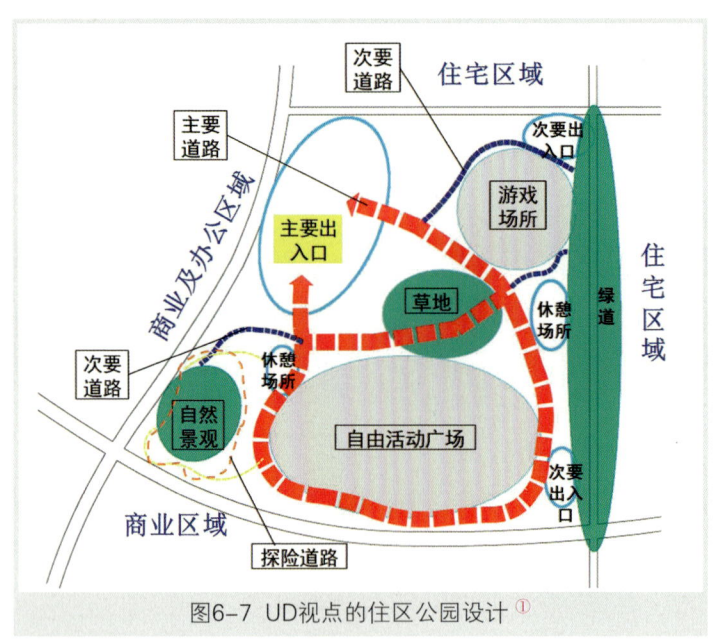

图6-7 UD视点的住区公园设计①

4）公共服务及标识系统

社区公共服务设施包括了前文在第2章中提到的社区"近邻资产"和"地域资源"。

其中，"近邻"的范围比地域、社区小，它是指以自家为起点，老人徒步慢行15分钟，大约500 m半径圈域内的步行生活领域，又被称作"步行圈"。老人生活QOL是不能只依靠单纯的服务来提供的，它与地域社会、社区生活密不可分。从近邻的家人、熟人、朋友，到熟悉的店铺、活动场所等，都是老人在自我意识的支配筛选下主动获取的珍贵的"近邻资产"。

有形的"地域资源"包括：老人交流与活动中心；可提供养老服务的各类机构；24小时的社区养老服务中心；经无障碍设计且便于老人使用的公园、邮局、诊所、超市、康复中心、图书馆等公共设施。

---

① 樫木武：《ユニバーサルデザインのまちづくり》，森北出版株式会社2004年版，第141页。

UD视点下的住区环境中，还应该设置医疗和护理机构及相关设备。在社区的人行道上可以设置兼有低位服务的自动贩卖机、直饮水设备等能够给除普通人以外的，能给老人、儿童、轮椅使用者等带来方便的设施设备。在社区的屏幕信息服务设备处，应该提供触摸及音像一体化信息服务，且屏幕应显示手语和文字、示范图像等多种提示信息。

清晰明确的标识系统也是住区建设的关键所在。目前，从UD视点来看，标识系统还存在下列问题亟待解决：①各类标识数目过多，既破坏景观，又容易扰乱注意力；②标识系统的位置过高，识别性差，难于理解；③现状变化但标识的内容未被更新，提供的信息不正确；④标识的文字信息过多，或图形信息复杂难懂，让人越看越糊涂；⑤标识从材料材质、色彩搭配，到设置方式等与环境不协调；⑥使用过分先进技术手段做成的标识系统，有时反而会给特定人群带来认知上的障碍。

因此，从UD视点来看，标识系统所提供的信息要尽量简化，多使用清晰明确、容易识别的图形，并且在公共设施和主要交通节点处，使用多国文字加以说明；在各标识的空间位置的设置上，首先要根据使用者的行为动线特征严格挑选点位，尽量避免不同种类信息内容的标识过于集中地配置，标识设置的高度尽量不要高于视平线太多，必要时建议采用一定的视觉倾斜（与地面夹角略大于90度）；在管理上，应尽量采用一元化统一管理的模式，对环境有变化的地方要及时修改，对标识受损的部位要及时修复。

"识别性标识"是用于明确诸如站名、道路、公园、河流等各类设施具体名称的标识系统，在设计时要注意对它们的大小、色彩、形状、分布位置等做到有节制的规划与控制。

"引导性标识"是用于明确为使用者提示诸如设施、公共厕所、电梯等目的地的标识系统，它常常与提示使用者当前位置、所在地、行进路线等整体空间及位置关系的"现状标识"一起使用。该类标识设计的关键是：对过度信息进行大力删减；体现出明确的"当前位置"信息；引导时尽量使用"当前位置＋箭头方向＋目的地名称"的组合方式。

3. 选择合适的住区环境

体能衰退、器官老化导致行动不便，对新环境的适应能力相对降低等，是所有老年人都会碰到的具体问题。因此，对于老年人来说，能够持续地居住在自己最熟悉的环境，原本是最好的选择。但是，现实生活中总会有各种各样的原因，使老年人不得不搬离自己常年定居的家园，移居到全新的社区环境中生活。这时，对老年人未来迁居环境的前期考查就显得非常重要，它是保证老人拥有一个方便舒适的养老居住环境的前提。子女或家属在为老年人选择居住环境时，方便和安全尤其重要。此外，以下几个方面的内容也要仔细地权衡和考量。

第一，住区附近是否有方便的诊疗机构。诊疗机构，不一定是大型的三甲医院，只要是在步行圈内，能够在第一时间提供出诊服务的机构就可以了。譬如，人流量较少、服务及时便捷，且能够在老人遇到突发情况时进行有效救治的社区医院是较好的选择。

第二，要考查的是，住区内是否住有一定数量、可进行顺畅交流的老年人。附近有共同话题、共同兴趣爱好、背景接近的老人一起居住，会使老年人的生活更加充实丰富。所以，子女或家属在为老人选择居所时，要尽量避免选择单纯上班族聚居的小区，最好是选择多样化、居家型、住户较多的大型社区。

第三，确保在住区内有安全完善的无障碍设计，检验在住区内是否设置了老年人活动场所；有高差的地方是否设置了坡道和扶手；住区和楼栋的门禁系统是否考虑了无障碍设计；住区和楼栋的出入口是否设有明确的标识系统等。这些细节问题对于行动不便的老年人来说尤其重要。

6.3 居室设计新观念

1. 三个新的设计理念

在谈论AIP适老型宜居环境的设计要点之前，我们需要重塑一下选择老后居住环境的三大新观念：住远不如住近；住大不如住小；按需设计弹性预留。

1）住远不如住近

在茶余饭后的闲谈之中，我们常常会听到人们满怀憧憬与向往地描绘自己老后的生活蓝图："现在要趁年轻，在都市中辛苦打拼、努力赚钱，等到老后就可以到乡村郊外寻几亩地盖栋房子来居住，就可以享受好山好水好空气的悠闲时光，能够幸福快乐地颐养天年。"但是，真的每个人都适合搬去乡下居住吗？

先不说定居僻静郊外缺乏可靠的医疗资源，这是乡村生活在适老环境安全感上的天然短板，光是重新适应截然不同的新环境这一点，就足以让老人身心俱疲。加之，亲朋好友都还留在原来的住地，虽然还是会偶尔来访互通近况，但是比起原来的和睦亲邻朝夕相见，总是会日渐生疏，对于老人们来说最重要的"老友"社交网络也会很快塌陷。

刚开始，虫鸣鸟叫的田园景致可能会使人心旷神怡，满怀惬意，但是渐渐的日常生活中的诸多不便，总是会随着"柴米油盐酱醋茶"的些许琐事接踵而来。时间一久，便利性上的严重不足就会渐渐浮出水面，无聊乏味的日子会逐渐让人疲惫不堪，最后可能坚持不了多久就又想要举家回迁了。

毕竟，人是习惯性的动物，能住在最熟悉的地方，无论在生理或者心理上都是最好的选择。因此，"住远不如住近""年轻时在哪儿，老了也在哪儿"是我们在对自己老后居住环境做出选择时的一项重要基本原则。

2）住大不如住小

一般人在熟年以后开始购置房产，因为年轻时长年的打拼奠定了坚实的经济基础，加上烙有多年记忆执念的各种物品不舍丢弃，总觉得新房子的面积是越大越好，越大越开阔舒适。另外，老年人希望子女能常常回家探望，所以还会为下一代儿子、女儿，甚至孙儿、孙女预留很多卧室。但是，这么多的房间、这么大的面积、这么长的流线，真的适合老后居住吗？

其实，随着年龄的增长，老人在家里的活动范围也是在逐渐缩小。很多地方难得走过去一趟也只是为了打扫一下卫生，很多房间只是形同虚设，清扫起来的诸多麻烦暂且不说，空旷无人的空间反而会让人觉得寂寞冷清。

因此，建议老年人能够转变"喜大而居"的传统思想，提倡老后住宅"住大不如住小"的新观念。毕竟，房子是自己要住的，年纪大了更应该多为自己着想，一切应该从实际需要出发，以安全、舒适、便利为先，无需为了次要目的来压缩自己宝贵的使用空间。

3）按需设计弹性预留

有些人一提到"老后生活""适老化改造"，马上就会想到要做无障碍空间设计、加设辅助器具、房间四周都要装上安全扶手等，最后把自己的家改得像医院里的病房一样。这些做法其实都是因为对自身真实需求的误解所造成的本末倒置的结局。

实际上，最适合自己的才是最好的。因此，当我们在为自己设计"老前住宅"，或者对未来居室进行适老化改造的时候，首先，要了解自己，整体规划；其次，要规避危险，防患于未然；最后，要为以后预留出弹性空间，做到"一颗红心，两手准备"。

（1）了解自己，整体规划。

在第一章"老年期的特点"中，我们提到老年人的身体状况、人生经历、生活环境各不相同，具有多样化的特点。同样，这一时期老人们对空间环境的需求也会呈现出多样性的选择特征。因此在设计之前，建议老人自己能够尽可能多地了解自己。譬如，了解自己现在的身体情况、清楚健康上需要特别注意的地方、弄清现在居室中存在的问题，最后整体规划出未来需要增加的空间与设备等。

（2）规避危险，防患于未然。

随着老化的加剧，老年人的体力与适应能力都会逐渐变差，可能不小心的一个感冒、一次跌倒就会酿成大祸，并导致难以挽回的悲惨结局。因此，居室中的卫浴、厨房、地板、楼梯等都是设计时需要特别留意的地方，在设计时要注意保持室内的恒温、保证地面的平整干燥。

另外，由于上了年纪，眼睛的虹膜和瞳孔也会随之老化，老人对光线明暗的适应力会逐渐降低。因此，在照明的适老化设计中，要着重注意保证居室照明，建议采用不含蓝色系波长的暖色光来保障足够的亮度，并且要在室内有高差的地方，安装地脚灯，确保老人夜间行动的安全性。

（3）预留弹性空间，以不变应万变。

弹性设计（flexible plan）是一种本身具有灵活性的设计，是能够适应变化的整体计划方式。譬如，在居室设计中，我们可以借用"三尺巷"①的典故，采用从古至今被普遍使用的三尺模数作为

---

① 其中一个说法为，清朝康熙时，安徽桐城有个叫张英的当上了宰相，邻居吴氏欲侵占他的宅边地，家人驰书北京，要张英凭官威压一压吴氏气焰。谁知张英却回诗一首曰："千里修书只为墙，让他三尺又何妨。长城万里今犹在，不见当年秦始皇。"意思很明白：退让。家人得诗，主动退让三尺。吴氏闻之，受到感动也后撤三尺，三加三等于六，成就了后来的"六尺巷"。

设计基准。

古时的三尺相当于我们今天的 910 mm 长度，如果与三尺的一半 455 mm 长度搭配活用，可以成就很多具有"弹性设计"特性的舒适空间（见图6-8）。

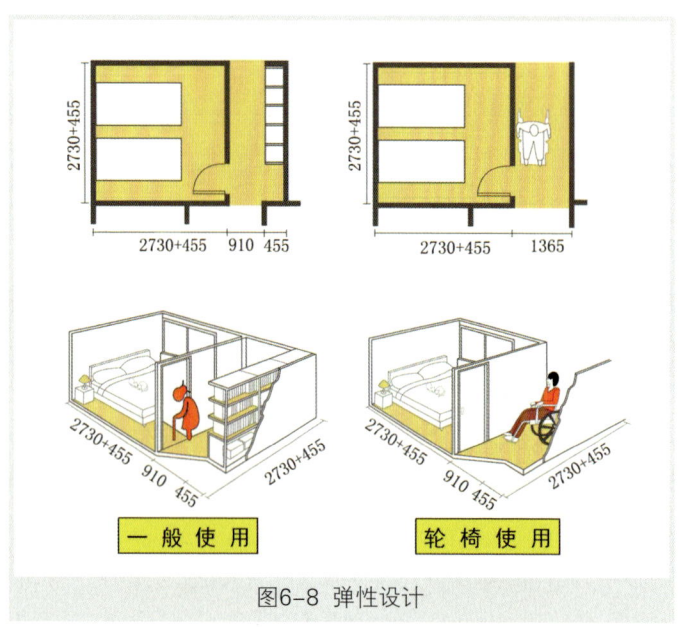

图6-8 弹性设计

2. 居室中的弹性设计

近年老龄化的问题备受各界关注，市面上关于老年居住环境设计与改造的书籍层出不穷，大多数也都内容充实，方法多样，这里就不多做赘述。本节的重点将聚焦于弹性设计理念下，对不同空间的适老化设计方法。希望能为老人及其家属指出在普通居室中不同空间设计上要特别留意的地方，给打算进行"老前住宅选择"或者"老后住宅改造"的人们做个参考。

1）客厅、餐厅、厨房（LDK[①] 组合方式）

老年人的退休生活一般较为单调，所以能和家人一起共同用餐，对普通老人来说就是一件非常开心的事情。尤其是对于那些长期卧床不起的老人，每当吃饭或者喝下午茶的时候，哪怕仅仅是使他们能够从卧室移动到客厅或者餐厅，这样一个简单的挪动，对于他们枯燥乏味的卧床生活来说，都能起到转换心情、有益健康的重要作用。所以，LDK这样较为开放的公共空间最好能和老人的卧室就近配置，同时

---

① L（living room）：起居室或客厅；D（dinning room）：餐厅；K（kitchen）：厨房。

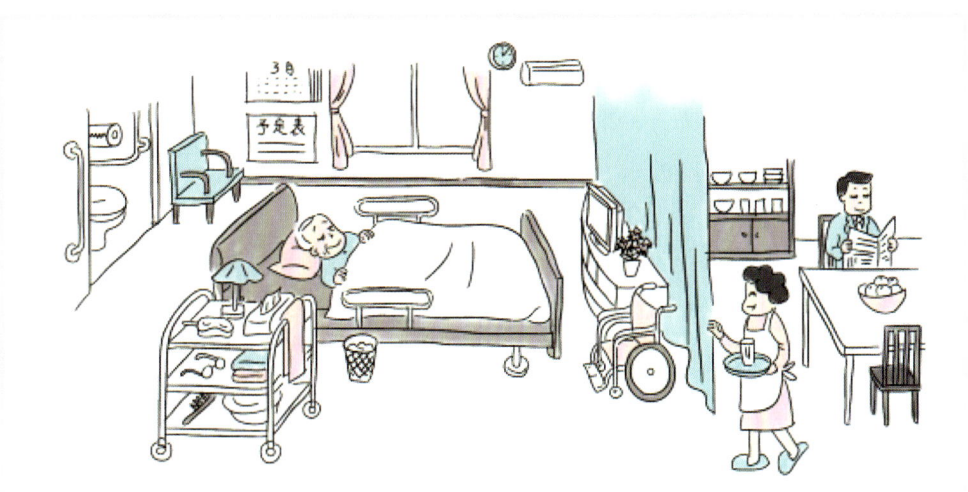

图6-9 卧床失能老人的LDK

还要考虑未来如果使用轮椅时要留有足够的移动空间。厨房与餐厅就功能而言，KD连接对餐前准备和餐后收拾都更有效率，所以常常组合配置在一起（见图6-9）。

具体的配置方法可以分为：全开放LDK整体式；半开放LD·K邻接式；独立LD+K闭合式三种（见图6-10）。

客厅最好宽敞明亮，有足够可以收纳日常生活用品的空间，有便于通风、换气、采光的大窗户，当然最好能保证冬季有较长时间的日照和拥有良好的景观。要特别注意：客厅不能有高差，要方便老人在室内的各项活动。另外，客厅内不要摆设过多的装饰品和杂物，避免碰撞到老人，液晶电视等易倒物品最好能够固定在墙上。

做饭、吃饭、休闲，这些行为在老人的生活中占的比重极大，也是最让老人舒

图6-10 LDK的三种组合方式

心快乐的部分。而且，做家务本身对预防老年痴呆非常有效，因此在厨房与餐厅的空间设计时，要尽可能地为老人营造一个安全便捷、快乐舒适的环境。厨房设计要特别留意安全性（用火安全、地面防滑、烟感报警等）。另外，要尽量缩短流线，动线简单不易交叉，保证室内光线明亮，易于清扫。

考虑到身体情况，老后如果有使用轮椅的可能性，则应该注意厨房要设轮椅转动的空间，使老人坐在轮椅上也能十分接近洗碗池，需要在洗碗池下预留出轮椅能够驶入的空间。同时，为了尽可能地减少轮椅的移动，设计时要尽量将洗碗池、烹饪台、煤气灶、餐桌等按照操作流程进行连续设置。

只要条件允许，就应该尽量鼓励老人到餐桌旁用餐，这样既可以活动肢体，又可以与家人共享美食和交流团聚的时光。很多设计师认为餐厅可以不用靠近窗户。但是，其实如果餐厅能够拥有一扇明亮的窗户，通过窗户还可以摄入阳光和美景，那么老人就餐时，就可以不用只对着冷冰冰的墙壁或乏味的电视，光利用窗户投射进来的阳光作为活体生物钟，就完全可以让老人在自然光调试的动态的三餐环境中，看着美景、听着鸟鸣，愉快地就餐。

2）老人卧室

老年人的卧室要有很好的通风采光条件，而且一定要为老人选择带有卫生间的卧室，为老人夜间如厕提供方便。同时，卧室内除了必要品外，尽量不要放置其他多余的物品，以免带来不必要的麻烦。

弹性设计要求我们在老人还健康时，就应提前考虑到将来需要护理的流线需求，因此要尽可能地确保浴室、卫生间、卧室的相邻关系，以便护理及清洁污秽物品时的动线能够便捷流畅。

前文提到，为了避免老人因久病卧床而造成废用性综合症，护理人员应该常常鼓励老人起身活动，不能一直关在卧室中。因此，卧室空间最好能和LDK这样较为开放的公共空间就近配置。

如果根据老人的身体情况判断，未来出现瘫痪或者行动不便的可能性较大，建议护理人员或家属可以为老人选择能够调节头部、脚步高度，且便于擦浴、用餐、更衣护理等行为的护理床。如果是不能移动的普通卧室用床，则要注意床的两侧都不宜靠墙放置，要预留出护理人员的操作空间。

3）厕所及浴室

前文提到，厕所应该尽量与老人的卧室相邻。有老人使用的厕所最好采用马桶或坐便器，要消除地面高差，并预留出可以安装扶手的墙面。另外，考虑到日后也许会有坐轮椅或被护理的需求，厕所空间还应该预留出可供轮椅回转和护理人员操作的使用面积（见图6-11）。

坐便器和各类扶手器具、入口形式的布置

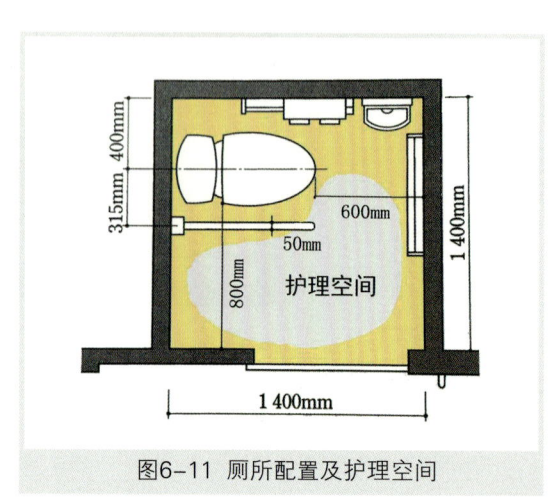

图6-11 厕所配置及护理空间

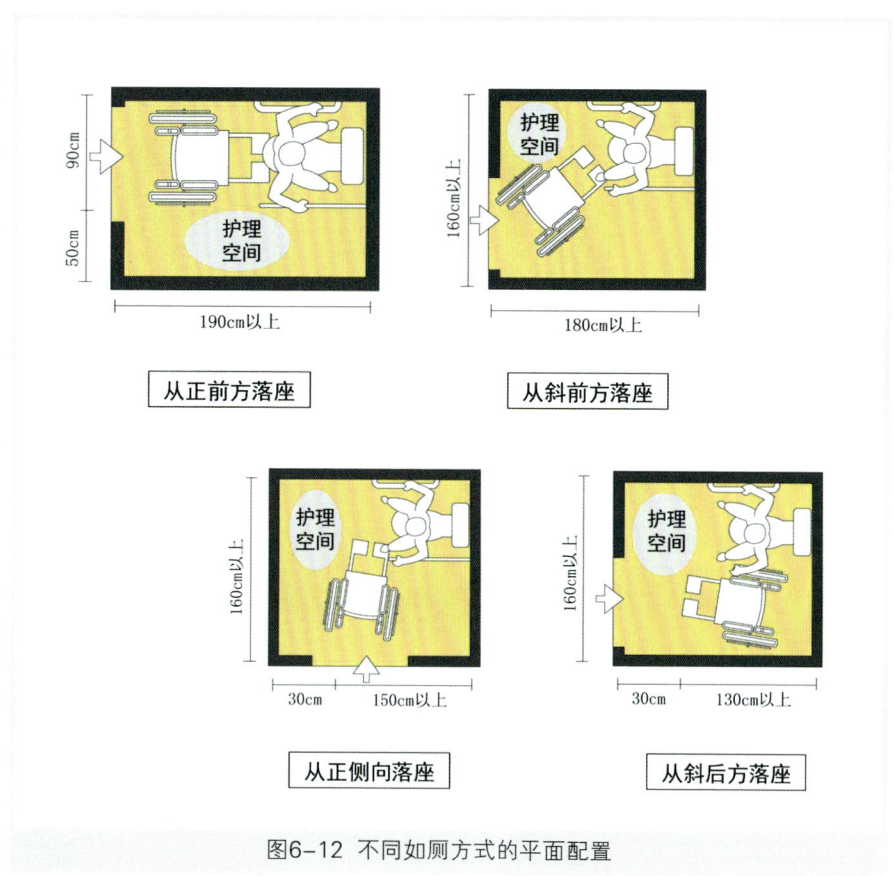

图6-12 不同如厕方式的平面配置

可根据老人瘫痪情况与如厕习惯不同分为下列四种（见图6-12）：①从正前方落座（上肢力量较弱者）；②从斜前方落座（上肢力量稍强，可移动2~3步者）；③从侧向落座（瘫痪、半身不遂者）；④从斜后方落座（上肢力量薄弱，且不易保持身体平衡者）。

浴室、盥洗室等经常用水的地方，如果地面湿滑，则非常危险。尤其是在空间狭小的浴室内，老人一旦跌倒，就会导致头部撞伤等严重的事故。所以，防水、防滑、防跌倒和紧急呼救是浴室设计的关键。浴室设计首先要消除高差，将防水的排水高差处理为防滑坡面，安装便于使用的对讲电话或呼叫铃等应急装置。

另外，如果空间允许，老人用的浴室外最好设置更衣室，并要在更衣室内安装相应的采暖设备，防止因为更衣室与浴室间的温差，引发老人出现血压异常或突发心脏病等危险情况。

4）廊道空间

老人在廊道滑倒或者被房门处的阶梯绊倒等室内的跌倒事故屡见不鲜。尤其是一些房间内外存在高差，狭窄且拐角较多的廊道，老人在行走时稍有不慎就很容易因身体失去平衡而跌倒。所以，廊道最好平整宽敞，有两个以上的照明，并在拐角处配置脚灯。在狭长的廊道中，尽量使用推拉门，最好不要放置多余的物品，要使用连续的扶手（见图6-13）。

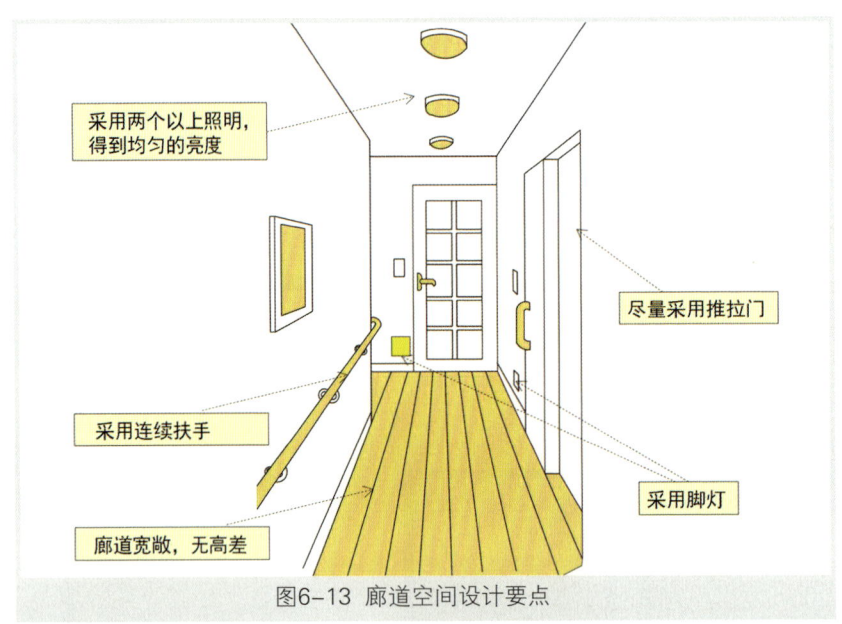

图6-13 廊道空间设计要点

另外,在老年人经常走动的廊道转角处或可能碰撞到的地方,要安装海绵护角,防止老年人意外碰伤。如果需要使用轮椅,除了要预留足够轮椅通过的宽度,还要考虑加固和加高廊道两侧易受撞击处的踢脚线,以防止轮椅操作不当,不慎撞坏墙面(见图6-14)。

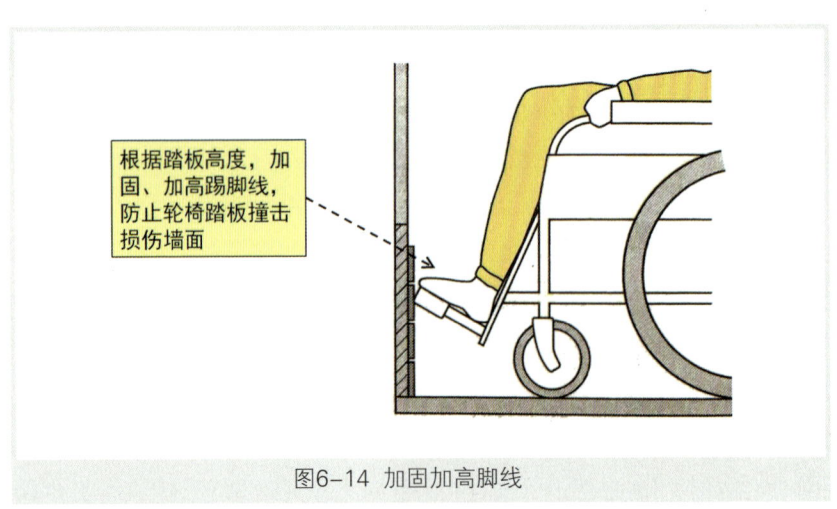

图6-14 加固加高脚线

3. 特殊环境设计要点

AIP适老宜居环境的设计,除了上述需要共通遵循的要点外,还有一些根据所患疾病类型的不同需要格外留意的地方。

1）慢性风湿性关节炎

对于罹患慢性风湿关节炎的老人来说，在日常生活中如何能够不给关节增加负担最为重要。所以，在环境设计时，应建议采用压杆式水龙头；给推拉门安装棒状把手；在卫生间设置水平扶手；尽量抬高床的高度，便于从床上坐起等。

另外，由于寒冷、气压降低、吹风等因素都会导致关节疼痛加剧，所以在室内环境设计时要认真考虑暖气设备和日照的条件，建议进行整体的室内地平设计，消除高差，采用地暖设备。

2）废用性综合症

根据废用性综合症老人的患病特征（参考4.1.2），可以从改善老人的休息、排泄、运动行为等方面出发，做有针对性的环境设计。

首先，护理人员应该为老人挑选一张可以自动调节高度和上下升降，且带有扶手的功能性护理床；采用硬度稍高，透气性能良好的防褥疮床垫。同时，要鼓励老人自行调节方便落脚的床面高度，常常下床活动。

其次，尽量避免老人使用成人尿不湿，掌握老人的排泄规律，帮助其自立如厕，必要时也可以使用便携式马桶就近如厕。

通过家人的力量，激发老人自身的积极性是应对废用性综合症的关键。因此，护理人员或家人应该积极努力为老人创造安全舒适的行动与外出环境，鼓励老人借助扶手、拐杖、步行器具等，扩大自身的可行动范围，自然地加入到家人团聚共享欢乐的氛围之中。

3）视觉障碍

视觉障碍老人的居室各功能分布要以动线的直线距离最短为原则。家具应沿着墙面一列排开，不要有凹凸。重要且经常要用到的东西，最好放置在老年人身边容易找到的位置。移动路线上禁止摆放物品。

室内地面要消除高差，尽量避免使用台阶。既有高差处注意增设足底照明，安装扶手，扶手的两端要镶嵌在墙壁里。同时，应在附近粘贴与平地面颜色不同的色带标识，且色带标识宽度建议在30 mm以上。地面铺设要避免采用容易产生眩光的光泽度高的材质。可加大地面与墙面的色彩反差，形成较为清晰的分界线，或利用宽度150 mm以上的色带提醒。浴室的地板最好选用防滑耐脏材质（橡胶、软木材质）。

走廊普通宽度即可，但要避免出现突出的柱子等结构物，既有的突出部分，要用缓冲软垫包裹好。对于视野狭窄的老人，还要在突出的柱子上用颜色明显的色带进行标识（宽度10~20 mm，长度以视线为中心上下各100~150 mm为宜）。

4）帕金森病

由于帕金森病是进行性疾病，所以针对这种情况，应该根据患者身体机能退化进程采用弹性设计理念进行设计。

初期可以安装单侧扶手，并根据病情发展，增设双侧扶手。但是，考虑到病情的中期、终末期需要专门的护理人员照顾，所以加设的扶手最好是可拆卸式或易于拆卸式的，以便腾出空间供护理人员使用。

厕所、浴室要预留出护理人员的操作空间，并要常设扶手。另外，由于患者在出入浴缸时，座位移动比较困难，最好保持站位姿势迈入浴缸，所以不宜选用较深的浴缸。

需要特别注意的是，与无障碍设计有所不同，因为帕金森病患者的身体难以保持平衡，所以不宜使用斜坡，必要时可以采用"踏步+扶手"的方式消除高差。

5）失智症

根据失智症老人常见的问题行为，环境设计上需要注意下列问题：

（1）失禁对策。

对于有失禁行为的老人首先要确保卫生间的标识与路径明确、简单、易懂，确保通向卫生间的通路宽敞明亮、便于行走；地板要采用失禁弄脏后便于清理的材质；确保卫生间有处理污物的清洁空间。

（2）不洁行为对策。

对于失智症老人诸如弄便等的不洁行为，首先要尽快将排泄物收拾处理掉，所以卫生间要选择便于清扫的地板材质，确保有污物处理空间，安装排便后可以自动清洗的便器；其次，由于失智老人常常无法判断物品是否有用，会有随手将物品扔弃于厕所、马桶等异常行为，所以卫生间内最好不要放置可以被冲走的物品，并且建议安装可以防止便器堵塞的设备。

（3）幻觉幻视对策。

针对失智老人的幻觉和幻视等问题，设计时需要注意：室内照明不能过于明亮或者过于昏暗，多采用漫射光，避免墙上出现晃动的投影。为了避免出现老人把污渍看成虫子等幻视行为，要将墙壁和地板上的污渍清理干净，墙壁和地板最好选用素色。另外，尽量不要改变家具的摆放位置；如果看到镜子中的自己会导致老人混乱，可以试着将镜子包裹起来，或者干脆将其拆除。

参考文献

[1] 杨可瞻. 中国将迎来第四次婴儿潮[OL]. 中国经济网，http://business.sohu.com/20120825/n351497979.shtml.

[2] 麦高温. 中国人生活的明与暗[M]. 北京：时事出版社，1998.

[3] 张建华. 现阶段中国传统养老模式存在的问题分析[J]. 山东青年，2010(9).

[4] 穆光宗. 中国传统养老方式的变革和展望[J]. 中国人民大学学报，2000(5).

[5] 彭展琼. 失能老人照顾者的社会支持研究[D]. 天津：天津师范大学，2010.

[6] 中国老龄科学研究中心课题组. 全国城乡失能老年人状况研究[J]. 残疾人研究，2011(2).

[7] 陈孝谦. 社区发展组织、人力、社区资源来建构社区照顾关怀据点之研究[D]. 台中：台湾逢甲大学，2013.

[8] 陈罡. 高血压看这本就够了[M]. 北京：化学工业出版社，2014.

[9] 黄楚云，黄锦章. 巴金森失智症与路易氏体失智症[J]. 应用心理研究，2012(55).

[10] 大阪市立大学大学院生活科学研究科，大和ハウス工業総合技術研究所. エイジング・イン・プレイすー超高齢社会の居住デザイン[M]. 京都：学芸出版社，2009.

[11] 荻原俊男. 老年病認知症～長寿の秘訣～[M]. 東京：メディカルレビュー出版社，2013.

[12] 今井幸充，长田久雄. 認知症のADLとBPSD評価測度[M]. 東京：ワールドプランニング出版社，2012.

[13] 金子満雄，川瀬康裕，児玉直树. 実践!脳リハビリ～早期認知症の診断と介入[M]. 東京：真興交易出版社，2007.

[14] 三村將，飯干紀代子. 認知症のコミュニケーション障害～そのと支援～[M]. 東京：医歯薬出版社，2013.